权利兴农

走好乡村振兴关键一步

张英洪 著

人民东方出版传媒
People's Oriental Publishing & Media
东方出版社
The Oriental Press

图书在版编目（CIP）数据

权利兴农：走好乡村振兴关键一步 / 张英洪著.
—北京：东方出版社，2022.3
ISBN 978-7-5207-2522-4

Ⅰ.①权… Ⅱ.①张… Ⅲ.①农村-社会主义建设-中国-文集 Ⅳ.① F320.3-53

中国版本图书馆 CIP 数据核字（2022）第 016476 号

权利兴农：走好乡村振兴关键一步
QUANLI XINGNONG ZOUHAO XIANGCUN ZHENXING GUANJIAN YIBU

作　　者：	张英洪
策划编辑：	姚　恋　李志刚
责任编辑：	黄彩霞　李志刚
出　　版：	東方出版社
发　　行：	人民东方出版传媒有限公司
地　　址：	北京市西城区北三环中路 6 号
邮　　编：	100120
印　　刷：	北京明恒达印务有限公司
版　　次：	2022 年 3 月第 1 版
印　　次：	2022 年 3 月第 1 次印刷
开　　本：	640 毫米 × 950 毫米　1/16
印　　张：	23.25
字　　数：	302 千字
书　　号：	ISBN 978-7-5207-2522-4
定　　价：	68.00 元
发行电话：	（010）85924663　85924644　85924641

版权所有，违者必究
如有印装质量问题，我社负责调换，请拨打电话：（010）85924725

自　序

全面推进乡村振兴，是当前和今后一个时期解决"三农"问题、实现农业农村现代化的时代主题。前些年我在一篇文章中提出，推进乡村振兴，在农业发展上，就是要坚持质量兴农，要以市场需求为导向，大力发展生态有机农业，为保障城乡广大消费者的身心健康提供优质安全的农副产品；在农村发展上，就是要坚持绿色兴农，要以生态文明理念为引领，建设生态优、环境美、产业兴、人气旺、民风淳的美丽乡村，营造城乡居民向往宜居的美丽家园；在农民发展上，就是要坚持权利兴农，要认识农民的三重身份，相应保障和实现农民的三种权利，即农民作为共和国公民享有公民权、作为集体经济组织成员享有成员权、作为农村社区居民享有村民权。从权利内容上看，要保障和实现农民的人权、产权、治权。改革开放的过程应当是不断扩展农民权利的过程、不断提升社会文明程度的过程、不断实现农民自由而全面发展的过程。乡村振兴的过程，也应当是农民权利不断发展的过程。

权利兴农，就是要在全面推进乡村振兴战略中，通过深化改革开放和现代法治建设，切实保障和发展农民的基本权利，尊重农民的自由选择，维护农民的主体地位，保障农民当家作主，促进农民自由而全面发展，从而实现乡村的振兴和民族的复兴。新时代要实现农业全面升级、农村全面进步、农民全面发展，必须在维护和发展农民权利上实现突破，在将权力关进制度笼子里的基础上实现突破，在全面深化改革开放的基础上实现突破，在法治中国建设的基础上实现突破。权利兴，则乡村兴；权利兴，则民族兴；权利兴，则国家兴。

　　长期以来，我始终围绕维护和发展农民权利这条主线，着眼于促进农民自由而全面发展这个目标开展调查研究和理论思考，这是我为实现中华民族伟大复兴所作的个人努力。本书就是我在2017年1月至2020年12月期间撰写和发表的部分文章和调研报告的结集。在多年的乡村调研和思考中，我有一个深刻体悟，那就是在全面推进乡村振兴中，我们必须在传承和弘扬中华优秀传统文化的基础上加快建设现代文明，使全球化时代的新中华文化既具有传统文化的深厚底蕴，又具有现代文明的耀眼光芒。

　　乡村振兴正在路上。改革尚未成功，同志仍须努力；法治正在推进，国人岂可懈怠；权利需要发展，吾辈理应担当；民心顺之则昌，天道不可违抗。

张英洪

2020年6月20日初稿

2021年1月27日修订

目录 CONTENTS

第一篇　财产权利与制度供给

农村改革的三条主线　002
赋予和保护农民财产权利：
　深化农村改革的一条主线　007
农村改革重在扩展农民权利　015
赋予和保护农民的财产权利　017
深化农村产权制度改革：赋权与护权须并重　023
赋予农民更多财产权利　030
北京市承包地"三权分置"实践中
　存在的问题及对策　034
维护和发展农民财产权利的思考和建议　044
维护和发展农民权利的思考与建议　055

第二篇　权利发展与乡村振兴

在发展农民权利中振兴乡村　072
新时代"三农"工作的新转变　090
推进首都乡村振兴战略调研报告　096
推进具有首都特点的乡村振兴　107
从北京村庄分化实际谋划振兴　124
为城乡融合与乡村振兴提供智力支持　129
冷静看待扶贫与致富　135
在乡村振兴中高度重视农民的财产权利　137
新时代乡村研究的代表作　139

第三篇　权利保护与乡村治理

乡村治理应维护发展好农民权利　144
乡村治理的道术势　147
从三个层面看乡村善治　158
乡村治理体系和治理能力现代化研究　160
健全自治、法治、德治相结合的
　　乡村治理体系研究　191
"足不出村"办政务　206
"十四五"时期我国乡村治理的着力点　219
首都乡村集体经济组织振兴路径研究　225

第四篇　权利、法治与城市化

征地拆迁、整建制转居与农民财产权　244
撤村建居、农民财产权与新型集体经济　264
北京市撤村建居调查与思考　306
推进法治城市化的思考与建议　320
公共服务是城市化质量的重要指标　336

第五篇　现代农民与全面发展

不断促进农民的全面发展　340
加快构建农民全面发展的制度环境　343
农民丰收、文化传承与民族复兴　349

第一篇

财产权利与制度供给

农村改革的三条主线 *

推进农村改革是全面深化改革的重要内容。农村改革内容繁多、任务繁重,我们既要从农业、农村、农民这三个层面来认识和推进农村改革,又要从人权、产权、治权三个维度去理解和深化农村改革。现在改革已进入深水区,到了啃硬骨头、蹚险滩的关键时期,需要从深层次上全面深化农村改革。当前和今后一个时期,全面深化农村改革必须紧紧围绕和牢牢把握产权、人权、治权这三条主线。抓住了这三条主线,就是抓住了农村改革的根本。

第一条主线:围绕农民的人权深化改革

也就是要破除城乡二元体制,统筹城乡发展,推进城乡发展一体化,维护和发展农民的平等权利。

平等是现代政治的核心价值之一,也是我国社会主义核心价值观的重要内容。农民的人权就是农民应当享有的基本权利和自由。在我国宪法中,公民的基本权利是平等的。20 世纪 50 年代开始建立起来的城乡二元体制的最大弊端,就是从体制上限制了宪法赋予农民的基本权利,特别是限制乃至剥夺了农民应当享有的一系列平等权利。在城乡二元体制中,农民的社会保障、自由迁徙等基本权利被限制和剥夺了。城乡居民之间的权利不平等,城乡要素不能平等交换,构成了"三农"问题的重要体制根源。新时期解决"三农"问题的一条重要主线,就是着眼于赋予和保障

---

* 删节稿发表于《中国经济时报》2017 年 2 月 28 日。

农民与市民享有平等的基本权利，加快破除城乡二元结构，改革城乡二元体制，加快实现城乡基本公共服务均等化，推进城乡一体化，实现权利平等、规则平等、机会平等。

围绕农民的人权深化改革，有三条基本的改革路径：一是加快实现城乡基本公共服务均等化。城乡基本公共服务均等化，实质上就是要让广大农民与城市市民一样平等享有医疗卫生、养老保障、教育文化等基本公共服务，实现城乡居民在基本公共服务上的权利平等。

二是实现城镇基本公共服务常住人口全覆盖。让进入城镇就业生活的亿万农民工在城镇平等享有基本公共服务，实现农民工市民化，是以人为核心的新型城镇化的根本要求，也是确保进城就业生活的农民工与城镇居民平等享有基本公共服务的重大政策制度安排。居住证制度以及特大城市的积分落户制度，为包括农民工在内的外来人口市民化提供了政策通道。

三是加快推进户籍制度改革。2014年7月国务院印发《关于进一步推进户籍制度改革的意见》，到2016年9月，全国有31个省份都出台了户籍制度改革政策。新的户籍制度改革政策明确取消农业户口与非农业户口性质区分，统一登记为"居民户口"。随着城乡统一的居民户口制度的建立，我国自1958年开始建立的城乡二元户籍制度将成为历史。这是破除城乡二元户籍制度的重要政策制度成果，是我国城乡发展一体化的重要里程碑。随着户籍制度改革以及居住证制度的实施，城乡居民在户籍身份上的平等权利正在加快实现。

第二条主线：围绕农民的产权深化改革

也就是要改革农村集体所有制，探索农村集体所有制的有效实现形式，推进农村集体产权制度改革，赋予和保护农民的财产权利。

孟子说："有恒产者有恒心，无恒产者无恒心。"财产权制度是一个国家最重要的基础性制度之一,是社会主义市场经济的基石。秘鲁经济学家德·索托在《资本的秘密》一书中揭示,发展中国家贫穷的重要原因是没能把资产转化成为资本,缺乏财产权的表达机制。同样道理,我国"三农"问题存在的重要原因之一,也就是没有将农村巨额的集体资产转化为农民的财产权利。

我国农民拥有的集体资产包括集体土地等资源性资产、参与市场交易的经营性资产、用于社区公共服务的非经营性资产三大类。根据第二次全国土地调查,以2009年12月31日为标准时点汇总调查数据,我国农村集体土地总面积为66.9亿亩,其中农用地55.3亿亩、建设用地3.1亿亩。农业部数据显示,全国农村集体经济组织账面资产(不包括资源性资产)总额为2.86万亿元,村均493.6万元。另据国务院发展研究中心农村经济研究部课题组研究,2012年我国农村净资产达127万亿元,其中所有权属于集体的为87.35万亿元,占68.62%。这么巨额的集体资产如果依法转化为农民的财产权利,将不仅使我国农民、农村的面貌发生巨大的变化,也必将使我们国家的面貌发生巨大的变化。20世纪50年代在计划经济背景下建立起来的农村集体所有制,需要在社会主义市场经济条件下进行相应改革,以建立适应时代发展需要的归属清晰、权能完整、保护严格、流转顺畅的中国特色社会主义农村集体产权制度。

围绕农民的产权深化改革,有两个基本的改革路径:一个是要推进农村集体产权制度改革,赋予农民更加充分的财产权利。之所以要赋予农民更加充分的财产权利,是因为长期以来农民对集体资产缺乏占有、使用、收益和处分的完整权能,这严重限制了农民的财产和财产性收入,也阻碍了社会主义市场经济的健康发展。另一个是要落实全面依法治国方略,保护农民正当合法的财产权利。之所以要保护农民正当合法的财产权利,是因为在市场化和城镇化进程中,一些地方非法强征强拆,严重侵害了农民的承包地、宅基地以及房屋等财产权利。有一个地方当政者侵害农民产权的典型案件，就是2016年12月6日江西省某县副县长带领数十人强行推倒该县某镇某村村民徐某刚建起的房屋事件。这种不受制约的地方公权力的滥用，对农民的产权构成了现实的危险，是法治中国建设的重大障碍。

2016年10月发布的《关于完善农村土地所有权承包权经营权分置办法的意见》，2016年11月发布的《关于完善产权保护制度依法保护产权的意见》，以及2016年12月中共中央、国务院发布的《关于稳步推进农村集体产权制度改革的意见》等政策文件，进一步明确和强化了围绕农民的产权深化改革的政策导向。

第三条主线：围绕农民的治权深化改革

也就是要建立健全现代国家治理规则，推进治理现代化，尊重和实现农民当家作主的民主权利。

亚里士多德认为，人是天生的政治动物，天然要参与公共生活。治权就是参与公共事务治理的权力。农民的治权就是农民参与公共事务治理的权力。现代国家的一个基本特点就是民众更广泛地参与公共生活的治理。人民当家作主是中国特色社会主义民主的本质与核心。习近平总书记2014年9月5日在庆祝全国人民代表大会成立60周年大会上的讲话中指出："我们要坚持国家一切权力属于人民，既保证人民依法实行民主选举，也保证人民依法实行民主决策、民主管理、民主监督。"坚持人民当家作主，就是要保障和实现人民对国家事务、社会事务、经济和文化事业的管理和治理。

围绕农民的治权深化改革，有两个基本层面的改革路径：一个是参与国家层面各项公共事务的治理，另一个是参与社区层面各项公共事务的治理。通过这两个基本层面的参与式治理，保障和实现农民当家作主，依法行使治理权。

农民在参与国家层面各项公共事务治理的方式上，就是通过选举各级人大代表，分别在全国和地方各级人民代表大会上依法行使民主治理权；被推举为各级政协委员的农民，分别在全国政协和地方各级政协行使参政议政的权力。2013年1月，第十二届全国人大代表选举产生的2987名代表，是2010年选举法修改后我国首次实行城乡按相同人口比例选举全国人大代表，改变了长期以来城乡按不同比例选举全国人大代表的不平等局面。

农民在参与社区层面各项公共事务的治理上，主要是通过村民自治的方式。自1981年广西合寨村开创村民自治的新治理实践以来，1982年宪法规定村民委员会是基层群众自治性组织，1987年通过《中华人民共和国村民委员会组织法（试行）》，1998年正式实行《中华人民共和国村民委员会组织法》。当前，基层民主自治已确立为我国的基本政治制度，广大农民通过村民自治这个制度化的渠道，依法行使民主选举、民主决策、民主管理、民主监督的权力，在村庄公共事务治理中发挥了积极作用。

但不必讳言，我国农民在参与国家层面以及社区层面各项公共事务的治理上，还存在许多矛盾和问题，还有很大的改革余地和发展空间。如何赋予和保障农民的权利，使其依法组织起来，充分参与公共生活，依法行使公共事务的治理权，需要不断深化政治体制改革，大力推动政治建设和政治发展，以不断拓展和实现农民广泛参与国家公共事务、社区公共事务的治理权，真正实现农民当家作主。

习近平总书记2016年4月18日在中央全面深化改革领导小组第二十三次会议上发表的重要讲话中明确提出："通过改革给人民群众带来更多获得感。"要给广大农民群众带来更多的获得感，就是要赋予和保障农民更加充分而有保障的产权、人权、治权，就是要紧紧围绕农民的产权、人权、治权这三条主线全面深化改革。这三条主线归结为一条，就是要维护和发展农民的基本权利。维护和发展农民的基本权利，既是解决"三农"问题的根本要求，也是推进国家治理体系和治理能力现代化的内在需要。

赋予和保护农民财产权利：
深化农村改革的一条主线*

——访法学博士、北京农研中心研究员张英洪

中央历来高度重视"三农"工作。2016年12月中旬召开的中央经济工作会议强调："深化农村产权制度改革，明晰农村集体产权归属，赋予农民更加充分的财产权利。"那么，我们该如何理解"财产权利"？"充分的财产权利"有怎样深刻的内涵？它在"三农"问题中有着怎样的决定性意义？如何在全面深化农村改革中"强农富农"，解决我国长期存在的"三农"问题，全面建成小康社会，实现中华民族伟大复兴的中国梦？《湖南日报》记者采访了湘籍学者、法学博士、北京农研中心研究员张英洪。

一、赋予和保护农民的财产权利，是全面深化农村改革的一条主线

《湖南日报》：记者观察到，作为一个法学博士，您在研究"三农"问题时，更多的是关注农民权益、自由尊严、公平正义等问题。您出版的专著《农民权利论》和专文《赋予农民更充分的财产权利》，特别探讨了农民的财产权赋予与保护问题。请问这个问题的重要意义在哪里？

张英洪：赋予和保护农民的财产权利，是全面深化农村改革的一条主线，对于解决我国长期存在的"三农"问题，全面建成小康社会，实现中华民族伟大复兴的中国梦，具有极其重要的现

---

* 原载《湖南日报》2017年1月4日。

实意义和长远的战略意义。

孟子说:"有恒产者有恒心,无恒产者无恒心。"财产权制度是一个国家最重要的基础性制度之一,它不仅关乎个人和家庭的自由幸福,更关乎一个国家和民族的兴旺发达,关乎社会的公平正义。产权制度是社会主义市场经济的基石,是社会文明进步的重要标志。没有财产权,就没有市场经济,没有自由和繁荣,也没有道德和文明。保护财产权是实现民富国强最有效的法宝之一。

随着社会主义市场经济的不断发展,财产权利的重要作用日益凸显。改革以来,党和国家不断加强财产权的保护。2016年11月27日,中共中央、国务院对外发布《关于完善产权保护制度依法保护产权的意见》。这是我国首次以中央名义出台产权保护的顶层设计政策,文件对完善产权保护制度、推进产权保护法治化进行了全面部署,这是推进国家治理体系和治理能力现代化的重要举措。

二、农民有两重含义,以三种形态存在

《湖南日报》:我们知道,农民既是个群体的概念,也是个体的特指。那么,作为农民,他们的身份有什么样的内涵?

张英洪:在中国,农民的概念有些特殊,包括了作为职业的农民和作为身份的农民两重含义。作为职业的农民好理解,就是以农业为职业的人群,这是全世界普遍认同的概念。作为身份的农民是中国特有的一种社会现象,就是拥有农业户籍身份的人。拥有农业户籍,不管你是进城务工当了工人,或经商做了商人,或成为企业家,都被赋予农民身份,叫农民工,或者农民企业家,等等。这是20世纪50年代我国实行城乡二元户籍制度的结果。

从2014年国务院印发《关于进一步推进户籍制度改革的意见》,至2016年9月,全国31个省市区都实行了户籍改革,取消了农业户口与非农业户口的性质区分,统一登记为"居民户口",我国自1958年开始建立的城乡二元户籍制度从此成为历史。

户籍制度改革后，我国事实上存在三种不同形态的农民：一是作为集体经济组织的成员，拥有土地承包经营权的农民，可以称之为土地承包型农民，这是取得农村土地承包经营权资格的原初农民；二是随着承包权与经营权的分离，通过流转承包土地而从事农业生产经营的农民，可称之为土地流转型农民；三是为农业生产的产前、产中、产后各环节提供社会化服务的人员，暂且称之为社会服务型农民。一个有趣的现象是：服务型农民作为一个新型农民群体，正呈逐年增加的趋势。据有关专家研究，美国农业人口占全国人口的2%，而为农业服务的服务业人口占全国人口的比重高达17%—20%，平均1个农民有8至10人为其服务。这三种从事农业生产和服务的人员，就是我国农业现代化进程中不同形态的新型职业农民群体。

三、通过农村集体产权改革，明晰农民对集体资产的财产权利是一个重大课题

《湖南日报》：那么，作为农民，他们的财产权包括哪些？

张英洪：农民的财产权主要包括拥有集体资产等财产权和拥有住房等个人财产权。个人财产权比较清晰，现在面临的重大课题是要通过农村集体产权制度改革，明晰农民对集体资产的财产权利。农民拥有集体资产的权利，包括对承包地（耕地、林地、草地等）、宅基地、集体建设用地、账面集体资产等在内的全部集体所有资产拥有的财产权利。

具体而言，我国农村集体资产包括集体土地等资源性资产、参与市场交易的经营性资产、用于社区公共服务的非经营性资产三大类。根据第二次全国土地调查，以2009年12月31日为标准时点汇总调查数据，我国农村集体土地总面积为66.9亿元，其中农用地55.3亿亩、建设用地3.1亿亩。全国农村集体经济组织账面资产（不包括资源性资产）总额为2.86万亿元，村均493.6万

元。另据国务院发展研究中心农村经济研究部课题组研究，2012年我国农村净资产达127万亿元，其中所有权属于集体的为87.35万亿元，占68.62%。这么庞大的数据从一个侧面说明，农村集体产权改革的意义是多么重大！

四、赋予和保护农民的财产权利，是解决"三农"问题的"金钥匙"

《湖南日报》：从现实看，中央对"三农"问题的解决，是高度重视的，连续十多年的"一号文件"都致力于"三农"问题的解决。而显然，"三农"问题的解决，绝非一日之功。您认为，从财产权破题，可以找到一把解开"三农"问题的"钥匙"吗？

张英洪：是的，可以这么理解。

由于我国的特殊国情，长期制约我国"三农"发展的深层次体制因素有两个：一是农村集体所有制，二是城乡二元体制。农村集体所有制最大的问题是农民的财产权利归属不清晰，城乡二元结构最大的问题是农民的基本权利不平等。解决"三农"问题有两个最基本的方面：一是要改革农村集体所有制，推进和深化农村集体产权制度改革，赋予农民更加充分的财产权利；二是要破除城乡二元结构，推进城乡一体化，赋予农民平等的公民权利。这是解决"三农"问题的两把"金钥匙"。

秘鲁经济学家德·索托在《资本的秘密》一书中揭示，发展中国家贫穷的重要原因是没能把资产转化成为资本，缺乏财产权的表达机制。同样道理，我国农民问题的重要原因之一，也就是缺乏财产权利的制度安排。农民拥有的巨额集体资产，不能转化为农民的财产权利，可看作引发"三农"问题的重要根源之一。要实现农民对集体资产的财产权利，就必须推进农村集体产权制度改革。其基本路径就是以股份合作制方式，将传统的所谓"共同共有"的集体产权，改革为"按份共有"，折股量化到户到人，实现"资产变股权、农民当股东"。

实践证明，按照股份合作制的方式推进农村集体产权制度改革，是让农民对集体资产拥有财产权利最现实、最有效的方式。可以肯定的是，赋予和保护农民的财产权利，是解决"三农"问题的根本途径之一。

五、对农民财产权利要赋权与护权并重

《湖南日报》：山道弯弯！城乡二元结构注定了农民获得财富更加艰难，保有和让自己的财富增值更为不易。在现实中，惠农政策不到位甚至走样的事情屡见不鲜，侵害农民财产权利的事情时有发生，令人扼腕。请您谈谈如何结合中央政策文件的落实赋予和保护农民的财产权利。

张英洪：可以说，赋予和保护农民财产权利任重道远。

还是要从财产权说起。完整的财产权具有占有、使用、收益和处分四大权能。由于历史的原因，农民对集体所有资产的产权权能没有同步实现。这不但严重限制了农民财产权的实现，制约了农民财产性收入的增加，同时也严重阻碍了国家治理的现代化。这就需要我们从推进国家治理现代化的高度，全面深化农村集体产权制度改革，加快推进以财产权利为重点的现代国家制度建设。这里有两个方面的含义，一个是要赋予农民更加充分的财产权利，二是要保护农民正当合法的财产权利，要实行赋权与护权并重。

在赋予农民更加充分的财产权利上，要全面深化农村集体产权制度改革，当前的重点任务有四个方面：

一是在对承包地赋权上，目前国家对承包地的赋权是最多的。现行法律已赋予农民对承包地享有占有权、使用权、收益权以及流转权等部分处分权。《中华人民共和国农村土地承包法》还规定农民进城转为非农业户口要交回承包地。党的十八届三中全会通过的《中共中央关于全面深化改革若干重大问题的决定》提出，

赋予农民对承包地占有、使用、收益、流转及承包经营权抵押、担保权能，允许农民以承包经营权入股发展农业产业化经营。但这六项赋权政策正处在试点之中。我认为对承包地的赋权重在赋予农民更充分的处分权能，特别是要确保承包权不受到来自所有权和经营权的前后夹击与双重损害。

二是在宅基地赋权上，国家赋权还很不充分。《中华人民共和国物权法》只赋予农民对宅基地享有占有、使用、收益三项权利。党的十八届三中全会通过的决定提出，选择若干试点慎重稳妥推进农民住房财产权抵押、担保、转让。应当修改物权法，赋予农民对宅基地占有、使用、收益和处分的充分权能，扩大农民住宅市场交易半径。特别是要实现和保障农民由目前房地分离的产权结构转变为房地一体化的产权结构，要为农民办理合法权威的住宅产权证书，使农民享有充分的住宅财产权。

三是在对集体经营性建设用地赋权上，关键是国家要赋予农民集体的土地发展权，使集体经营性建设用地与国有土地平等入市、同权同价。党的十八届三中全会通过的决定提出，允许农村集体经营性建设用地出让、租赁、入股，实行与国有土地同等入市、同权同价。这是一个积极的信号，更是良好的开端。2019年8月26日第十三届全国人民代表大会常务委员会第十二次会议第三次修正《中华人民共和国土地管理法》，确保城乡土地权利平等，加快建设城乡统一的建设用地市场，维护和发展农民土地财产权。

四是在对集体经营性资产赋权上，党的十八届三中全会通过的决定提出，赋予农民对集体资产股份占有、收益、有偿退出及抵押、担保、继承权。对集体资产股份的赋权，必须通过推进和深化农村集体产权制度改革、积极发展农民股份合作的途径才能实现。2016年12月中共中央、国务院发布的《关于稳步推进农村集体产权制度改革的意见》，对推进农村集体产权制度改革提出了明确要求。这是一个制定得很好的政策文件，对农村集体产权改革的思路已相当清晰，关键在于各地结合实际加以推进，并逐步将农村集体产权制度改革的实践成果上升转化为制度成果。

在保护农民正当合法的财产权利上，要全面推进依法治国。赋予农民产权是一件大事，保护农民产权同样是一件大事。如果已经赋予的农民产权得不到切实有效的保障，赋权的意义就会付之东流。财产权的有效保护和实现是经济社会持续健康发展的基础。加强农民产权保护，根本之策是着眼于建设法治中国，全面推进依法治国。在保护农民产权上有三个层面的着力点：一是要把保护农民产权作为解决"三农"问题的重要突破口和重要抓手，作为推进农业供给侧结构性改革的重要内容；二是要把加强对农民产权保护的制度建设和法律保护作为重大任务；三是要坚决制止和消除一些地方的非法暴力强征强拆现象，严格追究任何侵犯农民土地和住宅等产权的非法行为。

六、稳步推进"三权分置"改革，不断扩展农民的财产权利

《湖南日报》：2016年10月30日，中共中央办公厅、国务院办公厅印发的《关于完善农村土地所有权承包权经营权分置办法的意见》正式提出实行所有权、承包权、经营权"三权分置"。您能简单介绍一下"三权分置"的含义吗？如何通过"三权分置"增进和维护农民的财产权益？

张英洪：2016年10月，中共中央办公厅、国务院办公厅印发《关于完善农村土地所有权承包权经营权分置办法的意见》，明确指出"三权分置"是继家庭联产承包责任制后农村改革又一重大制度创新，并对推动"三权分置"改革提出了具体要求。虽然该意见说的是农村土地的"三权分置"，但实际上"三权分置"只针对农村的承包地，并不涉及宅基地、农村集体建设用地等农村其他土地。在"三权分置"中，集体所有权是根本，农户承包权是

核心，土地经营权是关键。在集体所有权问题上，最大的难题是，农民集体如何有效行使集体土地所有权。

回答这个问题，需要解决几个关键环节：一是行使集体土地所有权的集体经济组织如何依法注册登记为代表农民集体利益的法人组织；二是集体经济组织如何建立健全民主议事机制以确保农民个人或农户代表充分参与民主管理；三是一旦村干部或其他组织与个人损害农民集体利益时如何制度化地纠正与处置等。

"三权分置"实质上是由三个主体分享农村承包地的权利，农民集体享有所有权，农户享有承包权，经营者享有土地经营权。三者的权利都应当受到法律的合理保护。"三权"保护的核心是要处理好承包权与所有权的关系，以及承包权与经营权的关系。在承包权与所有权关系上，承包权是从集体所有权中独立出来的相对比较完整的财产权利，每个农户既是集体土地所有权的权利主体之一，又是承包权人。在承包权与经营权关系上，土地经营权则是从承包权派生出来的权利，农户既可以行使承包权，又可以行使经营权，也可以流转经营权。承包权与经营权可以是合一的，也可以是分离的。具体是何种形式，要尊重农民的自主选择权。

需要强调的是，2016年12月中共中央、国务院出台的《关于稳步推进农村集体产权制度改革的意见》，对农村集体产权制度改革的目的、任务、导向做了充分的阐述，强调"坚持农村土地集体所有，坚持家庭承包经营基础性地位，探索集体经济新的实现形式和运行机制，不断解放和发展农村社会生产力，促进农业发展、农民富裕、农村繁荣"。这与推动"三权分置"的目的是一样的，都是增进集体经济、维护农民的财产权益。

总之，产权的细分与保护，是现代国家构建文明秩序和维护长治久安的重要制度基础。赋予和保护农民的财产权利，对于破解"三农"问题，实现国泰民安意义深远。

农村改革重在扩展农民权利

尊重、保障和实现公民的基本权利,是衡量社会文明进步的根本标志,也是维护社会和谐稳定的根本保障。改革以来的经验表明,解决"三农"问题,归根结底在于维护和发展农民权利。凡是有利于扩展农民权利的公共政策的出台与实施,就会明显推动"三农"的发展进步;凡是不利于扩展农民权利的公共政策的出台与实施,就会明显阻碍"三农"的发展进步。

1978年党的十一届三中全会明确提出必须在经济上充分关心农民的物质利益,在政治上切实保障农民的民主权利,同时还强调"宪法规定的公民权利,必须坚决保障,任何人不得侵犯"。这就为扩展农民权利打开了崭新的时代闸门。从此,中国进入了改革开放的新时期。笔者认为,农村改革的过程,实质上就是不断革除束缚农民自由而全面发展的观念障碍与体制弊端、持续扩展农民权利的过程。可以说,40多年来农村改革取得的所有成就,都得益于国家尊重和保障了农民的基本权利与自由;而改革进程中存在与出现的所有问题,都与限制和损害农民的基本权利与自由密不可分。

为什么农村改革40多年了,而农村问题还有这么多?有的人面对这种现实困惑,开始质疑当初启动的市场化改革,要求回到改革以前的状态中去。其实,当前存在和出现的"三农"问题,与改革以前的"三农"问题已经有了很大的不同。当前的"三农"问题,并不错在市场化改革进程中国家对农民的各种赋权,而在于国家对农民的既有赋权已严重滞后于市场化改革导致社会结构重大转型的现实需要。换言之,市场化改革的迅猛发展与公民权利供给的严重滞后，才是整个社会问题和矛盾的根本所在。从国家治理体系和治理能力现代化的视角来看，推进供给侧结构性改革，不应当只局限于经济领域的"三去一降一补"，而应当把大力加强基本权利供给作为重中之重。

新时期解决"三农"问题，必须把加强对农民的权利供给作为推进供给侧结构性改革的核心内容，作为全面依法治国的生动实践。

针对传统的农村集体产权制度与社会主义市场经济相适应的现实问题，必须全面深化农村集体产权制度改革，赋予农民更加充分的财产权利，其核心是加强对农民的财产权利供给。

针对传统的城乡二元结构以及城市内部二元结构的严重弊端，必须全面推进新型城市化和城乡一体化，赋予和保障农民依法享有平等的公民权利，特别是要赋予农民与市民平等的社会保障权利，实现城镇基本公共服务常住人口全覆盖，推动农业转移人口市民化，其实质是加强对农民以及农民工的社会保障权利以及其他平等权利的供给。

针对传统的控制性和维稳型社会管理，必须全面推进依法治国，坚持和贯彻落实"维权是维稳的基础，维稳的实质是维权"的根本要求，正确处理政府与社会的关系，创新社会治理方式，尊重农民当家作主的权利，实现公民权利保护的法治化，其根本是加强对农民自愿组织权、自由选择权、社区自治权、公共参与权等权利的供给。

以扩展农民权利为主线全面深化农村改革，需要不断解放思想，转变观念，加强制度建设。特别是要以维护和发展农民的产权、人权、治权这"三权"为核心，加强法治、德治、自治这"三治"建设，最终从根本上破解农业、农村、农民这个"三农"问题。

赋予和保护农民的财产权利[*]

秘鲁经济学家德·索托在《资本的秘密》一书中揭示，发展中国家贫穷的重要原因是没能把资产转化成为资本，缺乏财产权的表达机制。同样道理，我国"三农"问题的一个重要根源也是广大农民缺乏财产权的充分界定及其有效保护。

近年来，随着社会主义市场经济的不断发展，财产权利的重要作用日益凸显。党和国家不断加强财产权的保护。2004年，我国宪法首次规定"公民的合法的私有财产不受侵犯。国家依照法律规定保护公民私有财产权和继承权"。2013年，党的十八届三中全会首次提出赋予农民更多财产权利。2016年12月14日至16日召开的中央经济工作会议明确提出，深化农村产权制度改革，明确农村集体产权归属，赋予农民更加充分的财产权利。2016年11月27日，中共中央、国务院对外发布《关于完善产权保护制度依法保护产权的意见》。这是我国首次以中央名义出台产权保护的顶层设计政策，文件从11个方面对完善产权保护制度、推进产权保护法治化进行了全面部署，这是推进国家治理体系和治理能力现代化的重要举措。

在这里，笔者强调赋予和保护农民的财产权利，有两个方面的含义，一是要赋予农民更加充分的财产权利，二是要保护农民正当合法的财产权利，赋权与护权同样重要。

为什么要赋予农民更加充分的财产权利？20世纪50年代，我们照搬苏联模式建设社会主义，在推行合作化和人民公社化运

---

[*] 原载《城市化》2017年第1—2期。

动中建立了集体所有制，具有明显的强制性制度变迁和政治运动色彩。有学者对集体所有制给出了学理上的解释，认为集体所有制既不是一种共有的、合作的私人产权，也不是一种纯粹的国家所有权，它是由国家控制但由集体来承担其控制结果的一种中国特有的制度安排，其要害是国家行为造成严重的产权残缺。在计划经济时期，产权残缺似乎无关宏旨，但在社会主义市场经济条件下，产权残缺的问题就非常尖锐地显现出来了，它严重限制了农民的财产性收入，制约了市场经济的健康发展和社会的文明进步。

改革以来，为适应市场化、城镇化发展的需要，珠三角、长三角、京津冀等经济发达地区和城市化发展先行地区，较早探索和实行了农村集体产权制度改革，其基本路径就是以股份合作制方式，将传统的所谓"共同共有"的集体产权，改革为"按份共有"的新型集体产权，实现"资产变股权、农民当股东"。实践证明，按照股份合作制的方式推进农村集体产权制度改革，是让农民对集体资产拥有财产权利最现实、最有效的方式。

赋予农民更加充分的财产权利重在全面深化农村改革，切实加强制度建设。我重点以承包地为例，分析探讨如何进一步赋予农民更加充分的财产权利。

完整的财产权具有占有、使用、收益和处分四大权能。土地承包经营权作为农民的一项基本财产权利，目前法律上的赋权还很不充分。《中华人民共和国物权法》将土地承包经营权界定为用益物权，规定土地承包经营权人享有占有、使用、收益的权利，但没有赋予处分权。《中华人民共和国农村土地承包法》规定承包方享有下列权利：依法享有承包地使用、收益和土地承包经营权流转的权利，有权自主组织生产经营和处置产品；承包地被依法征用、占用的，有权依法获得相应的补偿；法律、行政法规规定的其他权利。土地承包法没有规定农民对承包地的有偿退出权和继承权。土地承包法第二十六条规定："承包期内，承包方全家迁入设区的市，转为非农业户口的，应当将承包的耕地和草地交回发包方。承包方不交回的，发包方可以收回承包的耕地和草地。"这条规定与国家推进以人为核心的新型城镇化要保留进城农民在农村的土地承包权等政策不相符合，需要修改。在赋予农民对承包地享有更加充分的财产权利上，有三个方面的政策和制度建设重点：

一是法律应当规定农民对土地承包经营权享有占有、使用、收益和处分的完整权能。党的十八届三中全会通过的决定提出，赋予农民对承包地占有、使用、收益、流转及承包经营权抵押、担保权能，允许农民以承包经营权入股发展农业产业化经营。这就明确扩充了农民对承包地处分权能的具体内容。《中华人民共和国民法典》要突出加强对农民土地财产权利的赋予与保护，相应修改物权法和土地承包法，使农民对承包地的财产权利更加充分，特别是要不断扩大处分权的实际内容。

二是处理好第二轮承包期与长久不变的衔接关系。我国农村耕地第一轮承包期15年，从1983年前后开始到1997年止；第二轮承包一般从1998年开始，承包期30年。2007年党的十七届三中全会《中共中央关于推进农村改革发展若干重大问题的决定》提出："赋予农民更加充分而有保障的土地承包经营权，现有土地承包关系要保持稳定并长久不变。"在如何理解"长久不变"上有不同的理解。为稳定土地承包关系，中央一直强调延长土地承包期限。《中共中央、国务院关于当前农业和农村经济发展的若干政策措施》（中发〔1993〕11号）提出："在原定的耕地承包期到期之后，再延长30年不变。"《中共中央、国务院关于1998年农业和农村工作的意见》（中发〔1998〕2号）进一步强调："第一轮承包到期的地方，都要无条件地延长30年不变。"1998年夏，中央领导就明确说："中央关于土地承包的政策是非常明确的，就是承包期再延长30年不变。而且30年以后也没有必要再变。"长久不变应当是农户在第二轮承包期到期后，其承包的耕地自动延期为长久，或者明确为70年、99年等更长、更具体的期限。如果第二轮承包期到期后，再重新调整承包土地，以此为基点进行长久不变式的承包，这是对稳定土地承包关系的误解与扭曲。

三是在"三权分置"中要进一步界定"三权"的内涵和"三权"之间的关系。2016年10月，中共中央办公厅、国务院办公厅印发《关于完善农村土地所有权承包权经营权分置办法的意见》（以下简称《意见》），明确指出"三权分置"是继家庭联产承包责任制后农村改革又一重大制度创新，并对推动"三权分置"改革提出了具体要求。虽然《意见》说的是农村土地的"三权分置"，但实际上"三权分置"只针对农村的承包地，并不涉及宅基地、农村集体建设用地等农村其他土地。在"三权分置"中，集体所有权是根本，农户承包权是核心，土地经营权是关键。《意见》规定土地集体所有权人对集体土地依法享有占有、使用、收益和处分的权利。在集体所有权问题上，最大的难题是，农民集体如何有效行使集体土地所有权，而不是少数村干部控制和行使集体所有权。回答这个问题，需要解决几个关键环节：第一，行使集体土地所有权的集体经济组织如何依法注册登记为代表农民集体利益的法人组织；第二，集体经济组织如何建立健全民主议事机制以确保农民个人或农户代表充分参与民主管理；第三，一旦村干部损害农民集体利益时如何制度化地纠正与处置等。在农户承包权上，应当明确，承包权既是集体经济组织成员才能享有土地承包资格的成员权，又是法律赋予农户的财产权利。在承包权与所有权关系上，承包权是从集体所有权中独立出来的相对比较完整的财产权利，每个农户既是集体土地所有权的权利主体之一，又是承包权人。在承包权与经营权关系上，土地经营权则是从承包权派生出来的权利，农户既可以行使承包权，又可以行使经营权，也可以流转经营权。在集体所有权问题上，重在民主管理；在承包权问题上，重在充分赋权；在经营权问题上，重在契约自主。

在赋予农民对宅基地享有更加充分的财产权利上，物权法在现有赋予农户享有宅基地占有和使用两项权利上，应当进行修改，明确赋予农户对宅基地的收益权和转让权，允许宅基地进入市场自由流转。农村宅基地并不是单一的建设用地，它兼具农业生产、居住生活、生态休闲、文化传承等多种功能，我们需要重新认识农村宅基地的功能与价值，加快宅基地的专门立法，以保障农户对宅基地的完整物权。应当允许宅基地进入市场流转，使宅基地与宅基地上的住房名正言顺地成为农民的合法财产。农民在依法获得宅基地及其住宅收益权后，可以开征宅基地及其住房收益相关税收。

在赋予农民对集体经营性建设用地更加充分的财产权利上，必须加快修改土地管理法和物权法，加快对农村集体经营性建设用地使用权人依法赋权。现行法律只对国有建设用地使用权人赋予占有、使用和收益的权利，没有对农村集体建设用地进行相应赋权。十八届三中全会明确提出建立城乡统一的建设用地市场，允许农村集体经营性建设用地出让、租赁、入股，实行与国有土地同等入市、同权同价。现在农村集体经营性建设用地入市试点改革正在进行之中。与每家每户可以独自占有宅基地不一样，农村集体经营性建设用地不适应农户分散占有，但应当通过农村集体产权改革，明确农户的股份份额，健全集体收益分配机制，保障农民的股权和收益权。

在赋予农民对集体资产更加充分的财产权利上，要进一步落实十八届三中全会通过的决定中明确提出的赋予农民对集体资产股份占有、收益、有偿退出和抵押、担保、继承权。在没有开展农村集体产权制度改革的中西部地区，应当借鉴东部沿海经济发达地区的经验和农业部关于稳步推进农村集体经济组织产权制度改革试点的意见，统筹推进农村集体产权制度改革。在已经推进或基本完成农村集体产权改革的经济发达地区，应当继续深化农村产权制度改革，确保农民充分享有集体资产权益。

在充分赋予农民产权的基础上，必须按照全面依法治国的要求，加强对农民产权的保护。对农民产权的最大侵害，来自一些地方政府非法强征农民土地、强拆农民住宅等暴力活动。中共中央、国务院发布的《关于完善产权保护制度依法保护产权的意见》提出，加强产权保护，根本之策是全面推进依法治国。治国的根本在于治吏，在于把权力关进制度的笼子里，将资本纳入法治的框架制约之中。老子说："我无为而民自化，我好静而民自正，我无事而民自富，我无欲而民自朴。"强征强拆是地方公权力与资本合谋的侵害农民产权的行为，必须坚决制止。提供完备的产权保护，是国家应当提供的最重要的社会公共产品。保护产权是各级政府的重大职责。

深化农村产权制度改革：赋权与护权须并重[*]

在经济上保障农民的物质利益，在政治上尊重农民的民主权利，是十一届三中全会以来我们党领导亿万农民建设社会主义新农村的一条重要经验。2016年召开的中央经济工作会议明确提出，深化农村产权制度改革，明确农村集体产权归属，赋予农民更加充分的财产权利。2016年11月27日，中共中央、国务院发布《关于完善产权保护制度依法保护产权的意见》。这是我国首次以中央名义出台产权保护的顶层设计政策，文件对完善产权保护制度、推进产权保护法治化进行了全面部署，这是推进国家治理体系和治理能力现代化的重要举措。赋予农民更加充分的财产权利，保护农民正当合法的财产权利，是新时期全面深化农村改革的重要主题。

一、赋权：最基本的着力点

改革以来，我国"三农"问题之所以突出以及未能得到有效解决，一个重要原因就是我国照搬苏联模式建立计划经济体制留下的两个最基本的制度结构遗产，与社会主义市场经济发展极不适应，没有得到根本性的改革。一是农村集体所有制，二是城乡二元体制。农村集体所有制最大的问题是农民的财产权利归属不清晰，城乡二元体制最大的问题是农民的基本权利不平等。

解决"三农"问题有两个最基本的着力点，一是要改革农村集体所有制，深化农村集体产权制度改革，赋予农民更加充分的

---

[*] 原载《农村工作通讯》2017年第6期。

财产权利；二是要破除城乡二元结构，推进城乡发展一体化，赋予农民平等的公民权利。

完整的财产权具有占有、使用、收益和处分四大权能。改革以来，农民的产权得到了很大的发展，但国家对农民产权的赋权还很不充分，这严重制约了农民的财产性收入和社会经济的健康发展。

由于我国建立集体所有制的特殊国情，赋予农民更加充分的财产权利，就是要适应社会主义市场经济发展的需要，探索集体所有制的有效实现形式，不断深化农村产权制度改革，使农民对全部集体产权享有占有、使用、收益和处分的更充分的权能。我国农村集体资产包括集体土地等资源性资产、参与市场交易的经营性资产、用于社区公共服务的公益性资产三大类。对不同类型的资产，赋权的内容和重点也不一样。必须针对实际情况，有针对性地赋权。

二、承包地的赋权

相对于宅基地、集体建设用地等其他资源性资产来说，目前国家对承包地的赋权是最多的。现行法律已赋予农民对承包地享有占有权、使用权、收益权以及流转权等部分处分权。《中华人民共和国农村土地承包法》还规定农民进城转为非农业户口要交回承包地。党的十八届三中全会通过的《中共中央关于全面深化改革若干重大问题的决定》提出赋予农民对承包地占有、使用、收益、流转及承包经营权抵押、担保权能，允许农民以承包经营权入股发展农业产业化经营。国家对农民承包地的处分权的赋权内容已越来越多。在承包地赋权上，重点有三个方面的做法：

一是要在法律上明确规定农民对承包地享有占有、使用、收益和处分的完整权能。赋权的着力点在于不断扩展处分权能的具体内容，使农民享有对承包地的有偿退出权和继承权。要通过比较充分的赋权，使承包权具备比较完整的财产权利，具有准所有权的性质。

二是正确理解现有土地承包关系要保持稳定并长久不变的真实含义。一些人在如何理解"长久不变"上有不同的观点。从中央一直强调要稳定土地承包关系、承包期到期后要无条件延长的基本精神来看，实行土地承包期限长久不变，其政策含义应当是农户在第二轮承包期到期后，其承包地无条件延期为"长久"，或者明确一个为期70年、99年等更长、更具体的期限。如果第二轮承包期到期后重新收回承包地再进行长久不变式的发包，这实质上破坏了稳定土地承包关系的基本原则。

三是在"三权分置"中谨防对承包权的损害。"三权分置"是继家庭联产承包责任制后农村改革又一重大制度创新，具有重要的意义。但在政策实践中，承包权可能面临两方面的压力与夹击，一方面是村干部借口坚持集体所有权而侵害农户承包权，比如在第二轮承包期到期后收回承包地再重新进行发包；另一方面是地方政府与社会资本借口放活土地经营权而联合损害农户承包权。

三、宅基地的赋权

国家对宅基地的赋权明显不足，对宅基地的认识明显欠缺，对宅基地的立法明显滞后。我们首先需要重新认识农村宅基地的多重功能和价值。乡村是传承和弘扬中华优秀传统文化的主要载体，乡村文明是中华文明的核心内容和主要标识。我国传统的农村宅基地制度为支撑和繁荣乡村文明起到了不可替代的特殊作用。现行的土地分类将宅基地简单地划归为建设用地，这存在严重认识偏差和实践问题。

在长期历史发展进程中形成的农村宅基地，既具有建设用地的性质，也具有农用地的性质。农民在宅院内放置农具，堆放、储藏粮食，这是延续农用地的基本功能；农民在宅院内种植蔬菜果树，饲养鸡鸭鹅、猪牛羊，这是发挥农用地生产养殖功能的生动体现。有的农户还在宅院内从事农产品加工和传统手工艺制作，有的发展农家乐，实现了第一、第二、第三产业的融合发展。从现实情况来看，农村宅基地具有农业生产、居住生活、休闲服务、文化传承、公共活动等多重功能，并不只是简单的建设用地，也不是单一的居住功能。

自古以来，住宅都是农民一生一世最重要的财产。但现行的《中华人民共和国物权法》只赋予农民对宅基地享有占有、使用两项权利，这既严重脱离实际，又严重违背传统，并从根本上限制了农民财产权利的实现。当城市的房价累涨不跌时，农村的住宅却大量闲置不值钱，这是农村宅基地和住房财产制度严重扭曲和滞后的结果。在宅基地赋权上，必须进一步解放思想，改变计划经济体制中形成的严格控制农民产权的思想观念，要从让农民有更多的获得感和幸福感出发，迈开改革大步伐。在宅基地赋权上，有三个方面的做法：

一是修改物权法，赋予农民对宅基地占有、使用、收益和处分的完整权能，使农民对宅基地享有准所有权的充分权能，实现农村的房地产权分离到房地产权的一体化。

二是允许和鼓励农民通过出租和经营住宅获得合法收益。城郊地区的农民主要通过出租住房获得租金收入，纯农区农民可以通过发展民宿产业获得经营性收入。国家可以制定相关税法从农民经营住宅收益中获得税收，但也可减免税收。

三是建立健全和规范农村房地产市场，农民的住宅可以通过市场转让交易，应当扩大农民住宅交易的市场半径，建立城乡统一的住宅市场，将农村住宅市场作为农村产权流转交易市场的重要组成部分，促进城乡要素平等交换。坚持房子是用来住的，不是用来炒的定位。农民转让住宅时，住房和宅基地一同转让，宅基地仍然保留集体所有制不变。国家要给农民住宅发放产权证书。当农民拥有合法的住宅产权时，其抵押、担保权能就会自然顺利地体现出来。

四是区别对待"一户多宅"和有偿使用宅基地。对于历史上形成的"一户多宅"要区别对待。在福利分配宅基地制度安排中，必须坚持一户只能申请一处宅基地，除此之外，应当实行宅基地有偿申请使用。随着人口的变化，原来的一户产生了多户，新分户的仍然可以申请一处宅基地。在没有宅基地福利分配的情况下，一方面可以实行宅基地的有偿使用，另一方面应当建立保障性住房制度，确保无房户或家庭经济困难户住有所居。

四、集体经营性资产的赋权

党的十八届三中全会通过的《中共中央关于全面深化改革若干重大问题的决定》提出，保障农民集体经济组织成员权利，积极发展农民股份合作，赋予农民对集体资产股份占有、收益、有偿退出及抵押、担保、继承权。对集体资产股份的赋权，必须通过推进和深化农村集体产权制度改革才能实现。2015年5月，经中央深改组、国务院同意，全国确定29个县（市、区）开展农村集体资产股份权能改革试点。

推进和深化农村集体产权制度改革，首先，要明确界定集体经济组织成员权。只有集体经济组织的成员，才有资格享有集体资产的股份。其次，要通过清产核资，将集体资产折股量化到人，明确股民的股权份额。再次，要明确收益分配方案，处理好积累与分配的关系，逐年分配股权收益，保障股民的收益分配权。最后，要制定股权管理办法。一般不设集体股，但因实际情况设有集体股的，其收益应当公开并接受股东的监督管理。股权可以在本集体经济组织内部有偿转让，也可以自愿无偿赠予。经集体经济组织同意批准，股权也可以转让给集体经济组织以外的单位和个人。股权转让时，集体经济组织有优先收购权。应当修改《中华人民共和国继承法》，在合法继承的个人财产内容中增加股权继承的条款。股权可以根据继承法的法定继承顺序实行继承。集体资产股份的抵押、担保，要以股份的配股价值及其收益预期为依据。实现集体资产股份的抵押、担保，还需要探索建立相应的配套机制，尽量降低抵押、担保风险。

推进农村集体产权制度改革，要以建立农民股份合作制为基本方式，在改革进程中以及改革完成后，组建新型集体经济组织，建立法人治理结构，保障全体股东的民主选举、民主决策、民主管理、民主监督的权利。民法典赋予集体经济组织以明确的法人地位。与集体产权制度改革相适应，应当配套推进村级政经分开试点探索，增强政府提供农村社区公共服务的责任与能力，相应减轻农村集体经济组织承担的社区公共服务负担。

集体经营性建设用地不像承包地、宅基地那样便于农民进行物理分割，因而只适应由集体经济组织进行统筹利用，其入市利用的收益，应纳入集体经营资产的收益账户进行统一管理与分配，让农民公平享有集体建设用地入市后的收益分配权。党的十八届三中全会通过的决定明确，在符合规划和用途管制的前提下，允许农村集体经营性建设用地出让、租赁、入股，实行与国有土地同等入市、同权同价。

在集体经营性建设用地赋权上，关键是国家要赋予农民集体的土地发展权。一方面，要加快改革征地制度，缩小征地范围。根据宪法规定，只有因公共利益的需要才能实行征地。同时，公益性征地也要给予公平合理的补偿。其他经营性用地，一律不得使用国家征地权，用地单位只能通过与农民集体的市场谈判，达成租赁集体土地的合约，国家从土地租赁市场中获得税收。另一方面，农民集体在符合规划和用途管制的前提下，可以根据市场发展的需要，自主实现集体经营性建设用地入市利用，发展壮大集体经济，增加集体经济收入。同时，农民通过股权分配，获得股权收益。

五、护权与赋权同等重要

在对农民充分赋权的基础上，必须依法保护农民正当合法的财产权利，护权与赋权同等重要。一段时期以来，有的地方非法实施暴力强征强拆，严重侵害农民的承包地、宅基地、住房等财产权利，激化了社会矛盾，破坏了党群干群关系，损害了党和政府的公信力。中共中央、国务院发布的《关于完善产权保护制度依法保护产权的意见》提出，产权制度是社会主义市场经济的基石，保护产权是社会主义基本经济制度的必然要求。孟子说："有恒产者有恒心，无恒产者无恒心。"财产权的有效保护和实现是经济社会持续健康发展的基础。加强产权保护，根本之策是全面推进依法治国。

在保护农民产权上，我们有许多工作要做，要突出抓好以下几项重点工作：

一是要坚决制止和消除一些地方的非法暴力强征强拆现象。一些地方发生的非法暴力强征强拆，实质上是严重侵犯农民财产权利的违法犯罪行为，不符合为人民服务的根本宗旨，违背了执政为民的根本要求，与全面依法治国相背离，应当严格追求责任人的法律责任。

二是要把保护农民产权作为解决"三农"问题的重要突破口和重要抓手。改革以来，我国农村和农民面貌都发生了历史性的巨大变化，但"三农"问题仍然尖锐，一个重要原因就是农民的产权保护严重滞后。各级党委和政府应当把保护农民产权作为"三农"工作的重要内容，作为推进农业供给侧结构性改革的重要任务，进行统筹部署安排。

三是大力加强农民产权保护的法治建设。中共中央、国务院发布的《关于完善产权保护制度依法保护产权的意见》对产权保护提出了重要意见，具有里程碑式的意义。但该意见主要侧重于对民营企业的产权保护。建议制定加强对农民产权保护的政策文件，修改物权法、刑法等法律，进一步明确对农民产权的法律保护，加大对侵犯农民产权违法犯罪现象的打击力度，加快形成全社会重视农民产权保护的良好法治环境。

赋予农民更多财产权利*

——评《农村集体产权制度改革：实践探索与法律研究》

制约我国"三农"发展有两个最基本的制度结构遗产，一是农村集体所有制，二是城乡二元体制。农村集体所有制最大的问题是农民的财产权利归属不清晰，城乡二元体制最大的问题是农民的基本权利不平等。与此相对应，解决"三农"问题有两个最基本的着力点，一是要改革农村集体所有制，深化农村集体产权制度改革，赋予农民更加充分的财产权利；二是要破除城乡二元结构，推进城乡发展一体化，赋予农民完全平等的公民权利。推行农村集体产权制度改革，就是要着眼于赋予农民更加充分的财产权利，实现还权于民。而还权于民的一个关键点，就是要积极探索实现广大农民充分享有财产权利的具体路径。

秘鲁经济学家德·索托研究发现，一些国家富裕而另一些国家贫穷的重要原因在于财产权制度，落后国家要想持续发展实现经济繁荣，必须建立有效的财产权制度，将大量闲置的"死资产"转化为"活资本"。农民财产权利的短缺是"三农"问题的重要体制因素。我国农民拥有的集体资产包括集体土地等资源性资产、参与市场交易的经营性资产、用于社区公共服务的非经营性资产三大类。根据第二次全国土地调查，我国农村集体土地总面积为66.9亿亩，其中农用地55.3亿亩、建设用地3.1亿亩。农业部数据显示，截至2015年底，全国农村集体经济组织账面资产（不包括资源性资产）总额为2.86万亿元，村均493.6万元。其中，东部地区资产总额为2.16万亿，占资产总额的75.5%，村均

---

* 原载《农民日报》2017年3月25日，发表时有删节。

为929.5万元。另据国务院发展研究中心农村经济研究部课题组研究，2012年我国农村净资产达127万亿元，其中所有权属于集体的为87.35万亿元，占68.62%。如何将上述巨额的农村集体资产转化为广大农民的财产权利，加快建立起归属清晰、权能完整、保护严格、流转顺畅的中国特色社会主义农村集体产权制度，是全面深化农村改革的重大任务，也是实现民富国强的重大课题。

推进农村集体产权制度改革，就是一条还权于民的有效途径。方志权研究员的著作《农村集体产权制度改革：实践探索与法律研究》，对农村集体产权制度改革进行了系统思考和研究，提出了一系列具有理论启发性和实践操作性的政策理论观点，为推进农村集体产权制度改革提供了清晰的改革路径。该书有三个明显的特点：

一是对上海等农村集体产权制度改革先行地区的实践经验进行了系统总结。20世纪50年代，我国照搬苏联模式，实行计划经济和公有制，在农村强力推行农业集体化运动，通过消灭农民私有产权而建立起以土地集体所有为核心的农村集体所有制，形成了独特的农村集体产权制度。随着以市场为导向的改革不断推进，传统的农村集体产权制度已远远适应不了社会主义市场经济发展的需要。20世代80年代末、90年代初，上海、广东、北京等经济发达以及城镇化快速发展地区，率先探索推行了以股份合作制为主要形式的农村集体经济组织产权制度改革。通过股份合作制产权制度改革，真正实现还权于民。方志权研究员在上海农口单位工作，长期致力于"三农"问题的政策研究，他在繁忙的工作之余将上海、广东、北京等地开展农村集体产权制度改革的实践经验进行系统总结提升，阐述了农村集体经济具有社区性、合作性、排他性和多功能性等基本特性，理清了农村集体产权制度改革的基本原则和实施路径，为我国全面推行农村集体产权制度改革提供了宝贵的借鉴和参考。

二是对推进农村集体产权制度改革过程中的若干问题提出了

不少真知灼见。方志权研究员在该书中不是简单地归纳总结上海、广东、北京等地农村集体产权制度改革的经验做法，而是结合自己丰富的工作经验和深厚的理论素养，对农村集体产权制度改革过程中面临的若干难点问题提出了自己独到的见解和思考建议，这些见解和建议具有重要的改革实践参考价值。例如，在农村集体资产股权设置方面，提出可以用份额或者股份的方式以户为单位量化到本集体经济组织成员。在确认农村集体经济组织成员身份时，认为可依据有关法律法规，按照尊重历史、兼顾现实、程序规范、群众认可的原则，统筹考虑户籍关系、农村土地承包关系、对集体积累的贡献等因素，并协调平衡各方利益，解决成员边界不清的问题。在是否设置集体股问题上，认为对于城镇化进程较快、已经实现"村改居"的地方，应明确不设置集体股，其日常公共事业支出，可通过在集体收益分配中提取公积金、公益金的办法解决，其具体比例或数额由改制后的新型农村集体经济组织成员（代表）会议在讨论年度预决算时决定。在农民分红要缴纳20%的个人收入调节税即"红利税"问题上，认为农村集体经济组织承担大量农村社会公共服务开支，不同于一般的经济组织，农民从中取得的收入分配仅仅是方式的改变，实质上仍是集体经济组织内部的收益分配，并不是真正意义上的投资收入，应与个人收入调节税法律规定有所区别，并提出了具体的改革意见，等等。我们可以在全书中读到许多这样的真知灼见。这充分展现了作者在农村集体产权制度改革上所具有的理论功底与实践经验。

三是体现了鲜明的法治思维和法治精神。由于长期以来学科的严重分割，从事"三农"工作和研究的朋友，很多都具有农业经济学背景，但明显缺乏法学知识训练，因而法治思维和法治精神明显不足，这正是"三农"工作和研究者自身的短板所在。在全面依法治国进程中，进一步增强"三农"工作者和研究者的法治思维和法治精神，是解决"三农"问题的一个新的前置性条件。在该书中，方志权研究员不仅对农村集体产权制度改革的理论与实践进行了系统研究和思考，而且对农村集体经济组织的相关立法工作进行了深入研究并提出了相应的立法建议。他在对全国人大及其常委会制定的50件涉及农村集体经济的法律法规、国务院制定的44件行政法规进行系统梳理的基础上，提出了相应的立法修改意见。例如他建议在国家层面制定《农村集体经济组织法》，在省级层面制定《农村集体资产监督管理条例》，并对相关立法的原则、要求、内容等方面提出了自己的思考和建议。这是以法治思维和法治方式研究与推进农村集体产权制度改革的重要体现。

2016年12月26日中共中央、国务院发布《关于稳步推进农村集体产权制度改革的意见》，对全国开展农村集体产权制度改革进行了明确的部署安排，这是我国农村集体产权制度改革上的首个顶层设计。该意见明确提出从2017年开始，力争用3年左右时间基本完成清产核资，用5年左右时间基本完成农村集体经营性资产股份合作制改革任务。从全国范围推进农村集体产权制度改革，是我国农村改革向深水区迈进和突破的重要里程碑，对于切实维护农民合法权益、增加农民财产性收入、让广大农民分享改革发展成果具有重大现实意义。对于尚未开展农村集体产权制度改革的广大中西部地区来说，借鉴上海、广东、北京等先行探索开展农村集体产权制度改革的有益经验和成功做法，必将取得事半功倍的效果。笔者认为，无论是对于农村集体产权制度改革的政策研究者来说，还是对于农村集体产权制度改革的实际工作者来说，方志权研究员所著的《农村集体产权制度改革：实践探索与法律研究》一书无疑都具有重要的参考价值。

农村改革的过程就是不断扩展农民权利、增进农民福祉的过程，就是不断还权于民、赋权富民的过程。

北京市承包地"三权分置"实践中存在的问题及对策*

党的十九大报告明确提出要完善承包地"三权分置"制度。改革以来，随着市场化、城镇化进程的加快发展，北京市农村承包地的流转已比较普遍。在实践的基础上进一步完善京郊承包地"三权分置"制度，对于更好地维护农民集体、承包农户、经营主体的各项权益，推动乡村振兴，促进乡村治理现代化具有重要的现实意义。

一、北京市农用地基本情况

根据北京市农经办2014年全市集体土地资源清查统计，截至2013年底，北京市农村集体土地面积2049.3万亩，占全市土地总面积2461.6万亩的83.3%。在农村集体土地中，农用地1594万亩，占77.8%；农村集体建设用地261.1万亩，占12.7%；未利用地194.2万亩，占9.5%。在1594万亩农用地中，直接用于生产经营的农用地637.1万亩，占40%，其余60%是生态林。随着改革的深化和经济社会的发展，京郊农用地的流转已经大量出现，承包地"三权分置"在实践中不断发展。概括来说，京郊农用地基本情况具有以下几方面的特点：

1. 集体直接经营的农用地比重较大。在全市637.1万亩经营

---

* 此文以《北京农村承包地流转：启示与建议》为题发表于《中国经济时报》2018年4月10日。

农用地中，实行家庭承包经营方式确权地433.7万亩，占68.1%；实行集体直接经营以及其他经营方式的农用地198.8万亩，占31.9%。

2. 确权方式多样。早在2004年北京市就已经全面开展了农村土地确权工作。到2016年，全市确权土地423.7万亩，占全市农村拟确权登记颁证面积的88.6%，确权农户95.4万户，确权人口289.8万人。与全国一般地区的农地确权不一样，京郊承包地确权方式有确权确地、确权确利、确权确股三种。在423.7万亩的农用地确权面积中，确权确地252万亩，占59.5%；确权确利124.3万亩，占29.3%；确权确股47.4万亩，占11.2%。

3. 土地流转的比例较高。2016年，北京市农用地流转面积246.7万亩，占全市确权土地面积的58.2%。比全国同期35%的流转比例高出20多个百分点。在土地流转面积中，对外租赁96.6万亩，占流转面积39.2%，是京郊主要的流转方式，其中企业租赁经营17.4万亩，占对外租赁面积18.1%；集体经营51.1万亩，占20.7%；农民专业合作社经营2.4万亩，占1%；大户承包经营47.4万亩，占19.2%；其他主体经营49.1万亩，占19.9%。

4. 农户家庭经营与新型经营主体的规模化经营并存。京郊农村形成了以农户家庭经营为基础、多种新型农业经营主体共同发展的格局。在流转的246.7万亩土地中，工商资本、村集体、专业大户、农民专业合作社的经营面积分别为39.2%、20.7%、19.2%、1%。到2016年底，经营规模在50亩以上的151.8万亩，占确权地的35.8%。其中100亩以上的128.7万亩，占确权地的31.6%；1000亩以上的44万亩，占确权地的10.4%。

5. 土地流转市场相对比较规范，确权登记颁证工作基本完成。2010年我市建立了北京农村产权交易所，成为全市唯一专业从事农村要素流转交易的服务平台，也是全国资本规模最大的省级农村产权交易平台。该产权交易所实现了统一监督管理、统一交易规则、统一信息发布、统一交易鉴证、统一收费标准、统一平台建设。全市也制定了农村承包土地经营权流转合同示范文本。截至2017年9月30日,全市共有124个乡镇2596个村开展了确权登记颁证工作,分别占全市拟确权乡镇、村数的97.6%和95.9%,涉及承包土地面积277.5万亩,占全市拟确权土地总面积的96.7%。

二、存在的主要问题及原因分析

综合分析北京市承包地"三权分置"实践,我们不难发现,集体所有权、农户承包权和土地经营权三个方面存在的一些问题。

1. **集体所有权方面存在的问题。**一是有关集体所有权的法律法规和政策规定不够明确。《中华人民共和国农村土地承包法》没有明确规定集体所有权的保护,只规定了集体经济组织或村委会作为发包方的权利和义务。2017年10月31日提请十二届全国人大常委会审议的农村土地承包法修正案草案单列了土地承包权的保护和转让、土地经营权的保护和流转,却没有列出集体所有权的保护条款。2016年10月中共中央、国务院印发的《关于完善农村土地所有权承包权经营权分置办法的意见》对集体所有权、农户承包权、土地经营权作了原则性规定。二是集体所有权的权利人虚化。有关法律和政策已明确农民集体是土地所有权的权利主体。但在现实中,往往是村干部代替农民集体行使集体所有权,作为集体经济组织成员的农民集体,则在集体所有权的行使中缺位。三是地方政府和开发商圈占农民土地,损害集体所有权和农民土地权益的事比较突出。一段时期以来,地方政府严重依赖土地财政,片面追求GDP增长,过多过滥地圈占农民土地,造成农民集体土地所有权严重损失的现象比较普遍。据我们对大兴区北臧村镇砖楼村的调查,2005年,当地政府征收包括砖楼村在内的10多个村的土地搞生物医药基地建设,以每亩9万元的低价(2017年每亩征地价在50万—60万元)征收砖楼村土地1502.3亩,其中400亩实行以租代征。到2017年，被征占的位于南六环路边上涉及马村、八家村、北臧村、砖楼村4个村的3000多亩土地一直荒芜未利用，老百姓看着就痛心，却也无可奈何。我们还在海淀区香山村看到同样的被大量圈占却荒废不用的"征地烂尾"土地。在征收砖楼村土地时，当地政府还只付给砖楼村一半的征地补偿费，其主要用于村民农转居建社保，而未支付的其他征地补偿费则由开发区管委会支配，每年支付村里约510万元的利息。

2. 农户承包权方面存在的问题。一是一些地方存在村干部和村集体主导土地流转的现象。有的地方为追求规模经营目标，往往由乡村干部强势主导村民流转承包土地，不少村将村民承包土地收回，再由村集体统一出租给外来工商企业租赁经营，村民难以决定土地流转，也难以参与土地流转后的监督管理。二是有的村将村民承包地收回后，不是按照村民的承包土地面积支付流转费，而是按人头支付流转费，随着村内人口的自然消亡，这种支付流转费的方式使村集体实质上收回了村民的土地承包经营权。三是地方政府过多过滥圈占农民土地。为追求所谓的经济发展，一些地方政府与开发商合作，圈占农民土地搞各种形式的开发建设。土地被圈占后，农民不但失去了集体土地所有权，而且失去了土地承包经营权。一些实行以租代征的地方，比如在大兴区南六环南侧涉及6个村几千亩以租代征的土地，没有纳入确权登记颁证范围，将造成村民失去对以租代征土地的正当权益。四是农民的征地补偿费得不到应有保障。根据现行北京市建设征地补偿办法，政府征收农民土地后，土地补偿费归农村集体经济组织所有和统一使用，地上附着物及青苗补偿费归地上附着物及青苗的所有者所有。这就使得土地补偿费没有区分对土地所有权的补偿和对土地承包经营权的补偿。村集体独享了土地补偿费，虽然村集体以土地补偿费为村民缴纳征地转居后的社会保险费用，但征地后对村民承包地的承包经营权补偿没有清晰地体现出来。尤其是，现行政策规定的征地农转居需缴纳的社会保险费高得惊人。

以砖楼村为例，根据现行征地农转居政策，平均每位转居农民需缴纳社会保险费在20万—30万元，该村350多人农转居，共缴纳社会保险费7000多万元。如果是残疾人，则需要缴纳上百万元的社会保险费。这种政策，对农民来说有什么意义？五是农户承包权的权能不完整，尤其是处分权能不完整。现行法律规定农民对承包地享有占有、使用和收益的权利，以及转包、互换、转让等流转权利。现行试点政策还赋予农户对承包地的抵押、担保和入股等权利。目前承包地普遍缺乏融资担保权，转让权也仅限于本集体经济组织内部，且没有赋予农户对承包地的继承权。六是一些工商资本出于投机目的租赁农民承包土地，有的利用效率不高，有的则出现非粮化、非农化等问题。七是一些地方集体资产监管存在漏洞，小官巨腐现象比较严重，对村民集体财产权益造成重大损失。比如，据2014年北京市纪委案件通报，海淀区西北旺镇某村会计陈某挪用集体资金达1.19亿元。

3. 土地经营权方面存在的问题。一是早期低价流转造成了村集体和农户土地财产权的巨额损失。早期京郊农村土地流转具有很强的自发性、盲目性、随意性，流转土地的价格都非常低，导致低效率的经营主体长期低成本占用承包地，农户的承包经营收益难以得到保障。例如，2004年北京市确权地流转价格仅为150元/亩，2016年北京市农地流转价格已经达到1610元/亩，山区低于1000元/亩、平原低于2000元/亩已租不到农地。二是部分确权确利、确权确股的村，存在村干部代替村民决策，将集体土地较早低价、长期流转给专业大户、社会资本，导致土地闲置或低效经营，收回难度很大，制约了当地集体经济的发展和农户增收。三是土地经营权的权能规定不够明确。土地流转现象虽然出现多年，但对土地经营权的权能规定长期未能明确。2016年，中共中央、国务院印发的《关于完善农村土地所有权承包权经营权分置办法的意见》规定土地经营权人对流转土地享有占有、耕作、收益权。农村土地承包法修正案草案规定土地经营权可以依法采取出租（转包）、入股或者其他方式流转，可以向金融机构融资担保。但土地经营权事实上并没有享有融资担保权能。2015年底大兴区开始开展农地承包经营权抵押贷款试点，仅发放4笔贷款，总贷款金额530万元，其中，农业企业2家，贷款金额分别为120万元和100万元；合作社1家，贷款300万元；农户1个，贷款10万元。试点中遇到的主要问题，首先是按照"流转土地的经营权抵押需经承包农户同意"的规定，经营权抵押需承包农户逐个签字同意，交易成本较高；其次是土地经营权抵押贷款的批复时间较长，需要1至2年，且对农户的贷款额度较小。

存在上述问题的主要原因：

1. 政策研究滞后。由于城镇化的快速发展，京郊农村的土地流转发展较快，但相关政策研究却明显滞后，造成对农村土地流转产生的问题认识不到位、情况不清楚、解决问题的思路不清晰、应对措施跟不上。

2. 政策制度滞后。未能根据京郊农村改革发展的实际及时研究制定相关政策制度，是造成农村承包土地"三权"各种问题的重要因素。我市没有研究制定有关完善"三权分置"制度的政策文件。2004年实行的《北京市建设征地补偿安置办法》中有许多条款已经过时，已不适应现在发展的需要，但没有纳入地方立法调研修改计划。国家有关法律也没有明确赋予集体所有权、农户承包权、土地经营权这"三权"的充分权能，等等。

3. 监督管理滞后。2017年，京郊农村集体账面资产就已达6000多亿元，如果包括集体土地在内，总估价在10.4万亿元。面对农村集体资产的快速增长，相应的集体资产监督管理水平却没有及时跟上，监督管理漏洞不少，给"小官"们留下了许多"贪腐"空间，造成村集体和村民财产权益的重大损失。

4. 产权保护滞后。长期以来，各级党委和政府把政策工作的注意力和着重点都放在增加农民收入上，而对如何保护农民的产权则明显重视不够。特别是有的地方的领导干部法治意识不强，产权保护观念淡薄，为片面追求当地经济增长而强征农民土地、强拆农民住宅，对农民财产权利的侵害极大。

5.乡村治理滞后。随着市场化、城镇化、城乡一体化以及农业现代化、人口老龄化的发展，京郊农村经济社会结构发生了很大的变化，但与此相适应的乡村治理体系和治理能力还没跟上，致使乡村的自治不力、法治不灵、德治不足，社会风气和政治生态有待进一步净化。

三、对策建议

1.围绕彰显农民集体，加强集体所有权的制度建设。一是要突出农民集体是土地集体所有权的权利主体的地位。要改变由村干部而不是农民集体行使和管理集体所有权的局面。农民集体不是抽象的，而是由一个个具体农民组成的。必须加强农村集体经济组织建设和民主议事制度建设，保障集体经济组织成员或代表依法行使知情权、表达权、参与权、监督权、决策权。二是要防止集体所有权行使中的两种错误倾向，一种是要防止乡村干部借口集体所有权而随意收回农户承包权的现象，另一种是要防止乡村干部在集体所有权受到侵害时无所作为或无能为力的现象。三是要明确规定集体所有权的具体权能。从法理上说，集体所有权人即农民集体对集体土地依法享有占有、使用、收益、处分的权利，但这种行使又是有条件、范围和限度的。这是由我国农村土地集体所有、家庭承包的基本经营制度决定的。建议农村土地承包法修正案草案增加"集体所有权的保护和行使"一节内容，将发包方的有关内容纳入其中并充实完善，使之与"土地承包权的保护与转让""土地经营权的保护与流转"并列。

2.围绕明确充分赋权，加强农户承包权的制度建设。一是要对承包地进行充分赋权，核心是扩大农民对承包地的处分权能，具体是赋予农户对承包地享有继承权、赠与权、融资担保权等权能，转让权可以不限于本集体经济组织范围之内。二是将土地承包权分为初始承包权和继受承包权。在第一轮或第二轮承包时获得土地承包权的农户享有初始承包权，此后通过转让、继承、赠予获得承包权的为继受承包权。特别重要的是，如果不建立继受承包权制度，农民的土地承包权将随着人口的自然消亡而消亡。三是第二轮承包期到期后，自动延长土地承包期30年，要继续坚持"增人不增地、减人不减地"原则，不得打乱重分土地。集体经济组织新增人口，既可以通过转让、继承、赠予获得继受承包权，也可以通过市场流转获得土地经营权。四是要保护农户承包权免遭来自所有权和经营权两方面的夹击与侵蚀，既要谨防乡村干部借口坚持集体所有权而侵害农户承包权，又要警惕地方政府与社会资本借口放活土地经营权而损害农户承包权。

3.围绕规范土地经营，加强土地经营权的制度建设。一是将土地经营权区分为承包经营权和流转经营权。承包经营权是作为集体经济组织成员获得土地承包权时自我经营土地的权利，或者继受承包权人自我经营土地的权利；流转经营权是通过土地流转市场获得的土地经营权。对这两种经营权既要区别对待，又要共同保护。所谓区别对待，就是要看到承包经营权和流转经营权的不同之处，承包经营权中既有承包权又有经营权，而流转经营权中只有经营权没有承包权，这两种经营权中的权利含有量不同。所谓共同保护，就是既不得因强调承包经营权而忽视流转经营权的保护，也不得借口扩大规模经营、发展新型经营主体而只扶助流转经营权却漠视承包经营权，要建立覆盖两种经营权的普惠型农业支持保护补贴政策体系。二是明确规定土地经营权人享有占有、使用、收益的权利以及出租（转包）、入股、融资担保等合理的处分权，尤其是要建立普惠型的融资担保制度，保障小农经营户获得必要的金融信贷支持。重点是要将土地经营权的保护纳入规范化、法治化的轨道。三是随着农户承包期的再延长，要相应延长土地流转合同，稳定土地经营人的预期。四是进一步重视农业基础设施建设，加大农业基础设施建设投入力度，真正落实土地经营权人根据政策法律法规建设农业配套设施的权利。此外，在保障土地经营权人正当权益的同时，也要重点防止基层组织和个人强迫或限制承包农户流转土地、防止流转土地的非农使用。要适当限制土地经营权的多次流转等。

4.围绕保护农民产权，加强乡村治理的制度建设。一是根据中共中央、国务院印发的《关于完善农村土地所有权承包权经营权分置办法的意见》，研究制定《北京市完善农村土地所有权承包权经营权分置办法》，进一步明确和规定京郊农村土地集体所有权、农户承包权、土地经营权的具体权利，进一步理顺"三权"之间的关系。

二是切实修改《北京市建设征地补偿安置办法》，重新制定《北京市建设征地补偿安置办法》。重点有三个方面：首先，要根据宪法精神，将征地范围局限在公共利益的需要上，并给予公正补偿，加快建立城乡统一的建设用地市场；凡是经济建设需要产业用地的，由用地单位与村集体根据市场原则进行协商租地，或村集体以土地入股参与建设。在符合规划和用途管制的前提下，农村集体经济组织可以自主利用集体建设用地发展产业，壮大集体经济。其次，凡因公共利益征收农村土地，属于确权确地的土地，应当将土地补偿费的85%或90%补偿给农户，其余10%或15%补偿给集体经济组织，以体现征地对集体承包地的集体所有权和承包经营权的征收补偿。而征收确权不确地的确股、确利土地，土地补偿款只能补偿给集体经济组织，由集体经济组织合理进行按股分红或分利。最后，尽快停止和取消现行农转居政策。2014年国务院发布《关于进一步推进户籍制度改革的意见》，明确规定取消农业户口和非农业户口划分，统一登记为居民户口。2016年9月，北京市人民政府也发布《关于进一步推进户籍制度改革的实施意见》，同样明确了取消农业户口和非农业户口划分，统一登记为居民户口。在此形势下，再实行农转居政策就显得十分荒唐，必须立即停止和取消已实行多年的征地农转居政策。要加大城乡社会保障制度建设力度，尽快实现城乡基本公共服务均等化。

三是进一步健全完善农村集体资产监督管理体制机制。特别是针对一些圈占农村集体土地却长期荒废、以租代征土地未能确权、早期低价大规模出租集体土地、工商资本投机流转大量土地却闲置未利用等突出问题，要加强调查研究，采取切实有效的措施加以解决，以维护村集体和农民的土地权益。

四是要将全面从严治党、全面依法治国向乡村全面延伸和全覆盖。牢固树立农村产权保护意识，建立健全农村产权保护政策法律制度，坚持一手反对腐败，一手反对侵权，严厉打击侵吞集体资产和侵害农民财产权利的违纪违法甚至犯罪行为，加快构建自治、法治、德治相结合的乡村治理体系，从根本上消除乡村社会产生"小官巨贪"和各种"村霸"现象的土壤，全面营造风清气正的良好乡村政治生态。

维护和发展农民财产权利的思考和建议[*]

在城市化进程中，各级党委政府以及广大基层干部和农村群众为维护和发展农民的财产权利进行了许多探索和努力，也取得了不少成效。但是，侵害农民财产权利的现象仍然比较普遍，主要体现在：一是征收或征用集体土地并给予不公正的补偿安置，二是行政区划调整以及撤并乡镇和村庄造成集体资产流失或稀释，三是强制流转农民土地，四是圈占村庄、驱赶原居民搞乡村旅游开发，五是强拆农民住宅，六是内部人控制以及外部力量卷入造成集体资产流失，七是集体经济组织民主管理滞后导致农民财产权益损失，等等。

造成农民财产权利保障不力和损害的根本原因有四个方面：一是在思想观念上，各级领导干部财产权利意识欠缺、现代法治观念淡薄；二是在体制安排上，传统的计划经济体制没有得到根本的改革，现代市场经济体制没有健全起来；三是在制度建设上，有关财产权利的制度建设严重滞后；四是在权力保护上，各级党委和政府对农民财产权利保护不力，特别是国家对侵害农民财产权利的各种违法犯罪现象遏制不力。

经过40多年的改革开放，中国已经走到了一个新的历史关头，进入了新时代。在新时代，实施乡村振兴战略，最关键的是要在全面依法治国、建设法治中国的背景下，在推进国家治理体系和治理能力现代化的轨道上，在实现中华民族伟大复兴的进程中，

---

[*] 本文系本人主持及执笔的《北京市城市化中农民财产权利研究》总报告的部分内容。

加强对农民财产权利的维护和保障,真正使中国特色社会主义新时代成为全面依法治国的时代,成为尊重和保障公民基本权利的时代,成为大力弘扬中华优秀传统文化并大胆吸收人类现代政治文明的时代。

一、提高现代文明素养,把切实增强各级领导干部的财产权利观念和法治意识作为首要任务

在当代中国,侵犯财产权利最严重最普遍的主体是地方各级政府和各级领导干部。各级领导干部最突出的短板是产权观念淡薄和法治意识欠缺。虽然各级领导干部的平均学历水平比较高,但拥有高学历并不意味着拥有现代文明素养,特别是并不意味着拥有基本的产权观念和法治意识。作为关键少数,各级领导干部产权观念和法治意识的高低,直接影响整个社会产权观念和法治意识的水平。且不说改革开放以前各级领导干部对老百姓财产权利的轻视与践踏,就是在执政党和国家提出全面依法治国的今天,一些地方政府借推进城镇化、统筹城乡发展、新农村建设、乡村振兴之名掀起的"大拆大建运动"、强制圈占农民土地、强行拆除老百姓住宅,以及发生在重庆的"唱红打黑"、河南的"平坟运动"、江西的"砸棺行动"等社会现象,其实质就是地方当政者缺乏最基本的产权观念和法治意识,公然侵犯老百姓的财产权利。要提高全民族的现代文明素养,实现中华民族伟大复兴,最急迫、最关键、最突出的任务是要切实增强各级领导干部的财产权利观念和现代法治意识,全面提高各级领导干部的现代文明素养。通过提高各级领导干部的现代文明素养从而提升全社会的文明程度,加快建成有效保护产权的现代法治国家、法治政府、法治社会,这不仅是我国实现长治久安和繁荣兴盛的迫切需要,也是中国走向世界从而对人类文明作出更大贡献并得到世界普遍尊重和认同的战略需要。具体做法有以下三个方面:

一是重点对各级领导干部和公务人员进行现代公民教育和法治培训。要在国家和北京市级层面，将公民教育全面纳入国民教育体系，真心实意地培养现代公民，建设现代政治文明。各级党校和行政学院在对各级领导干部进行全面从严治党教育培训的同时，也要将全面依法治国作为培训的重要内容，将各级领导干部和全体公职人员作为普法的优先对象和重中之重，切实增强各级领导干部和全体公职人员的产权观念和法治意识，使他们懂得尊崇宪法、尊重公民基本权利等基本的现代文明常识。没有具备现代产权观念和法治意识的领导干部，就是不合格的领导干部。缺乏现代产权观念和法治意识的领导干部，就可能成为侵害公民财产权利的违法犯罪主体，这是对国家长治久安和社会和谐安定的重大破坏。

二是坚持"一反思二借鉴"。要深刻反思照搬苏联模式侵害财产权利的惨痛教训以及市场化改革以来破坏财产权利的典型案例，认真吸收和借鉴中华优秀传统文化中尊重和保障财产权利的历史资源，吸收和借鉴现代法治国家尊重和保障财产权利的有益做法，提升全社会尊重和保障财产权利的思想意识，拓展财产权利保护的历史视野和世界视野。

三是确立以保护产权为重点的新发展观。产权制度是社会主义市场经济的基石，保护产权是坚持社会主义基本经济制度的必然要求。要改变长期以来单纯追求经济增长而忽视产权保护甚至破坏产权的发展观念和方式。任性的权力与放纵的资本是对财产权利的严重破坏与现实威胁，要重点加强对权力的制约监督和对资本的节制规范，从根本上扭转片面追求经济增长而漠视基本权利、破坏生态环境的发展模式，确立依法有效保护基本权利、保护生态环境的新发展观。新发展观就是要在树立创新、协调、绿色、开放、共享发展理论的基础上，更加突出和体现保障产权等公民及法人基本权利的发展观，就是更加突出和体现维护社会公平正义的发展观，就是更加突出和体现促进人的自由而全面发展的发展观。

二、构建现代产权制度，把全面深化农村集体产权制度改革作为头等大事

建立归属清晰、权责明确、保护严格、流转顺畅的现代产权制度，是市场经济存在和发展的基础，也是维护和发展农民财产权利的基础工程，是实现国家治理体系和治理能力现代化的重要产权支撑。自20世纪50年代我国照搬苏联模式建立集体所有制以来，虽然经过了40多年的改革，但我国农村集体产权仍然存在归属不清晰、权责不明确、保护不严格、流转不顺畅的问题。维护和发展农民财产权利，迫切需要深化农村集体产权制度改革，构建归属清晰、权责明确、保护严格、流转顺畅的现代产权制度。这里所说的农村集体产权是涵盖全部集体所有制的产权。2016年12月26日中共中央、国务院印发的《关于稳步推进农村集体产权制度改革的意见》是深化农村集体产权制度改革、维护和发展财产权利的重要文件，需要进一步贯彻落实。在此基础上，我们还需要进一步解放思想，深化对集体所有制的认识和改革。通过强制农业集体化运动建立起来的集体所有制，具有社区性、封闭性、模糊性、不平等性等诸多特点，是一种十分独特的产权制度安排。几十年来，改革集体所有制的举措，已耗费了众多专家学者的心血和当政者的精力，但至今仍未能建立起现代产权制度。愚以为，如果我们立足于切实维护和发展农民财产权利，坚定地走人间正道而不是热衷于歪门邪道，就可以按照现有政策制度框架与跳出现有政策制度框架两种思路去认识和改革集体所有制。

1.关于改革集体所有制。按照现有政策制度框架，改革集体所有制的重点内容有：

第一，改变重国有、轻集体以及重城市、轻农村的二元思维和政策体系，实现土地的集体所有制与国有制的法律平等地位，

在符合规范和用途管制的前提下，集体土地可以依法平等进入市场，与国有土地同地同权。城乡建设需要使用土地，根本不需要实行城乡建设用地增减挂钩政策。城乡建设用地增减挂钩政策是典型的轻农村、重城市的思维方式，是对乡村土地发展权利的制度性剥夺，必须尽快废止。

第二，对承包地实行"三权分置"，依法且平等保护土地的集体所有权、农户承包权、土地经营权。明确和界定"三权"的权利内容和权利边界，赋予农民对承包地享有占有、使用、收益、处分的完整权能，重点是要保障农民对土地所有权的权利体现，保障农户对承包土地长久不变的权利，第二轮承包期到期后自动延长30年，乡村干部不得打乱重分土地。要尊重农户自愿流转土地的权利，特别是要制止和惩治强迫农民流转承包土地的行为。依法获得土地经营权的权利人的各项权利应当得到有效的平等保护。

第三，探索宅基地实行"三权分置"的路子，落实宅基地集体所有权，保障宅基地农户资格权和农民房屋财产所有权，适度放活宅基地和农民房屋使用权。宅基地所有权归集体，并不意味着村集体或集体经济组织可以随意收回农民的宅基地所有权，也不意味着村集体或集体经济组织可以擅自处置宅基地。保障宅基地农户资格权，就是保障农户作为集体经济组织成员享有分配和占有宅基地的权利，任何组织和个人不得非法剥夺。应当实行房宅一体政策，农户依法有偿转让住房时，宅基地使用权一同转让。农户对宅基地的资格权，是指作为集体经济组织成员的农户，在该集体经济组织内享有申请获得并依法分配使用宅基地的身份资格的权利。农户对宅基地的资格权，既包括初始分配资格权，也包括继受占有资格权。农户初始分配资格权就是农户在集体经济组织内初次申请获得宅基地分配资格的权利，农户继受占有权就是农民在集体经济组织内部通过依法继承或转让住宅而获得的宅基地占有的权利。现行与宅基地有关的政策限制农户将住宅（住房和宅基地）转让给本集体经济组织成员以外的人，因而非本集体经济组织成员不拥有宅基地的资格权、占有权。但从长远看，这种限制宅基地自由流转的政策制度需要改革和废除。

第四，继续推进集体经营性资产股份合作制改革，将农村集体经营性资产以股份或者份额的形式量化到本集体成员身上，作为其参加集体收益分配的基本依据，依法赋予农民对集体资产股份占有、收益、有偿退出及抵押、担保、继承等权利。对已经完成集体经营性资产产权制度改革的乡村，要继续深化改革，降低或取消集体股，健全民主管理，规范收益分配，赋予股权完整的权能。对尚未开展集体经营性资产产权制度改革的乡村，要有序推进产权制度改革，保障农民享有集体资产的各项权益。

如果跳出现有政策制度框架，我们还能够打开更加广阔的改革发展思路。解放思想天地宽，保护产权日月长。我们应当立足于实现中华民族伟大复兴，着眼于国家持续繁荣和人们自由幸福的战略目标，重新认识土地所有制的价值。古今中外，向来是得民心者得天下，而不是得所有制者得天下。所有制从来只是国家实现治理目标的手段而不是长治久安的保障。应当突破苏联模式对土地所有制的观念束缚，实行土地所有制多元化，建立公有制为主体、其他所有制为补充的土地制度。我们要纠正一个习以为常的错误观念，就是误以为世界上实行土地私有制的国家都是百分之百的私有制，其实，实行所谓土地私有制的国家也有大量的公有土地。世界上根本不存在纯而又纯的土地私有制国家，而是普遍实行土地的多元所有制。要取消城市土地属于国家所有、农村土地属于集体所有的规定，在宪法中统一规定土地属于全民所有。这种全民所有是指国家主权意义上的全民所有。在此基础上，要在土地法中明确以国有所有权为主体、基层社区所有权以及法人所有权、农户所有权为补充的土地所有权制度体系。此外，在现行土地集体所有制条件下，农民集体是集体所有制的所有者，集体经济组织或村民委员会只是集体所有制所有权的代表，而不是集体所有权的拥有者和垄断者，作为集体经济组织成员的农民才享有全部集体土地的所有权。无论从集体所有制的形成历史还是现实占有状况来看，都应当将农民的承包土地和宅基地视为民法意义上的准所有权予以保护。

2.关于改革征地制度。按照现有政策制度框架和改革试点方向，改革征地制度的重点内容有：

第一，明确公共利益的范围。根据宪法，国家因公共利益的需要可以征收或征用集体土地并给予补偿。但国家立法至今没有明确公共利益的范围，在实际工作中，不管是国家公共利益的需要还是非公共利益的需要，政府一律启动征地权强制征收集体土地。这是贯彻落实宪法不到位、不尽责的重要表现，是国家立法缺位的重要体现。要加快有关征地制度的立法工作，明确公共利益的范围。只有出于国家公共利益的需要，政府才能启动征地权并给予公正合理补偿。对于因非公共利益需要使用集体土地的，只能实行土地租赁或土地入股等形式。

第二，对合法征用集体土地的应给予公正补偿。现行土地管理法规定要按被征土地原用途补偿被征地的农民，补偿标准明显偏低。地方政府通过低价征地、高价拍卖的方式，获取巨额土地出让收入，实质上是以政府强制力为后盾从农村集体和农民手中攫取巨额的土地财产权益。这种由政府垄断经营土地的现象和制度安排亟须改变。政府应当放弃经营土地的商人角色，回归到公共利益的代表角色上来。对依法征收或征用农民土地的，必须给予公正合理的补偿。同时，要合理确定政府、集体、农民在土地增值收益中的分配比例，保障农民依法享有的土地补偿费用。在征地补偿中，应当明确区分对土地所有权的补偿和对承包经营权的补偿，区分对宅基地的补偿，等等。凡是征用农民承包地和宅基地的，农民应当享有90%以上比例的土地补偿费。

第三，允许和规范集体经营性建设用地平等入市，赋予农村集体土地发展权。国家已经在开展这方面的试点工作。应当明确，除了国家依法征收农民集体土地外，农村集体可以在符合规划和用途管制的前提下，自主开发利用集体土地。除了公共需要征地外，其他因非公共利益需要使用集体土地的，一律按照市场契约原则实行土地租赁或土地入股。国家应当建立健全土地税制，依法从土地交易中获取税收。第四，对于非法强征农民土地、强拆老百姓住宅的行为，应当依据刑法追究强征强拆者侵犯集体和公民财产权利的罪责。不但要追究个人侵犯财产权利罪，还要追究单位侵犯财产权利罪。

如果跳出现有政策制度框架，可以对现行的征地思想观念和政策制度安排作出重大调整与改变。

第一，取消城市的土地属于国家所有、农村和城市郊区的土地属于集体所有的规定。这是因为，城市与农村的边界是动态变化的，而法律的规定则是静态的。静态的规定根本不适合城市化发展的动态变化。事实上，在农村也有国有土地，在城市也存在集体土地。在国家主权上，规定国家的全部土地属于全民所有；在民法上，则明确土地的各种所有权主体或占有权主体。农村的集体土地可以建设城镇，城镇的国有土地也可以发展农业或三产融合产业。在城市化进程中，土地的所有权可以保持不变。就像农村中的国有农场等国有土地没有必要变性为集体土地一样，城市化发展需要集体土地的也可以不征地，没有必要改变城市规划区和建成区内的集体土地所有权。

第二，取消土地征收的规定。土地征收涉及土地所有权的改变，即由集体土地转变为国有土地；土地征用只涉及土地使用权的改变。事实上，土地征收也只存在集体土地转变为国有土地这唯一一种情况。土地集体所有制和土地国有制都是公有制，没有必要将一种公有制转变为另一种公有制。中央领导以及有关政策文件明确强调，不管怎么改，都不能把农村土地集体所有制改垮了。现行的征地模式，就是将农村的集体土地征收后改变为国有土地，这实质上不仅是将农村土地集体所有制改垮了，而且是将农村土地集体所有制改没了，与坚持集体所有制的宪法原则和政治原则相冲突，因而必须从根本上改变这种吞噬农村土地集体所有制的征地模式。凡是因公共利益需要使用集体土地的，只能征用，即不改变土地的集体所有制，土地的集体所有权并没有消失，而只是集体土地的占有权和使用权被依法转移了。征用集体土地，应当明确征用期，包括长期征用和限期征用，并给予公正合理的征用补偿。非公共利益需要使用集体土地的，应由现行的征收或征用土地改为租赁土地。农村集体经济组织出于发展产业的需要，可以依法出租土地或以土地入股的方式参与开发建设。要从根本上改变政府通过低价征收征用农民土地，然后高价拍卖土地从而获取巨额土地出让收入的做法，政府应当从建立健全土地税制中获取合法收入。

三、强化现代产权保护，把严格依法惩治一些地方领导干部侵犯财产权利的行为作为关键举措

2016年11月27日，中共中央、国务院发布《关于完善产权保护制度依法保护产权的意见》。这是我国首次以中央名义出台产权保护的顶层设计政策，文件对完善产权保护制度、推进产权保护法治化进行了部署，这对于加强产权保护具有积极意义。但是该意见主要侧重于对民营企业的产权保护，而对农村集体财产以及农民财产权利的保护明显不够，现实中侵害农村集体和农民财产权利的现象比较普遍和严重，特别是城市化进程中一些地方政府领导干部以统筹城乡发展之名掀起的强征强拆、撤村并居等运动，以及一些地方政府领导干部以改革之名推行的暴力平坟、野蛮砸棺等滥用权力行为，严重侵害了农民的财产权利。一些地方政府领导干部热衷于以侵害老百姓财产权利以及人身权利为手段推行所谓的经济发展，完全背离以人民为中心的发展思想，是对国家长治久安与社会和谐稳定的严重破坏。地方公权力的滥用是

最大的不稳定因素。以侵害老百姓财产权利为手段谋求当地经济发展的地方政府发展模式，严重侵蚀了国家有效治理的根基，必须下决心予以制止和根除。具体做法有以下几种：

一是要像强力反对腐败一样强力反对侵权。一些地方发生的非法暴力强征强拆等现象，实质上是严重侵犯农民财产权利的违法犯罪行为，不符合为人民服务的根本宗旨，违背了执政为民的根本要求，与全面依法治国相背离，应当严格追究侵权者的法律责任。要像推进全面从严治党一样推进全面依法治国，以党建引领法治，以党建促进法治，以党建保障法治。要借鉴强力反腐败的有效方式开展强力反侵权行动，依法打击一些地方政府公然以侵害老百姓财产权利的方式谋求所谓经济发展的歪风邪气和旁门左道，坚决遏制和平建设年代一些地方政府大规模侵害农民财产权利的不正常现象，还老百姓一个安宁的生产生活环境，夯实国家长治久安的人心基础。

二是修改刑法，进一步健全完善侵犯财产的罪名。面对城市化进程中的普遍性问题以及一些地方政府以改革之名恣意滥用权力的现象，国家应通过修改刑法，进一步完善充实追究侵犯财产权罪责的相关法规，强化财产权的保护力度。可以单独设立强征土地罪、强拆住宅罪、破坏坟墓罪、毁坏棺材罪等侵犯财产的罪名，为加强刑法的实施提供有法可依的法律保障。

三是加大刑法的实施力度，依法追究侵犯财产权利的犯罪行为。对侵害农民财产权利的地方政府及领导干部，既要依据《中国共产党纪律处分条例》给予党纪处分，也要依据刑法追究其罪行；既要追究侵犯农民财产权利的领导干部个人的刑事责任，也要追究地方政府及其相关部门等单位的犯罪责任。通过及时公开惩治一些地方政府领导干部侵犯农民财产权利行为，将其作为典型案例，达到以个案的公正处理推动地方政府依法行政不断深入和全社会法治进步的目的。

在城市化进程中，要有效保护财产权利，除了上面提出的增强财产权利观念、构建财产权利制度、惩治侵犯财产权利的行为外，还需大力培育现代产权文化，要把营造尊重和保护财产权利的社会政治环境作为根本选择。只有既加强保护产权的硬制度建设，又加强保护产权的软环境培育，才能更有效地实现对财产权利的尊重和保护。尊重和保护产权，既要有效保护公有产权，落实宪法规定的"公共财产神圣不可侵犯"的原则，又要有效保护私有财产，落实宪法规定的"公民的合法的私有财产不受侵犯"。在社会主义市场化改革中，尤其要突出加强对私有财产权利的法律保护，实现公有产权和私有产权的平等保护。要依据"国家依照法律规定保护公民的私有财产权和继承权"的宪法规定，全面加强财产权利保护的立法工作，真正将保护财产权利的法治建设提升到一个崭新的水平上来。在新时代营造尊重和保护财产权利的社会政治环境，既要继承和弘扬有利于保护财产权利的中华优秀传统文化，实现"有恒产者有恒心"的产权保护与社会安定的目标；又要大胆吸收和借鉴有助于保护财产权利的人类文明的共同成果，恪守"风能进，雨能进，国王不能进"的产权保护与公权制约原则。

　　加强产权保护，根本之策是全面推进依法治国。要实现中华民族伟大复兴，必须把有效保护财产权利以及其他各项基本权利和自由作为再造中华文明的基石。北京提出要建设法治中国首善之区，就必须更加真心实意、认认真真地加强法治建设，让人们以看得见、感受得到的方式有效保护财产权利，特别是在推进城市化进程中，要真正坚持法治原则、树立法治理念、彰显法治精神，养成在尊重和保护财产权利的基本底线上开展工作，而不是在侵害老百姓财产权利的大拆大建中谋求发展的工作习惯。

维护和发展农民权利的思考与建议*

改革的过程应当是维护和发展农民权利的过程。1978年以来，我们能够看到，中国农民的权利得到了不断扩展。同时，我们也要看到，中国农民的权利仍面临着许多新的问题。农民要成为享有基本权利和个人尊严的现代公民，仍需要继续努力。当代中国农民，置身于现代化进程和现代国家构建的大环境中，维护和发展农民权利，不单是推进农村改革的主要任务，实质上更是中国在现代化进程中构建现代国家的核心任务。我们关注农民权利，不能只局限于农村改革，而应当从整个国家的总体改革和发展全局出发来理解和把握。对于我们这个伟大的民族和国家来说，要真正解决"三农"问题，最重要的就是要认真对待农民权利。

一、从为民作主的发展主义转向为民服务的公共服务型政府

维护和发展农民权利，首先要做到的是真正尊重农民的意愿。是否尊重农民意愿，意味着是让农民自己作主还是代替农民作主。让农民自己作主，就是尊重农民的意愿，使农民在正义的法律框架中自由选择。代替农民作主，就是强制农民的意愿，使农民在权力的驱使下被动地服从。

---

* 此系本人主持及执笔的北京市哲学社会科学"十一五"规划项目《城乡一体化新格局中农民土地权益和身份平等权利实现方式研究》总报告的一部分，参见张英洪等：《认真对待农民权利》，中国社会出版社2011年版。

实践经验表明,凡是强制农民意愿的事,往往会造成严重的社会问题;凡是尊重农民意愿的事,大都推动了社会的进步和发展。20世纪50年代,推行集体化运动,强制农民走合作化道路,速度上急于求成,忽视了农民的权利和意识,给国家和人民带来了巨大的损失。改革开放以来,一方面,国家尊重农民的自主选择,出现了包干到户、乡镇企业、村民自治、建设小城镇、进城务工等源自农民的伟大创造,推动了经济和社会发展。另一方面,一些地方出现了强迫农民调整农业结构、逼迫农民致富,2011年甚至发生了强制农民进行土地流转、强迫农民集中居住、强迫农民上楼等现象,这些无一不损害了农民的权益,遭到了农民的反抗。

党和国家在政策文件中一直强调尊重农民意愿。在20世纪50年代有关农业合作化和人民公社的政策中,我们也能找到有关尊重农民意愿的具体规定,但在现实中却很难真正做到尊重农民愿意。从20世纪50年代发生的强迫农民走合作化道路,到当前一些地方强迫农民上楼,虽然时代不同了,但强迫农民这个问题没有解决,这正是为民作主的价值取向和发展主义的权力导向在作祟。

为民作主具有悠久的历史传统。历史上涌现了无数为民作主的仁人志士。在传统农业社会,之所以需要知识分子和执政者为农民作主,是因为人口数量庞大的农民阶层,在政治上却是一个"沉默的阶级",他们在政治生活中没有话语权,缺乏参与政治的制度化渠道,他们的命运不能由自己作主,只能让受过儒家教育的知识分子和官员为其作主。正如马克思在论述法国农民时指出的那样,农民"不能以自己的名义来保护自己的阶级利益,无论是通过议会或通过国民公会,他们不能代表自己,一定要别人来代表他们。他们的代表一定要同时是他们的主宰,是高高站在他们上面的权威,是不受限制的政府权力,这种权力保护他们不受其他阶级侵犯，并从上面赐给他们雨水和阳光"[①]。

为民作主确实有高尚的一面。但是，为民作主的权力也极可能成为损害农民利益的权力。诺贝尔经济学奖获得者阿马蒂亚·森就指出过："做好事的权力几乎永远与做相反的事情的可能性相伴随。"[②]为农民作主的人必然要控制农民的意志，成为农民命运的摆布者。历史上，当农民忍受的压迫和不公正到达极限时，这个"不在沉默中爆发，就在沉默中灭亡"的阶级，就会以暴力革命来表达自己的存在。这是中国历史上发生周期性农民起义的重要原因。

发展主义的权力导向是农民的意愿难以得到尊重的另一个重要因素。作为后现代化国家，中国一直在追赶现代化。改革以来，以经济建设为中心成了最大的政治，以发展主义为导向的各级政府展开了空前的竞争，这使我国在经济建设上取得了举世瞩目的巨大成就，2010年中国已成为仅次于美国的全球第二大经济体。但是，这个辉煌成就的取得，也付出了巨大的成本，主要是牺牲了资源环境和农民利益，忽视了社会建设等。特别是，发展主义被简化为经济发展，经济发展又被简化为GDP增长。为了GDP的增长，农民的意愿就可能被忽视，农民的利益也可能被损害。因为在发展主义看来，任何妨碍发展大局的农民个人利益，都可能被发展的大道理淹没。一个目标压倒一切的思维方式长期以来影响着我们的治理选择。任何一个社会，其实都是各个因素相互依存的统一体，以一个目标去压倒一切，只可能造成社会的畸形发展。

违背农民意愿去追求政绩，往往造成事与愿违的结果。长期以来，我们没有对强迫农民走合作化道路到强迫农民上楼的现象

[①]《马克思恩格斯文集》第二卷，人民出版社2009年版，第567页。
[②][印度]阿马蒂亚·森：《以自由看待发展》，任赜、于真译，中国人民大学出版社2002年版，第25页。

做过认真的反思，因而也就难以从中吸取应有的教训。美国著名的人类学家和政治学家詹姆斯·C.斯科特教授对那些雄心勃勃试图改善人类状况的努力最后失败的原因做过深刻的分析。他指出，20世纪国家发生的许多大灾难都是统治者进行其社会巨大乌托邦计划的结果，这种国家发展的悲剧，源于三个因素的结合。第一个因素是对自然和社会管理秩序的雄心，极端现代主义是表述这种雄心的合适词；第二个因素是毫无节制地滥用现代国家权力作为达到目标的工具；第三个因素是缺乏抵制这些计划能力的软弱和顺从的市民社会。极端现代主义意识形态提供了欲望，现代国家提供了实现欲望的工具，无能的市民社会则为建筑乌托邦提供了平整的基础。詹姆斯·C.斯科特教授认为，社会理想本身并不可怕，但当社会理想为统治精英所掌握，而这些掌权精英不承诺民主或公民权利，并为达到目标毫无节制地使用权力的时候，实现社会理想的实验就会走向错误，当社会没有任何抵制能力时，社会理想的实验就会走向致命的错误。①

农民的愿意得不到真正的尊重，具有深刻的历史和现实根源。如果不改变代民作主的思维方式和行为逻辑，而仍然习惯于强制农民过上由精英们设计的"幸福生活"，那么，以"为农民造福"的名义开始的各种政绩运动，最后必然以损害农民权益而告终。

要真正做到尊重农民的意愿，让农民自主选择，使农民不再成为实现政绩的工具，而成为享受公共服务的主人，这对我们是一个巨大的挑战。但是，我们必须去应对这个挑战。具体做法是：

1. 要从为民作主转向为民服务。从理论上说，这个转变应当是非常容易做到的，因为党的宗旨是全心全意为人民服务，而不是为人民作主。但在实践中要将为人民服务的宗旨落到实处，一方面要真正改变为民作主的观念和行为。政治精英的主要任务是

---

① 参见［美］詹姆斯·C.斯科特：《国家的视角——那些试图改善人类状况的项目是如何失败的》，王晓毅译，社会科学文献出版社2004年版，第115—117页。

为社会制定公平正义的规划，让农民自由选择，让农民的命运由农民自己作主。《礼记·大学》有语："民之所好好之，民之所恶恶之。"这与现代国家奉行尊重公民自由选择的基本理念是一致的。政治精英不能以自己的喜好取代农民的喜好，更不能将自己的喜好强加在农民头上。另一方面要加强制度建设。这就好比要让居民享用自来水公司的自来水，就必须在自来水塔和用户之间铺设相应的自来水管、水表和开关等装置，否则，居民只能"望水兴叹"。如果将为人民服务的宗旨比喻为自来水塔，那么，人民要享受到服务，就必须建设一系列落实为人民服务的具体制度，通过制度建设，将为人民服务的宗旨与享受服务的民众连接起来，否则，人民只能"望服务兴叹"。

2. 要加快转变政府职能，真正建设公共服务型政府。既然党的根本宗旨是全心全意为人民服务，那么在党的领导下的人民政府，其根本职能就是落实为人民服务，也就是建设公共服务型政府，这与现代国家的政府职能是完全一致的。改革以前，政府的主要职能是以阶级斗争为纲；改革以后，政府职能主要定位于以经济建设为中心。党的十六大以来，以胡锦涛同志为总书记的党中央，提出了以人为本的科学发展观和建设服务型政府的目标。但是，政府职能的转变并不顺利，传统的政府职能仍以强大的惯性力量运行着。但政府自身的转型终究是要完成的时代课题。具体说，我们建议：一是切实改变唯GDP的发展观和考核体系，以公共服务取代GDP作为考核各级政府的重要指标。GDP只是作为统计数据使用而不再作为政绩考核指标。二是深化公共财政体制改革，建设与公共服务型政府相适应的公共财政体制。进一步优化财政支出结构，从立法上保障财政支出用于公共服务的比重，特别是要将教育、医疗卫生、社会保障等基本公共服务支出水平提高到国际公认的水准上来。三是推进行政体制改革。全面实行预算公开和政务公开，严格控制"三公"支出，大幅度降低行政成本，将节省下来的"三公"支出用于"三农"支出，将节省下来的行政成本用于提高城乡基本公共服务水平。

二、切实推行农村产权制度改革，赋予和保障农民的完整产权

农村产权制度改革是维护和发展农民权利的重要途径。缺乏产权，是农民问题的核心症结之一。农村产权主要与集体所有制联系在一起。对农民来说，涉及的产权主要包括承包地、宅基地、林地、其他集体建设用地、住房以及经营性集体资产等的权利。农村产权制度改革的目标是建立"归属清晰、权责明确、保护严格、流转顺畅"的现代产权制度，使农民拥有完整的产权。

1. 加快完成农村土地确权、登记、颁证工作，强化土地承包经营权的物权保护。确权是维护和发展农民权益的前提和基础。要加快完成对全国农村的承包耕地、林地、宅基地、集体建设用地等的确权、登记、颁证工作，确定村集体的所有权和农民的使用权，统一颁发农村土地权属证书。根据党的十七届三中全会提出的土地承包关系长久不变的精神，统一更换土地承包经营权证书，将承包期由原来确定的"30年"更改为"长久"。要警惕一些基层干部对"长久不变"的误解或曲解，防止出现第二轮承包期30年到期后再重新调整土地承包关系的倾向，同时要纠正和制止一些地方在租用农民承包地时以30年为期支付所剩年限租金从而损害农民承包地权益的做法。土地承包经营权作为物权法保护的用益物权，具有私人财产权的性质，要进一步完善农民对土地承包经营权的权能，逐步将承包土地的产权界定给农户，使农户拥有完整的排他性的承包地产权。任何组织和个人无权强迫农民流转承包地，也无权禁止农民流转承包地，土地承包经营权可以继承和抵押。

2. 保障农民宅基地用益物权，实行农民宅基地的商品化。宅基地也是物权法规定的用益物权，具有私人财产权的性质，农民

对宅基地依法享有占有、使用、收益的权利,在城市化进程中必须切实加以保护,特别是要尊重和保护农民对宅基地和房屋当家作主的权利,要防止以旧村改造、村庄整理、城乡建设用地"增减挂钩"等名义,对农民宅基地的新一轮掠夺,切实遵守宪法第三十九条"公民的住宅不受侵犯",禁止任何违背农民意愿、侵害农民财产权和人身权的强制拆迁。一些地方推行的以宅基地换房的政策,使农民上楼后永远失去了宅基地,而其宅基地权益没有得到应有的补偿。旧村改造应对农民的宅基地、住房的财产权予以高度保护。对于仍然从事农业生产的农户,不宜提倡集中上楼。对于已无农业又无耕地的城中村,可以在尊重农民意愿的前提下,由农民自主选择集中上楼,但应充分保障农民的宅基地用益物权。现行有关严格限制农民宅基地流转的政策,要予以改变。城乡接合部地区的农民住宅在进行确权、登记、颁证后,可以合法有序地进入市场流转,率先实行商品化。孟子说"有恒产者有恒心",宅基地、承包地与农民的生产生活密切相关,要让承包地和宅基地成为农民的"恒产"。从土地使用的效率、公正和社会稳定等方面来看,要适应社会主义初级阶段和社会主义市场经济发展的需要,加大土地制度改革力度,在坚持公有制为主体的前提下,可以将承包地和宅基地的产权完整界定给农户。

3. 改革征地制度,允许和规范农村集体建设用地流转。要严格将征地控制在公共利益的范围之内,因非公共利益需要占用农村集体土地的,应实行市场交易的办法,由用地单位与村集体和农民平等谈判,公平交易。政府制定公平的规则,合法收取相关土地税费,公正保护交易双方的合法权益。重点工程占有农民土地的,更要足额公平补偿,要改变长期以来重点工程建设占地给农民补偿严重不足的做法。确因公共利益需要征收农村集体土地的,也要按照市场价格给予农村集体组织和农民个人公正合理的补偿。在绝大多数情况下,凡需要占用农村集体土地的,一般实行土地租赁或土地入股等形式,保障农民集体土地所有权性质不变，以维护农民的长远发展。完善土地储备制度，将土地增值收益主要用于农业和农村，重点是用于基础设施和公共服务。改革土地税制，除收取土地税费外，政府不应再从经营土地中获利。建议尽快出台有关农村建设用地流转的法律法规，对集体建设用地流转进行统一的规范、引导、保护和管理，坚持和实行集体土地与国有土地的同权同价，加快建设城乡统一的建设用地市场，允许农民通过多种方式开发经营集体建设用地，维护农民的土地发展权，让农民分享城市化中土地增值的收益。通过村集体和农民进行土地开发建设，可以保障农民参与城市化进程，解决农民长远的生计问题。凡是外来流动人口比较集中的城乡接合部地区，可根据实际情况，鼓励和规范村集体和农民建设公共租赁房，重点解决流动人口的居住问题，增加村集体和农民的财产性收入，集体公共租赁房的出租收入应在村集体和农民之间进行公平分配。

4.全面推进集体产权制度改革。全国农村都要按照社区股份合作制的基本模式，全面推行集体产权制度改革，实现资产变股权、农民当股东，让农民拥有实实在在的集体资产份额，享有集体资产增值收益。在城市化进程中，对城乡接合部地区要优先实行集体产权制度改革，以保障农民带着集体资产进入城市。征地补偿费归村集体经济组织和农民所有，区县和乡镇不得截留村征地补偿费，征地补偿费应主要用于被征地农民的生产生活安置与保障。对于存量集体资产的处置问题，首先应充分尊重村民的意见，进行民主决策，既可以公平分配部分集体资产，也可以将集体资产量化入股进行投资经营。在集体经济组织产权改革中，要降低集体股比例，在条件成熟的地方也可尝试取消集体股设置，对未取消的集体股则要强化账务公开和民主监督。进一步完善集体资产股权权能，突破农民集体资产股权受到多方限制的局面，赋予农民对个人股权享有占有、使用、收益和处分的完整权能，农民股权可以转让、抵押、担保和继承。农民享有的集体资产股权不受"农转居""农转非"等影响，农民可以带着股权进入城市，成为市民。"农转居""农转非"后，农民享有的集体资产股权保持不变，作为股东，农民继续享有集体资产收益，不得因任何行政手段被剥夺。这既可避免强制"农转非"或为获取集体资产股权而进行"非转农"等现象，同时，也为城乡接合部地区的农村与城市管理体制实现并轨打开方便之门。农民股权的转让只能通过个人自愿的方式或在市场机制下予以实现，原村集体经济成员在同等条件下拥有优先购买权。集体资产作为农民集体所有的重要财产，必须加强民主法治建设，坚持公开透明、民主管理，防止少数包办代替、内部人操作控制的现象，确保农民的集体资产不被少数人控制、不被少数人利用、不让少数人受益。

三、全面破除双重二元结构，维护和实现农民的平等权利

城乡二元结构具有鲜明的中国特色，它是造成中国"三农"问题的重要体制根源。我国二元社会结构有静态与动态两种形态，二元结构的实质在于没有赋予农民及外来人口平等的公民身份，没有保障和实现其平等的公民权利。破除二元结构，推行城乡一体化的实质是保障农民各项平等权利的实现。

静态的二元结构是在计划经济体制下基于农民与市民两种不同的户籍身份，以此建立城市与农村、市民与农民两种权利不平等的制度体系，实行"城乡分治、一国两策"[1]，使农民处于"二等公民"的不平等地位。动态的二元结构是基于本地居民与外来人口（主要是农民工，但不只是农民工）两种不同的身份，以此建立城市本地居民与外来人口两种权利不平等的制度体系，实行"城市内部分治、一市两策"，使外来人口处于"二等公民"的不平等地位。动态的二元结构是市场化改革以来原静态二元结构在

---

[1] 陆学艺：《走出"城乡分治、一国两策"的困境》，《读书》2000年第5期。

城市中的新形态。静态二元结构与动态二元结构共同构成了当代中国的双重二元结构。在沿海发达地区和各大中城市，双重二元结构交织在一起，共同成为城市化和城乡一体化面临的重大体制障碍。

我国静态二元社会结构形成于20世纪50年代，它是计划经济体制的产物，是政府主导的制度安排的结果，其基本特征是城乡分治，农民与市民身份不平等，享受的权利不平等，所尽的义务也不平等。这种以歧视农民为核心的城乡二元结构，将农民限制在农村，不准农民向城市流动，形成了一种静止状态的二元社会结构，我们称之为静态二元结构。静态二元结构从制度上来说，歧视的对象是农民群体，农民被深深打上了农业户籍的身份印记。长期以来，我国在既定的城乡二元结构中谋发展。党的十六大以来，特别是党的十七届三中全会明确将破除城乡二元结构上升为国家的基本公共政策。静态二元结构现在正处于被破除之中。

我国动态二元社会结构形成于20世纪80年代，它是市场化改革的产物，是市场力量和政府行为双重作用的结果。其基本特征是城市内部分治，外来人口与本市人口身份不平等，享受的权利不平等，所尽的义务也不平等。这种以歧视外来人口为核心的二元结构，将外来人口排除在政府提供的公共服务之外，形成了一种因人口流动而产生的动态的二元社会结构，我们称之为动态二元结构。动态二元结构从制度上来说，歧视的对象是外来人口。进入城市的外来人口很多是农民工，但也有其他非农业户籍的外地人员，他们被统一打上了外来人口或流动人口的身份印记。改革以来，我国各类城市在既定的动态二元结构中谋发展。近些年来，农民工问题引起了国家的高度重视，但包括农民工在内的外来人口始终未能真正融入城市成为平等的新市民，他们是城市严加管理的对象。动态二元结构自形成以来一直存在。凡是有外来人口的城镇都存在着双重二元结构。在外来人口大量集聚的大中城市，双重二元结构表现得尤为突出。

改革以来，中国城市的人口来源和构成发生了巨大的变化，城市居民主要由本市户籍市民、本市户籍农民和外来人口三大部分组成，他们共同构成了城市的常住人口，他们都是城市的市民，共同为城市的发展贡献力量和智慧，共同创造城市的文明与荣耀，共同塑造城市的品格与未来。要真正解决城市中的户籍农民问题与外来人口问题，建设具有开放包容和平等关怀特点的现代城市，必须全面推进城乡一体化进程，破除双重二元结构。

1.重新认识城市的外来人口，树立全面的而不是片面的城乡一体化思维。对于现代城市来说，其居民只应有职业的差别，而不应有身份的歧视；其移居城市生活的居民也只应有先后之分，不应有内外之别。各个城市的外来人口实质上都是所在城市的新移民，是所在城市的新市民，他们事实上是城市发展不可分割的重要组成部分。在城乡一体化进程中，各地要以破除静态二元结构的精神来破除动态二元结构，要让普照农村的公共财政阳光同样普照城市中的外来人口，要将覆盖城乡的基本公共服务同样覆盖城市中的外来人口，消除对外来人口的制度性歧视，使广大外来人口平等参与现代化进程、共享改革发展成果。要通过体制机制创新，重点保障外来人口享有平等的就业权、受教育权、健康权、居住权和社会保障权，让外来人口享有对城市公共事务的选举权、知情权、参与权、表达权和监督权。切实破除城市中的动态二元结构，应当成为各类城市加快城市化和城乡一体化建设的重中之重。要全面推进城乡一体化，就是要破除静态与动态两种二元结构，树立既统筹兼顾当地城乡居民权益，又统筹兼顾本地户籍居民与外来流动人口的权益，实现市民与农民、本地居民与外来人口的身份平等、机会平等和权利平等。既要使本市户籍农民共享城市发展成果，也要使外来人口共享城市发展的成果。忽视外来人口基本权益的城乡一体化，只是片面的城乡一体化，实质上并没有完全跳出城乡二元结构的传统窠臼。

2.着力改革户籍制度，促进农民和外来人口市民化。户籍改革的目标是消除户籍歧视，建立城乡统一的居住证制度，实现公民身份平等，保障公民的居住和迁徙自由权。城市中的户籍改革，既要赋予本市户籍农民市民身份，又要赋予外来流动人口市民身份，实现全体常住人口的"同城同权"，同享尊严。首先，按居住地进行户口登记，实行城乡统一的户口登记制度。其次，户籍改革既要赋予农民享有与市民平等的社会保障等权利，又要保障农民享有包括承包地、宅基地等在内的集体资产权益。农民的市民化既要保障农民享有集体资产等财产权利，又要使其平等享有社会保障等市民待遇。现代国家的公民，无论从事何职业、无论生活在城市还是农村，都平等享有国家提供的社会保障。不得强制实行"农转非"，也不得阻止"非转农"。户籍改革的关键是要将户口与社会福利脱钩，使之回归人口信息登记的功能。再次，实行职业农户登记制度。国家有关支农惠农政策与职业农户挂钩，与户籍脱钩。通过平等的户籍改革，要实现农民只是一种职业而不再是一种受歧视的身份的目标。最后，要重新认识和公平对待外来流动人口，逐步实现农民工等外来流动人口的市民化。以农民工为主体的外来人口，是各大中城市的新移民和新市民，应当赋予他们平等的市民身份，使之平等享受就业、教育、医疗、社保、住房等基本公共服务。

  3. 加快财政体制改革，实现城乡基本公共服务均等化。公共财政体制是确保"发展成果惠及全体人民"的重要制度安排。对于城市政府来说，坚持工业反哺农业、城市支持农村和多予少取放活的方针，一方面要支持全国农村的发展，另一方面要支持本市郊区农村的发展。对每一座城市来说，实行以城带乡、城市支持农村最直接的方式，就是将外来流动人口纳入基本公共服务保障体系之中，实现外来流动人口的市民化。首先，将基本公共服务均等化作为城乡一体化的突破口和重中之重。实现城乡社会保障等基本公共服务均等化对社会文明进步的影响要远大于大拆大建式的拆村运动对它的影响。其次，切实减轻集体经济组织承担公共产品供给压力。农村和城乡接合部地区的市政基础设施、公共服务设施以及社会保障等，均应纳入政府公共财政保障范围。再次，让征地补偿与社会保障脱钩。农民无论是否被征地，无论是否居住在城乡，都平等享有社会保障权。以征地补偿款抵扣农民社会保障的做法要改变。在历次征占农民土地的过程中，农转居、农转工、超转人员、自谋职业人员因社会保险费用补缴困难等因素未被真正纳入城镇社保体系的，可由政府从土地出让金中给予适当补助予以解决。最后，提高社会保障等基本公共服务支出占财政支出的比重。在市场经济发达的国家，社会保障和福利支出占财政支出的比重平均在30%—50%，有的在60%以上。例如，2004年美国联邦政府用于社会保障和医疗卫生等公共服务的支出占总支出的45%，各州和地方政府用于教育、卫生和社会保障等支出的比例高达70%。要进一步优化财政支出结构，逐步提高社会保障等基本公共服务支出占财政支出的比重，将各级政府建设成为真正为人民谋福利的政府。

四、走以人为本的新型城市化之路，保障农民权利与城市化同步发展

我国正处在城市化快速发展的重要时期，城市化也是我国经济社会发展的重要推动力。但推进城市化，关键是要走以人为本的新型城市化道路，保障农民带着资产和尊严进入城市化，使农民的权利与城市化同步发展。

1.新型城市化是维护农民权益的城市化。城市化不能以剥夺农民的权益为代价。传统的城市化过度损害农民利益，特别是因侵害农民的土地权益和集体资产权益，使大量的失地农民产生，而失地农民不能顺利转变为市民，又造成了许多经济社会问题。新型城市化是切实维护农民权益的城市化，是让农民在自己的土地上富裕起来的城市化，是实现农民市民化的城市化。

一要充分发挥农民的主体作用。城市化是农民土地非农化和农民身份市民化的过程，城市化是农民自己的事业。政府不能代民作主，要切实改变将农民排除在外的城市化、替代农民作主的城市化、强制农民意愿的城市化、剥夺农民利益的城市化，将传统农民的被动城市化转变为农民主动的城市化。要在政府规划的引导下，尊重农民的自主权，发挥农民的主体作用，使农民真正成为城市化建设的主人，成为自己幸福生活的缔造者。政府要着重提供规划控制和政策法律的引导规范，负责提供公共产品和公共服务。

二要切实将土地的增值收益还给农民。城市化的核心是土地问题，关键是农民分享土地增值收益的问题。2007年3月时任国务院总理温家宝在会见中外记者时说："土地出让金主要应该给予农民。"2010年10月，党的十七届五中全会通过的《中共中央关于制定国民经济和社会发展第十二个五年规划的建议》提出将土地增值收益主要用于农业农村。2010年12月，中央农村工作会议提出土地出让收益重点投向农业土地开发、农田水利和农村基础设施建设，确保足额提取、定向使用。在推进城市化进程中，要明确土地出让金主要用于农业农村的详细内容，特别是要支持现代农业服务体系建设、农业专业合作组织和生态文明建设，改善农村基础设施和公共服务设施，实现基本公共服务均等化。

三要有效保障农民带着集体资产进城。让农民带着集体资产进城，是城市化中的重大问题。要让农民拥有集体资产股份，分享集体资产收益，保障农民对集体资产的占有、使用、收益和处分权能，农民拥有的集体资产股权可以转让、抵押、担保和继承，农民可以在城市化过程中带着集体资产进入城市，成为市民。

2. 新型城市化是善待外来人口的城市化。在城市化进程中，外来流动人口没有真正融入城市成为市民，使已有的城市化成为一种特殊的"半城市化"。新型城市化需要重新认识和公平对待外来流动人口。公平善待外来流动人口，不只是要加强对外来流动人口的管理，更重要的是要维护外来人口的平等权益和尊严，构建公正的社会制度，实现外来流动人口的市民化，实现"同城同权同尊严"，使外来流动人口共享城市发展的成果。在同一座城市中，每一个人都应完全平等。在对待流动人口问题上，传统的思维和做法是加强控制和治安管理。但简单的限制流动人口的举措，既不利于保障公民的居住和迁徙自由权，也不利于形成城乡一体化的新格局，应当将流动人口视为城市的常住人口，平等对待。要逐步将流动人口纳入就业、教育、医疗、社保、住房等基本公共服务保障体系，实现基本公共服务对流动人口的全覆盖。建议以新市民的概念取代外来流动人口的称呼。

3. 新型城市化是发展民主法治的城市化。城市化建设事关城乡居民的切身利益，是重大的公共政策，应当纳入民主法治的轨道。为人民谋福利、办好事的权力也必须受到严格的制约和监督。要以民主法治的方式推进城市化，以城市化来提升民主法治水平，使城市化与民主化相互促进，让城市建设与法治建设交相辉映。各级政府要坚持依法行政，将民主法治理念贯穿到城市化建设中去，将城市化建设作为加快建设法治政府和服务型政府的重要内容，不断提高政府公信力和执行力，实现法治框架下的城乡善治，切实保护公民的基本权利和自由，维护社会的公平正义。

一是要公开透明，民主参与。有关城市化建设规划、实施方案和其他规划性文件，都要向社会公开。公开、参与是提高决策民主化、科学化、法治化的基本保障。要按照国务院的规定，坚持以公开为原则、不公开为例外。要把公众参与、专家论证、风险评估、合法性审查和集体讨论决定作为有关城市化建设重大决策的必经程序，未经公开征求意见、合法性审查、集体讨论的，不得发布施行。没有法律、法规、规章依据，政府有关部门不得作出影响公民、法人和其他组织权益或者增加其义务的决定。实行民主好处多，城市化建设要广泛实行民主，扩大公众参与，保障居民的知情权、参与权、表达权和监督权。要发挥城乡居民自治组织在城市化建设中的应有作用。

二是定期清理，废止旧规。根据《国务院关于加强法治政府建设的意见》（国发〔2010〕33号），建立规章和规范性文件定期清理制度，规章一般每隔5年、规范性文件一般每隔2年清理一次，且清理结果要向社会公布。城市化建设涉及征地、拆迁补偿、人员安置、社会保障等诸多方面，各地不少政策文件时间跨度较大，与当前的新情况新形势不相适应，应当组织有关部门一一进行清理，废除或修改已不适应于当前城市化和城乡一体化发展需要的规章制度。

三是与时俱进，依法行政。与过去在城乡二元结构背景下推进城市化建设不同，现在是在城乡一体化的背景下推进城市化建设。城市化不是简单的大拆大建，而是必须更加注重城乡一体化的体制机制建设，更加注重形成城乡经济社会发展一体化新格局，在城乡规划、产业布局、基础设施建设、公共服务一体化等方面实现新突破。当前迫切需要根据党的十七届三中全会精神以及物权法等相关法律，重新制定和出台一批新的政策法规，使城市化和城乡一体化有法可依，各级政府部门依法行政，农民群众依法参与，确保城市化建设走上现代法治的轨道。

第二篇

权利发展与乡村振兴

在发展农民权利中振兴乡村*

农村改革的过程,实质上就是不断发展和扩大农民的基本权利和自由的过程。改革40多年来,我国农业农村农民的面貌都发生了历史性的重大变化,农民权利也得到了很大的发展。但"三农"问题仍然严峻复杂。"三农"问题集中体现了农民群众对美好生活的需求和权利发展不平衡不充分的矛盾。乡村的衰败根本在于权利发展不足、权利发展滞后、权利发展不充分。振兴乡村,关键在于振兴权利、发展权利、保障权利,实现人的自由而全面发展。实践证明,凡是有利于发展农民权利的公共政策的出台与实施,就会明显推动"三农"的发展进步;凡是不利于发展农民权利的公共政策的出台与实施,就会明显阻碍"三农"的发展进步。实施乡村振兴战略,解决新时代的"三农"问题,必须坚持以人民为中心的发展思想和新发展理念,走以权利为导向的发展之路,把维护和发展农民权利作为根本出发点和落脚点,重点是要着力发展农民的人权、产权、治权这"三权"。

一、在发展农民的人权上,就是要尊重、保障和实现农民的各项基本权利和自由尊严

党的十九大报告提出:"维护国家法制统一、尊严、权威,加强人权法治保障,保证人民依法享有广泛权利和自由。"要"保护人民人身权、财产权、人格权"。我国宪法以及国际人权宪章(包

---

* 原载于《湖南警察学院学报》2019年第1期。

括《世界人权宣言》《经济、社会、文化权利国际公约》《公民权利和政治权利国际公约》及两个公约任择议定书）对基本人权都作了明确规定。我国宪法已明确规定尊重和保障人权。农民应当享有的基本权利和自由的内容十分丰富，限于篇幅，我就事关乡村振兴的平等权、自由迁徙权、受教育权、健康权、社会保障权、生育权、环境权的发展谈些看法。

1. 发展农民的平等权。城乡二元结构的实质是城乡居民权利不平等以及城乡要素的制度分割。发展农民的平等权，就要树立宪法法律至上、法律面前人人平等的法治理念，建立违宪审查制度，继续加快破除城乡二元结构，废除城乡二元体制，建立城乡统一、公平、开放的制度体系，实现国家法制的统一与公正。凡是违背宪法、歧视农民的法律法规和政策文件都应当被废止或修改，要加快农民在政治、经济、社会、文化等领域享有平等权利的法治建设步伐。建议尽快批准和实施我国1998年就签署的《公民权利和政治权利国际公约》，按照法治中国建设的新要求修改完善宪法，建立健全宪法实施机制，将宪法规定的尊重和保障人权具体化、实践化，使广大农民在新时代成为共和国享有平等权利和完整公民权利的现代公民，平等参与现代化建设，平等享有发展成果。发展公民的平等权利，是针对全国城乡居民而言的。要构建城乡融合发展的体制机制，就必须加快建立既允许农民进城就业居住生活成为新市民，也允许市民进村居住就业生活成为新农人的公平开放制度体系。

2. 发展农民的居住和迁徙自由权。1958年1月9日第一届全国人大常委会第91次会议通过《中华人民共和国户口登记条例》，建立了城乡二元户籍制度，事实上取消了1954年宪法规定的公民居住和迁徙自由权。2014年7月国务院发布《关于进一步推进户籍制度改革的意见》，明确提出取消农业户籍与非农业户籍，统一登记为居民户口。2016年1月1日生效的《居住证暂行条例》旨在推进城镇基本公共服务和便利常住人口全覆盖。应该说，上述意见和《居住证暂行条例》的实施在消除户籍身份歧视、维护和发展公民的居住和迁徙自由权上具有里程碑意义。但是，目前户籍制度改革的政策没有真正落地，同时，特大城市的积分落户政策事实上又建起了新的户籍壁垒。城市与农村之间、城市与城市之间、农村与农村之间的户籍迁移并不畅通，包括农民在内的公民居住和迁徙自由权并没有完全实现。建议进一步修改完善宪法，加快现代户籍立法，真正恢复公民的居住和迁徙自由权，明确废止《中华人民共和国户口登记条例》，制定全国城乡统一的户口法，消除一切身份歧视，加快实现城乡基本公共服务均等化，实现基本公共服务在全国范围内的统一与接续转移，确保基本公共服务随着公民转，公民迁徙居住在哪里，基本公共服务就跟到哪里。特别是要根据自愿的原则，在制度上允许农民工及其家庭举家迁入城镇就业、居住与生活，实现农民工市民化，成为身份和权利都平等的新市民。同时，也要允许城镇居民下乡创业生活定居。要借鉴国际劳工组织的相关标准加强农民工的劳动保护制度建设，保障农民工的各项基本权利。要加快构建城乡要素双向自由流动的新格局，既保障农民自由选择进城居住的权利，也保障市民自由选择进村居住生活的权利，从而推动和实现城乡融合发展，既实现城乡繁荣，又推动乡村振兴。

3.发展农民的受教育权。要在已经实行9年免费义务教育的基础上，进一步优化财政支出结构，持续提高教育支出占GDP的比重，加大教育投入，把实施科教兴国战略、实现教育优先发展具体落实到各项公共政策上来，全面推动社会文明进步。要把通过反腐败和廉政建设收缴国库的资金以及因降低行政成本而节省下来的"三公经费"，更多地用于教育发展和民生改善上。建议从幼儿教育到大学教育阶段全部实行免费教育，进一步健全奖学金和助学金制度，在幼儿园和中小学全面实行免费午餐制度，同时确保午餐质量的绝对安全，体现健康中国建设的根本要求。要加大对农民的文化和技能培训，使广大农民充分享有继续接受教育的权利。城市政府特别是特大、超大城市政府，要根据常住人口数量和需求配置基础教育资源，确保全部常住人口中的适龄儿童和青少年充分享有幼儿教育和中小学教育的权利。要将农民工全面纳入职工教育培训体系和劳动保护体系，决不能借口治理"城市病"而剥夺外来常住人口的受教育权。这是一项事关人民对美好生活需要和实现民族伟大复兴的基础性工程，不但有助于乡村振兴，而且有利于民族伟大复兴。

4. 发展农民的健康权。没有农民健康，就没有全面小康。党的十九大报告指出，人民健康是民族昌盛和国家富强的重要标志，并提出要实施健康中国战略。由于生态环境的恶化、化学农业的发展、食品不安全等问题的突显，广大农民的健康问题不容忽视。农民的健康权与健康中国建设密切相关。笔者认为，实施健康中国战略至少有五个层面的内容：一是人们生活在健康的自然环境中，没有空气污染、水污染、土壤污染、垃圾污染等。二是吃的食品要安全。党的十九大报告提出实施食品安全战略，让人民吃得放心。农业供给侧结构性改革的首要任务就是要提供安全优质的农副产品，保障舌尖上的安全。应当大力支持发展生态有机农业，实现从化学农业向生态农业转型，严格控制农药、化肥、农膜、除草剂等的使用；鼓励和支持发展生态健康养殖业，控制各种激素的滥用。除了科学研究以外，应当从人民健康、民族可持续发展和国家安全的战略高度，借鉴俄罗斯的经验做法，严格禁止种植转基因作物、养殖转基因动物、生产和销售转基因食品，且要有效保障消费者对转基因食品的知情权、选择权。三是形成健康的生活方式。提倡放慢工作和生活的节奏，不过度劳动和工作，不熬夜、不酗酒，加大控烟力度。四是改善农民工生产和生活环境，全面建立农民工劳动保护制度，确保农民工在安全健康的环境中生产生活。五是建立健全全民医疗保险制度，提高农民医疗保障水平。如台湾农民看病时只需交纳100元新台币就可以享受门诊和住院的免费医疗。应当大幅度提高农民的医疗保障水平，缩小城乡医疗保险待遇差距，彻底解决农民看病难、看病贵等问题。地方和基层不得制定政策限制或剥夺农民的医疗保障权益。

5. 发展农民的社会保障权。我国宪法规定："中华人民共和国公民在年老、疾病或者丧失工劳动能力的情况下，有从国家和社会获得物质帮助的权利。国家发展为公民享受这些权利所需要的社会保险、社会救济和医疗卫生事业。"享有社会保障权利是宪法赋予农民的基本权利，也是社会主义的本质要求。党的十六大以来，我国先后建立了新农合、新农保等制度，实现了社会保障的城乡全覆盖，广大农民的社会保障实现了从无到有的重大转变。但是，农村的社会保障水平总体上还比较低，城乡社会保障的待遇差距还比较大。随着农村人口老龄化问题的日益突出，在新时代发展农民的社会保障权显得尤为紧迫和重要。

要全面提高农村养老保障水平，缩小城乡养老保障待遇差距，加强老龄事业立法工作，推进老年人健康福利权利保障法治化。每年农历九月初九重阳节应放假一天。要加快建立健全全国统一政策制度、统一待遇水平的社会保障制度体系，实现全国社会保障的统一接转，确保农民进城有社会保障，市民进村同样有社会保障。应建立农民退休制度，提高农民养老金待遇，全国60岁以上农民的养老金应逐步提高，每人每月养老金应逐步提高到500元、800元、1000元、1500元等水平上，应尽快缩小城乡居民养老待遇差距，保障农民老有所养，这也是积极应对农村人口老龄化的重大政策选择。考虑到我国农民长期的艰辛付出和对国家工业化、城镇化的巨大历史性贡献，应当在社会保障上对农民进行更多补偿。特别是要加大精准扶贫力度，将贫困农民家庭全面纳入社会保障网络之中，提高农村低保待遇水平。要重新认识和保护家庭的价值，建立普惠性的家庭福利制度，为儿童、妇女和老人提供普遍福利保障，使广大农民共享改革发展的成果，让新时代的农民生活得更加体面、更有尊严，从而增强广大农民对国家的认同感和自信心。要大力弘扬中华优秀孝道文化，在全社会倡导"百善孝为先"的家庭美德。保障农民工等外来常住人口在城镇公平享有均等的基本公共服务的权利，确保外来常住人口与本地户籍人口享有平等的社会保障权利。特别是要改变以牺牲外来常住人口基本权利为代价来治理"大城市病"的传统思维方式和落后的政策取向。国际经验表明，保障外来常住人口的基本公民权利与治理"大城市病"完全可以统一起来。

6. 发展农民的生育权。计划生育是计划经济思维在人口生育领域的重要体现。1980年9月25日，中共中央发布《关于控制我国人口增长问题致全体共产党员共青团员的公开信》，全面实行独生子女政策。随着计划生育政策的长期推行，我国人口老龄化、少子化趋势日益严重。党的十八大以来，我国开始调整严格的计划生育政策，2013年实行"单独二孩"政策，2015年实施"全面二孩"政策。但这些计划生育政策的小调整并未有效扭转人口严重老龄化、少子化的不利趋势。笔者最为忧虑的是，中华民族在伟大复兴进程中将可能面临人口断崖式下降的深刻危机。生育权是一项基本人权。1974年联合国召开世界人口会议通过的《世界人口行动计划》对生育权做了经典性的定义："所有夫妇和个人享有自由负责地决定其子女数量和间隔以及为此目的而获得信息、教育与方法的基本权利。"党的十九大报告提出要加强人口战略研究。笔者认为，人口战略最重要的是要尊重和保障公民的生育权，保护家庭的巨大价值。在法治中国建设中，全面改革计划生育政策已刻不容缓，应当尽快废除计划生育政策，将自主生育权还给农民家庭和公民个人，将计划生育机构全面转型为健康养老服务机构。建议废止《中华人民共和国人口与计划生育法》，制定《中华人民共和国人口与家庭保护法》，从立法上全面保护家庭，从限制生育转向鼓励生育，以积极应对人口老龄化，确保农业农村后继有人，弘扬中华民族生生不息的优秀生育文化，重建中华家庭文明，从而实现乡村振兴和中华民族的永续发展。

7.发展农民的环境权。党的十九大报告提出，建设生态文明是中华民族永续发展的千年大计，必须树立和践行绿水青山就是金山银山的理念，坚持节约资源和保护生态环境的基本国策，要像对待生命一样对待生态环境，并强调要加快生态文明体制改革，建设美丽中国。坚持绿色发展理念，加快建设生态文明，必须赋予和发展农民的环境权。环境权是公民享有在无害于其健康的环境中生存的权利，主要包括清洁的空气权、清洁的水权、不受污染的土壤权等。国际社会已经将环境权作为基本人权。环境权概念的提出和环境权的法律保障，是人类对工业文明造成巨大环境污染和破坏的深刻反思。在致力于解决日益严重的生态环境问题、大力加强生态文明建设、努力建设美丽中国的新时代，我国必须树立环境权意识，加强环境权的立法保障。振兴乡村，必须振兴生态、振兴乡村环境。一是建议修改宪法和《中华人民共和国环境保护法》，明确规定公民的环境权，保障公民对环境保护问题的知情权、表达权、参与权、监督权。公民既享有在健康的环境中生存生活的权利，也有保护生态环境的责任和义务。二是要积极鼓励和大力支持环境保护组织的发展，让公民参与到环境保护组织的活动中去，提倡节俭和简约的生活方式，严格限定使用一次性筷子、一次性杯子等严重浪费资源的消费行为和方式。三是实现对化学农业的历史性超越，走生态农业发展之路。四是在乡村建设上走美丽乡村之路，每个乡村都可以建设美丽乡村，也都应该建设美丽乡村。让广大农民都能生活在蓝天白云、绿水青山、鸟语花香等健康宜居的生态环境之中。

二、在发展农民的产权上，就是要赋予和保障农民更加充分而完整的财产权利

"有恒产者有恒心。"赋予和保护农民的产权，是新时代"三农"工作的重要任务，是保障人民对美好生活需要的基础工程，

也是实现乡村振兴战略的产权保障。农民的财产权利可区分为集体财产权利和个人财产权利，主要包括承包地权利、宅基地和住房权利、集体资产权利以及其他财产权利。农村集体产权具有归属不清、权责不明、流转不畅、保护不严等问题，这是导致乡村衰败、制约乡村繁荣的重要产权因素。实施乡村振兴战略，必须全面深化农村集体产权制度改革，发展农民财产权利，构建归属清晰、权能完整、保护严格、流转顺畅的农村集体产权制度，助推城乡融合发展。

1.发展农户承包地权利。党的十九大报告指出，要深化农村土地制度改革，完善承包地"三权分置"制度，保持土地承包关系稳定并长久不变，第二轮土地承包到期后再延长30年。承包地权利是集体所有制条件下农民最为重要的财产权利之一。承包地权利为集体所有权、农户承包权、土地经营权"三权"分置并行。这三项权利都需要发展和保护。集体所有权是基础和前提，农户承包权是核心，土地经营权是关键。农户承包权是农民集体所有权的重要实现形式，土地经营权是农户承包权的派生形式。

在集体所有权的发展和保护上，关键是要确保作为集体所有权人的农民集体有效行使集体土地所有权。这主要体现在三个基本方面：一是农民集体对承包地的发包、调整、监督、收回、流转等权能，二是集体所有权人对集体土地的占有、使用、收益、处分的权利，三是集体所有权人对集体经济组织管理的知情权、表达权、决策权、监督权。

这就需要建立健全相应的农民权利保障和实现机制，具体做法：一是建立健全集体经济组织，将之作为集体所有权的产权代表和组织载体。村一般是建立经济合作社，乡镇一般是建立经济联合社。要制定规范的经济合作社或经济联合社章程，并能够使合作社或联合社成为市场主体，正常参与市场活动。未建立集体经济组织的，由村委会代行集体经济组织职能。二是建立集体经济组织和村委会的民主议事制度和机制，保障集体的事由集体商量决定。三是上级有关部门要经常督促、检查、指导、帮助集体经济组织和村委会工展相关工作，促使其按照有关法律法规规定及章程有关程序规范化地开展工作。在集体所有权问题上，一方面要改变少数村干部说了算、农民难以真正参与决策和管理的局面；另一方面要防止少数村干部以集体所有权之名，侵犯农户承包权益。为此，必须建立健全基于集体所有制的新型乡村治理体系。

在农户承包权的发展和保护上，关键是要在法律上明确规定农民对承包地享有占有、使用、收益和处分等比较完整的权能。党的十九大报告明确提出保持土地承包关系稳定并长久不变，第二轮土地承包到期后再延长30年。从第一轮承包到第三轮承包，承包期长达75年，并且土地承包关系长久不变，这就使农户承包权具有准所有权的性质。可以说，目前国家在政策法律上对农民承包地权利的保护，是农民所有土地权利中保护最有力的领域。新时代发展农户承包权，核心是扩大农民对承包地的处分权能。现行法律和政策试点赋予承包经营权流转、抵押、担保这几项有限的处分权能，流转主要包括转让、互换、出租、转包、入股或其他方式，农户可以自愿有偿退出承包地，农民进城落户可以保留土地承包权。在此基础上，应当继续赋予农户对承包地的继承权、赠予权等权能。土地承包权可以分为初始承包权和继受承包权。在第一轮或第二轮承包时获得土地承包权的农户享有初始承包权，此后通过转让、继承、赠予获得承包权的为继受承包权。第二轮承包期到期后，应当继续坚持"增人不增地、减人不减地"原则，不得打乱重分土地。集体经济组织新增人口，既可以通过转让、继承、赠予获得继受承包权，也可以通过市场流转获得土地经营权。要保护农户承包权免遭来自所有权和经营权两方面的夹击与侵蚀，既要谨防乡村干部借口坚持集体所有权而侵害农户承包权，又要警惕地方政府与社会资本借口放活土地经营权而损害农户承包权。

在土地经营权的发展和保护上，关键是要规范和平等保护土地经营权人享有流转土地的占有、使用、收益以及合理的处分权。现行政策和农村土地承包法修正案草案赋予土地经营权人对流转土地占有、耕作、收益的权利，有建设农业生产、附属、配套设施并依约定获得合理补偿的权利，合同到期后有优先续租的权利，依法采取出租（转包）、入股或者其他方式流转土地经营权，向金融机构融资担保权，流转土地被征收时，按合同约定确定地上附着物及青苗补偿费归属。土地经营权也可以分为承包经营权和流转经营权，承包经营权是作为集体经济组织成员获得土地承包权时自我经营土地的权利，或者继受承包权人自我经营土地的权利；流转经营权是通过土地流转市场获得的土地经营权。应当通过立法明确规定土地经营权人享有占有、使用、收益的权利以及出租（转包）、入股、融资担保等合理的处分权，要将土地经营权的保护纳入规范化、法治化的轨道。随着农户承包期的再延长，应当相应延长土地流转合同，稳定土地经营人的预期；要尽快建立完善土地承包经营权、土地经营权抵押和担保的政策制度，完善农业支持保护补贴政策，实行普惠制补贴，确保真正从事农业生产经营的主体获得必要的农业支持保护补贴。要进一步重视农业基础设施建设，加大农业基础设施建设投入力度，真正落实土地经营权人根据政策法律法规建设农业配套设施的权利。在保障土地经营权人正当权益的同时，也要重点防止基层组织和个人强迫或限制承包农户流转土地，防止流转土地的投机利用及非农使用。要适当限制土地经营权的多次流转等。在"三权"分置的情况下，我国职业农民可以区分为两种：一种是作为集体经济组织成员享有土地承包经营权的农民，他们是承包型农民；另一种是通过流转土地而从事农业的新型农民。两种农民的权利都应当得到充分发展和保护。凡因公共利益征收农村土地，属于确权确地的土地，应当将土地补偿费的85%或90%补偿给农户，其余10%或15%补偿给集体经济组织，以体现征地对集体承包地的集体所有权和承包经营权的征收补偿。

2. 发展农民的住房和宅基地权利。自从1962年《农村人民公社工作条例修正草案》首次规定宅基地归生产队所有以来，我国政策法律对农民的住宅（包括住房和宅基地）权利进行严格控制和限制，使农民的住宅权利成为农民财产权利中发展最为迟缓的领域。现行政策和法律法规对农民住宅权利的限制主要体现在如下几个方面：一是一户一宅，限制面积；二是城镇居民不得到农村购买宅基地、农民住宅或"小产权房"；三是农民的宅基地不准出租；四是农民的宅基地使用权不得抵押；五是农民的住房不能向本集体经济组织成员以外的人出卖；六是农民住房不能抵押融资；等等。我国严格限制农民住宅权利的传统政策制度安排，是阻碍城乡融合发展、导致乡村衰败的重要制度根源之一。2013年党的十八届三中全会提出，要改革完善农村宅基地制度，选择若干试点，慎重稳妥推进农民住房财产权抵押、担保、转让。这项试点工作进展比较缓慢，突破也不大。2018年中央一号文件明确提出宅基地实行"三权分置"。在新时代，要振兴乡村，实现城乡融合发展，维护和发展农民权利，必须对农村住宅制度进行重大改革。

要修改相关法律，在坚持宅基地集体所有制的前提下，进一步明确赋予农民对宅基地占有、使用、收益和处分的权能，使宅基地具有准所有权性质。一是允许和鼓励农民通过出租和经营个人住宅获得合法收益，农民可以转让宅基地，村集体可以利用集体建设用地发展住房产业，国家应当制定相关税法从村集体和农户经营住宅收益中获得税收，也可减免有关税收。二是建立城乡统一的住宅市场，扩大农民住宅出租、转让、交易的市场半径，允许城镇居民通过市场交易依法购买农村住房、租用宅基地。在农民住宅转让中，坚持地随房走，宅基地使用权一同转让，转让时不改变宅基地的集体所有制性质，不因为农民进城落户而收回宅基地，国家应建立完善农村住宅市场交易税收制度。三是国家要给农民住宅发放产权证书。当农民拥有合法的住宅产权时，其抵押、担保权能就容易顺利实现。四是要清理、废止计划思维浓厚的限制农民住宅财产权实现的一系列陈旧的政策制度，按照法治中国建设的新要求和市场经济改革的大方向，着力加强农民住宅立法，建立和规范农民住宅交易市场。五是因公共利益需要征收农民住宅时，既要对房屋进行合理补偿，也要明确对宅基地进行合理补偿。被征收宅基地的农户应获得90%以上的征地补偿费，村集体可获得10%以内的补偿费。特别要纠正一些地方征地时借口宅基地属于集体所有而对农民只补偿房屋、不补偿宅基地的错误做法。六是要严厉打击一些地方以各种名义非法暴力强拆民宅的违法犯罪行为，严格禁止社会资本与地方政府联手驱赶农村原居民、强制圈占农民住宅大搞资本狂欢型的乡村旅游开发项目的行为，鼓励和规范社会资本与农户自愿合作或与农民合作社联合公平开发农村住宅项目，切实保障老百姓的住宅财产权利。

3. 发展农村集体经营性建设用地权利。现行法律对农村集体经营性建设用地的权利进行了严格控制和限制，禁止农村集体经营性建设用地进入市场，这是制约乡村产业发展和农民财产权利、导致乡村衰败的重要制度根源之一。党的十八届三中全会通过的决定提出："在符合规划和用途管制前提下，允许农村集体经营性建设用地出让、租赁、入股，实行与国有土地同等入市、同权同价。"这就明确提出了农村集体经营性建设用地的改革方向。2015年2月，全国人大常委会授权国务院在北京大兴等33县（市、区）开展集体经营性建设用地入市试点。几年来，试点地区虽然在探索农村集体经营性建设用地入市方面有了一些突破，但总体来说，试点改革比较谨慎，进展缓慢，改革步子迈得还不大。应当按照建立城乡统一的建设用地市场的要求，落实农村集体建设用地与国有土地同等入市、同权同价，加快推进农村集体经营性建设用地入市改革，赋予农村集体经济组织对农村集体经营性建设用地占有、使用、收益、处分的权能。一是明确赋予农民集体的土地发展权，允许农村集体经济组织在符合规划和用途管制的条件下，根据市场原则自主利用集体建设用地开发建设，发展集体产业，可以建设租赁房等商品住房。要改变"城镇建设用地增加要与农村建设用地减少相挂钩"的政策，合理安排农村更多的建设用地指标，这是实现乡村振兴、发展乡村产业的必然要求。二是修改完善现行税法，取消试点地区政府收取集体经营性建设用地入市有关费用或基金的做法，明确规定政府要从农村集体经营性建设用地入市中收取相关税收。三是要保障集体经济组织和农民在农村集体经营性建设用地入市中的收益，特别是要保障农民公平享有土地增值收益的权利。

4.发展农民的集体资产权利。党的十八届三中全会提出，保障农民集体经济组织成员权，积极发展农民股份合作，赋予农民对集体资产股份的占有、收益、有偿退出及抵押、担保、继承权。2015年5月，国务院确定在全国29个县（市、区）开展农村集体资产股份权能改革试点。2016年12月中共中央、国务院发布《关于稳步推进农村集体产权制度改革的意见》，对农村集体产权制度改革进行了全面部署安排，改革的目标明确，方向正确，思路比较清楚。这主要得益于广东、浙江、上海、北京等城镇化先行地区和经济发达地区在20世纪80年代自主开展的农村集体经济组织产权制度改革的成功经验。新时代发展农民的集体资产权利也就是集体经营性资产的权利，重点有四个方面：一是适应时代发展和人口自然变化与流动的需要，赋予农民对集体资产股份的转让权。集体资产股份既可以在本集体经济组织成员内部转让，也可以在本集体经济组织成员之外转让。在确认集体经济组织成员、完成集体土地确权和产权改革的基础上，应当将传统的封闭性的集体经济组织改革为开放性的集体经济组织，这是实现乡村振兴战略的重要举措。因为如果固守集体经济组织成员和产权的封闭性，随着时间的推移，大部分集体经济组织成员将自然消失，集体经济组织将明显萎缩甚至消亡。二是加强集体资产监督管理，防止集体资产被侵吞和流失。三是规范集体收益分配机制，保障农民集体收益分配权利。四是改革完善农村集体组织税收制度。2017年10月1日施行的《中华人民共和国民法通则》，规定机关法人、农村集体经济组织法人、城镇农村的合作经济组织法人、基层群众性自治组织法人为特别法人。农村集体经济组织作为特别法人，不同于营利法人，其税收政策应有所不同。建议修改相关税法，减免农村集体经济组织相关税收，特别是农村集体经济组织在产权改革阶段和发展成长初期，应当减免包括集体经济组织股东分红税在内的各种税收。

5. 围绕发展农民土地财产权利，加强土地立法体系建设。现行的土地法律法规和政策既残缺不全，又严重限制农民土地财产权利，这是制约乡村振兴最重要的制度因素之一。应当满足人民群众对美好生活向往的需要，加快改变土地权利发展不平衡不充分的问题，加强土地制度立法建设，发展农民的土地财产权利。一是要继续修改完善宪法，赋予集体土地与国有土地平等的权利地位。修改城市土地属于国家所有、农村和城市郊区的土地属于集体所有的模糊性和静态性的僵硬规定。事实上，农村和城市郊区的土地中也有国有土地，同样，城市土地中也有集体土地。换言之，国有土地可以从事农业生产经营，集体土地也可以进行城市开发建设。随着土地所有权确权的完成，新增加的城市建设用地可以是集体建设用地，城市土地可以实行国有制和集体所有制两种形式。要赋予农民集体土地发展权，加快改革征地制度，缩小征地范围，保障农民集体和农户的土地权益。二是要消除土地基本法立法缺失的空白，建议制定土地法。可以参考借鉴台湾地区土地法的经验，结合我国土地公有制的特性，明确规定土地权属，细化地权保障。三是从根本上改变部门立法倾向。土地法是国家的基本法律，应当由全国人大或人大常委会牵头组织立法起草工作，改变由国土部门主导土地方面立法的部门偏向和计划经济立法的思维方式。现行的《中华人民共和国土地管理法》带有鲜明的部门立法色彩和计划经济思维，应当进行重大修改。四是要根据全面依法治国的总要求，废止一切不适应法治建设要求、计划控制严重的土地方面的规范性文件，加快土地方面的立法工作。应当制定有关农用地、住宅、建设用地、城中村改造等的法律法规，将我国土地制度建设全面纳入法治化轨道，全面提高土地制度建设的法治化、科学化水平。

6.围绕保护农民财产权利，全面改进工作。严格保护农民的财产权利非常重要。一是要把保护农民产权作为实施乡村振兴战略的重要内容，推动建立全社会重视产权、尊重产权、保护产权的良好环境。二是建议出台加强农村产权保护的政策意见，强化全社会对农民产权的保护意识。2016年11月，中共中央、国务院发布《关于完善产权保护制度依法保护产权的意见》，这是我国首次以中央名义出台产权保护的政策，对完善产权保护制度、推进产权保护法治化作了明确规定。该意见虽然也提到了农村产权问题，但其重点是保护民营企业的相关产权。因此，应当制定《农村产权保护的意见》等专门政策文件，增强全社会尊重和保护农民产权的意识。三是要坚决制止和消除一些地方的非法暴力强征强拆现象。建议修改完善刑法，进一步明确对侵犯农民土地和住宅等财产权利犯罪的规定，依法打击一些地方屡禁不止的强拆老百姓住宅的违法犯罪行为。要像强力反腐败一样反对侵权，在全社会形成不敢侵权、不能侵权、不想侵权的法治与道德环境。

三、在发展农民的治权上，就是要发展社会主义民主政治，健全现代国家民主治理规则，用制度体系保证农民当家作主

农民的治权就是农民参与公共事务治理的权利，这是现代国家农民的政治权利。现代国家的一个基本特点就是民众更广泛地参与公共生活的治理。人民当家作主是中国特色社会主义民主的本质与核心。党的十九大报告提出："我国社会主义民主是维护人

民根本利益的最广泛、最真实、最管用的民主。发展社会主义民主政治，就是要体现人民意志、保障人民权益、激发人民创造活力，用制度体系保证人民当家作主。"坚持人民当家作主，就是要保障和实现人民对国家事务、社会事务、经济和文化事业的管理和治理。农民的治权有两个基本方面：一是参与国家和社会层面各项公共事务的治理；二是参与社区层面各项公共事务的治理。农民的治权，应当随着经济、政治、社会、文化、生态建设的发展而发展。

在参与国家和社会层面各项公共事务治理的方式上，应当不断改革和完善人民代表大会制度和政治协商制度，确保农民代表能合法有序地表达农民的诉求、代表农民的利益，并参与相关事务的协商。在新时代，农民广泛参与国家和社会生活的公共治理权还有很大的制度创新空间。一是要创新各级人大代表联系群众的方式，建立农民群众合法表达诉求的制度管道。要将执政党的群众路线体现在国家民主制度建设的具体安排之中。人大代表不仅要在会议期间行使代表权力，也要在闭会期间行使代表权力，并且使代表权力的行使日常化。建议建立人大代表联系群众的制度，人大代表公布联系方式，接受群众来信来访，及时反映群众诉求，表达群众意愿，督促解决群众反映的问题，真正使社会主义民主得到广泛实践。正如党的十九大报告中指出的那样："人民群众反对什么、痛恨什么，我们就要坚决防范和纠正什么。"二是要让农民制度化地参与公共决策。凡是涉及农民切身利益的公共政策，都应当征求农民意愿，与农民群众商量。要克服规则制定中排斥农民参与的单边主义倾向。每年制定事关农民利益的中央一号文件，也应当建立农民代表参与的工作机制，确保农民的正当权益得到表达、维护和保障。三是建立代表和维护农民群众利益的农民协会组织。要在法治中国建设的框架中，建立和发展综合性的农民协会组织，增强农民的组织资源，充分发挥农民组织在联系政府与农民之间的桥梁和纽带作用，使之更有效地贯彻落实党和政府的政策，维护农民的权益，推动农村经济、政治、社会、文化、生态建设全面进步，从而激发农村社会的创造活力。综合性的农民协会组织，是农民依法行使民主权利的重要组织载体。

在参与社区层面各项公共事务治理的方式上，要不断创新体制机制，大力推动政治建设和政治发展，健全自治、法治、德治相结合的乡村治理体系，真正实现农民在社区当家作主的权利。一是要积极应对城镇化、人口老龄化等问题，破除传统乡村自治的封闭性，建设面向乡村社区全部常住人口平等有序参与治理的乡村自治新格局。包括新农人、新型农业经营主体在内的非集体经济组织成员，以及回乡创业、休闲养老、定居生活的市民或新乡贤，都应当依法参与到乡村社区自治中来，共同参与管理乡村社区的公共事务。二是要加强乡村自治制度建设。建议制定《乡村自治法》等乡村社会治理的基本法律，明确乡村社会治理中的执政党基层组织、政权组织、自治组织、集体经济组织、农民合作经济组织、综合性农民组织、各类社会组织、社区居民等主体的权责关系，理顺党务、政务、自治事务、经济事务、社会事务，规范党权、政权、自治权、经济权等权力运行，夯实法治的乡村社会基础，提升乡村自治的法治化水平。三是要继承和弘扬中华优秀传统文化，重视乡村祠堂的保护维修以及家谱族谱和乡村志书的编修，珍惜和发展中国乡村特有的文化标识和信仰体系，建设美丽乡村，留守美好乡愁，增强中华文化的自觉和自信，推动中国优秀传统文化与现代民主法治文化的有机融合。通过扩大城乡制度的开放，实施新乡贤进村工程，加强乡村道德文化建设，将公民建设和道德建设结合起来，提升乡村德治水平和文明程度。四是要将全面从严治党和全面依法治国向农村基层延伸，让权力在阳光下运行，切实把农村基层组织和干部的权力关进制度的笼子，消除"村霸""小官贪腐"等乡村权力滥用的现象，构建风清气正的乡村社会政治生态。

实施乡村振兴战略，归结起来，最重要的就是要坚持以人民为中心的发展思想，建立以维护和发展公民权利为核心的全国城乡统一、平等、开放、公正的现代国家制度体系，改变长期以来不统一、不平等、不开放、不公正的城乡关系，彻底打破城乡之间的制度性壁垒，推动城乡融合发展，从而实现产业兴旺、生态宜居、乡风文明、治理有效、生活富裕。具体有三个重要方面：一是实现城乡基本公共服务的均等化和社会保障的自由接续转移，人走到哪里，基本公共服务就跟到哪里；二是实现农业和农村集体产权的开放流动和城乡融合发展，农民既可以进城当市民，市民也可以进村当农民；三是实现人民当家作主，推进社会主义民主政治的制度化、规范化、程序化，加强社会主义民主的法治建设，切实尊重和保障人权，着力改变公民权利发展不平衡不充分的滞后局面，推进国家治理体系和治理能力现代化。

新时代"三农"工作的新转变*

实施乡村振兴战略，解决新时代"三农"问题，要紧紧把握新时代农民群众对美好生活的需要与发展不平衡不充分之间的矛盾，更加注重有关"三农"工作思想观念和工作方式的转变，增强"三农"工作的法治观念和权利意识，从而更有效地推动乡村振兴，增强农民群众的获得感、安全感、幸福感。

一、在粮食安全上，既要重视数量安全，更要注重质量安全

粮食安全不只是数量安全，也包含质量安全。现在的食品安全问题十分令人忧虑。我国在解决了粮食供给不足的历史性问题之后，现在必须把粮食的质量安全摆上首位，这是推进农业供给侧结构性改革的重要内容，是落实质量兴农的根本要求。我到一些地方考察调研生态有机农业时发现一个很奇特的现象，就是当地农民生产的有机、安全、优质的农产品如茶叶等，大都出口销往欧美和日本等地。为什么不让国人自己消费更多有机、安全、优质的农产品呢？我们的一些出口企业，也往往将更优质、更安全的农产品出口国外，而在国内市场上销售的则是相对次质的产品。我们应当提高健康消费意识和品位，让国内消费者与国外消费者一样，买到优质、安全的农产品和食品。要以出口欧美和日本等国外农产品和食品的质量检测标准，来提高国内农产品和食

---

* 原载《农村经营管理》2018 年 12 期。

品的质量。确保国家粮食安全，要把中国人的饭碗牢牢端在自己手里，一个很重要的方面就是要保障我国的种子安全。要高度警惕从国外进口转基因种子和转基因粮食。农业补贴政策要向生态有机农业倾斜，向提供安全、优质产品的种植业、养殖业倾斜。钟南山院士曾指出："食品安全问题已经是一个很严重的问题，如果不采取相应的解决办法，再过50年，很多人将生不了孩子。"保障食品质量安全，是一个事关健康中国建设、事关民族伟大复兴的重大战略。我们必须把粮食的质量安全提到更加重要的战略地位上来，大力实施食品安全战略，让人民吃得放心，让民族健康永续发展。要把农业作为一种开放的产业来对待，使那些懂农业、爱农村、爱农民的市民能够顺利进入农业农村就业、居住和生活，以新农人的新角色，发展生态有机农业，提升农产品质量安全水平，以应对农业人口老龄化，解决"谁来种地"的社会问题，推动乡村振兴。

二、在规模经营上，既要重视生产规模，更要注重服务规模

在农业的规模经营上，长期以来我们把工作重点和注意力都放在扩大农业生产规模特别是土地数量的规模上，而明显忽视农业的社会化服务规模。日本和中国台湾的农业现代化经验表明，只要让农民自身组织起来，并实现农业社会化服务，小农经济同样可以实现现代化。党的十九大报告提出："健全农业社会化服务体系，实现小农户和现代农业发展有机衔接。"我们要真正尊重农民意愿和经济发展规律，保持历史的耐心，切实克服片面将土地规模经营作为地方政绩的发展导向，真正把农业社会化服务体系建立健全起来，大力发展农业产前、产中、产后全过程的全方位服务，包括提供农资农机服务、播种收割服务、病虫害防治服务、金融信贷服务、信息技术服务、农产品加工服务、农村电商

服务等。据研究，美国1个农民种地，平均有8—12名人员服务。由此可见，发展农业社会化服务业，还将创造出大量的涉农就业机会。

三、在乡村建设上，既要重视物质投入，更要注重制度建设

由于长期的历史欠债，持续加大对农村基础设施和基本公共服务的物质投入是必需的。党的十六大以来，我国实现了社会保障制度的农村全覆盖，将全体农民纳入了国家社会保障网络之中。同时，也大力加强了农村基础设施建设。现在的重点是要不断缩小城乡社会保障水平的差距，提高农民享有社会保障的一致水平，完善农村基础设施建设。因此，要继续加大对农村社会保障和基础设施建设的财政资金投入，加大精准扶贫力度，提高农村民生支出占财政支出的比重。与此同时，要实施乡村振兴战略，最为重要的是要加强制度建设，特别是要围绕建立健全城乡融合发展体制机制和政策体系，全面深化改革，加强制度建设，重点要着眼于实现城乡要素双向自由流动的目标，尽快在促进城乡人口双向自由流动、城乡土地住房金融等要素双向自由流动、城乡基本公共服务均等化全覆盖可接转上，构建起全国统一、城乡一体、公平开放的制度体系，真正实现国家法制的统一、国家制度的公平，推进国家治理体系和治理能力现代化。

四、在政府与农民关系上，既要重视政府的主导作用，更要注重发挥农民的主体作用

新时代要解决好"三农"问题，一个重大的课题就是要正确处理好政府与农民的关系，既要将政府的主导作用发挥好，更要

将农民的主体作用发挥好。历史经验表明，党和国家每推出一项受到农民群众欢迎的公共政策，地方政府为追求政绩，往往就会在实际执行中使政策走样变形，甚至扭曲并走向反面。实施乡村振兴战略也不例外。要将乡村振兴好，就要切实处理好政府与农民的关系，核心是要处理好政府与市场的关系、处理好政府与社会的关系，改变政府以行政思维和方式替代市场机制、取代社会功能的倾向，改变政府对农民命运大包大揽的思维惯性和"父爱主义"。在实施乡村振兴战略中，要让政府权力受到制约，政府行为受到规范，政府施政受到监督，政府失职受到问责。只有将权力关进制度的笼子里，才能够让市场充满活力，让社会充满活力，让农民充满活力。政府应当在建立城乡一体、公平正义的制度体系中发挥自身职能，建设法治政府、服务型政府、诚信政府，在维护和发展农民基本权益、增进农民群众的福祉上体现责任担当。在法治中国的建设中，要将政府全部工作纳入法治的轨道，将农民基本权利纳入法治保障。对政府来说，"法定职责必须为、法不授权不可为"；对农民群众来说，"法无禁止皆可为"。在实施乡村振兴战略中，政府要有所为、有所不为，特别是要在提供公共产品上有所为，在干预农民群众自主选择上则要有所不为。发挥农民的主体作用，实质上就是要坚持以人民为中心的发展思想，就是要尊重和保障农民群众当家作主的民主权利，就是要尊重农民的首创精神和追求自由幸福的权利。发挥农民的主体作用，必须进一步赋予农民更多的组织资源，让广大农民在党的领导下和宪法法律的框架内组织起来，通过合法的组织力量，积极应对市场风险，增强话语权利，复兴社会活力，维护自身权益。

五、在工作方式上，既要重视制定"三农"政策，更要注重加强"三农"立法

政策与法律都是我们开展工作的基本依据和有效方式，二者

既相互联系、互为补充,又有很大的区别。政策的原则性、针对性、时效性、灵活性强,但其稳定性、权威性、规范性、长期性要差些。长期以来,我们在"三农"工作中,主要依靠政策来指导、引领和推动工作,虽然取得了很大的成就,但也存在深层次的问题。特别是党的十八届四中全会提出全面依法治国、建设法治中国以来,我们更加需要以法治思维和法治方式开展"三农"工作、解决"三农"问题、推动"三农"发展。在全面依法治国的背景下实施乡村振兴战略,必须进一步树立宪法权威,加强"三农"领域的立法工作,加快构建"三农"发展的法律体系,全面提高"三农"工作的法治化水平。不可否认,随着我国法治建设的不断推进,曾经产生了巨大政策效益的中央一号文件,也呈现出某种功效递减的趋势。中央一号文件,更多地体现了政治符号意义,释放了中央高度重视"三农"工作的重要信息,至于中央一号文件内容的实际政策意义,已经有所减弱。在新时代,我们必须更加重视推动"三农"领域的立法工作,在法治的轨道上推动"三农"工作。这方面的任务还相当重,空间还非常大。特别是要在振兴乡村、实现城乡融合发展、保护农民权利等方面加强立法工作,使农业成为开放的产业、使农村成为开放的空间、使农民成为开放的职业,以法治保障产业兴旺、生态宜居、乡风文明、治理有效、生活富裕。只有保证全国城乡制度的统一、平等、开放、公正,才能有效促进城乡要素自由双向流动,实现城镇和乡村的相得益彰和共同繁荣。我们必须转变思想观念和工作方式,牢固树立法治意识,在高度重视"三农"政策制定的同时,更加注重全面加强"三农"领域立法的调研与统筹谋划工作,推动完善"三农"立法,加强"三农"法治建设,实现"三农"工作从以政策指导为主向法治规范保障为主转变。

实施乡村振兴战略,归结起来,最重要的就是要坚持以人民为中心的发展思想,建立以维护和发展公民权利为核心的全国城乡统一、平等、开放、公正的现代国家制度体系,改变长期以来不统一、不平等、不开放、不公正的城乡关系，彻底打破城乡之间的制度性壁垒，推动城乡融合发展，从而实现产业兴旺、生态宜居、乡风文明、治理有效、生活富裕。具体有三个重要方面：一是实现城乡基本公共服务的均等化和社会保障的自由接续转移，人走到哪里，基本公共服务就跟到哪里；二是实现农业和农村集体产权的开放流动和城乡融合发展，农民既可以进城当市民，市民也可以进村当农民；三是实现人民当家作主，推进社会主义民主政治的制度化、规范化、程序化，加强社会主义民主的法治建设，切实尊重和保障人权，着力改变公民权利发展不平衡不充分的滞后局面，推进国家治理体系和治理能力现代化。

推进首都乡村振兴战略调研报告[*]

为深入贯彻落实党的十九大精神和2018年全国"两会"有关实施乡村振兴战略的相关精神，推动实施具有首都特点的乡村振兴战略，北京市农研中心于2018年3月下旬至4月中旬，组织市、区、乡镇200多名农村经管干部，在充分发挥农经统计优势和农研智库优势的基础上，以进村入户的方式开展了乡村振兴"百村千户"调研，对13个区、48个乡镇、116个村、1272位农户进行了走访和问卷调查。本次调研紧紧围绕首都乡村发展的特点，深入三无村、倒挂村、拆迁村、空心村、传统村五类村庄，分类了解不同村庄发展的特点、难点，寻找分类施策依据。具体情况报告如下。

一、首都乡村发展的主要特点

（一）乡村形态分化显著

随着城市化和城乡发展一体化、新农村建设的推进，首都乡村形态已经发生了较为明显的分化。从村庄形态来看，可以划分为五类：一是三无村，在城市化进程快的地区，一部分村已经不再有传统意义上的农民、农业和农村，仅留下乡村集体经济组织。二是倒挂村，在城乡接合部地区，流动人口聚居人数超过了本地户籍人口。三是拆迁村，一部分村庄因拆迁导致全村50%以

---

[*] 作者为北京市农研中心课题组，执笔人曹四发、张英洪、王丽红、李婷婷。

上人口住进楼房，这部分村多数是整建制拆迁，处于向三无村过渡的阶段。四是空心村，山区村因劳动力外流、人口老龄化等原因，导致当地常住人口不足本地户籍人口的50%，或闲置农宅超过10%。五是传统村，这类村庄与原来形态没有显著变化。在116个调查村中，三无村共4个、倒挂村共12个、拆迁村15个、空心村9个、传统村76个，分别占调研村的3.4%、10.3%、12.9%、7.8%、65.5%。

（二）乡村要素分布不均衡

总体来看，城市化进程快的三无村、倒挂村和拆迁村与空心村和传统村相比，要素分布呈现出资产、资源、劳动力的"三高"。调研显示，三无村、倒挂村、拆迁村的村集体资产总量明显高于远郊的空心村和传统村。2017年，三无村的平均村集体资产总量为20.7亿元，倒挂村为5.4亿元，拆迁村为6.52亿元，空心村为1275.4万元，传统村为9950.7万元。三无村、倒挂村的劳动力要素高于空心村和传统村。2017年，平均每个三无村的劳动力人数为756人，倒挂村的劳动力为648人，而空心村和传统村的劳动力分别为440人和515人。

（三）乡村集体经济存量大增量小

2017年116个调研村集体资产总额达到322.7亿元，利润总额为132.8万元，净利润为115.7万元，116个村的集体资产平均利润率为0.4%，农村集体经济组织总体经营效率不高，只有9个村集体经济的资产利润率超过20%，29个村集体资产利润率超过5%，有43个村集体资产利润率小于0，10个村集体资产利润率为0。从五类村庄来看，2017年，76个传统村的平均集体资产利润率为1.2%，高于其他四类村庄，比116个村的平均水平高0.8个百分点；倒挂村、空心村的平均集体资产利润率小于0，分别为–0.6%和–0.2%；拆迁村和三无村的平均集体资产利润率分别为 0.5% 和 0.1%。

（四）首都乡村信息化发展较快

在 116 个调查村中，有 103 个村已经实现了宽带入村入户，占调查村的 89%；农村通过新媒体手段进行宣传的有 68 个村，占调查村的 59%。其中，通过网站进行宣传的有 21 个村，通过微博宣传的有 10 个村，通过微信进行宣传的有 38 个村，分别占调研村的 18%、8.6%、33%。从五类村庄来看，三无村、倒挂村、拆迁村的 31 个村都已经实现宽带入村，这三类村庄采用新媒体进行宣传的比重也相对较高，分别占相应类型调查村庄的 75%、67% 和 73%；空心村采用新媒体宣传的比重最低，仅为 33%。

二、首都乡村振兴面临的主要困难和问题

首都乡村振兴主要面临乡村主导产业弱化、基础设施和公共服务供给管护不足、乡村治理面临压力较大、乡村振兴人才缺乏四个方面的问题。

（一）乡村经济发展能力弱，农民增收难

乡村经济缺乏主导产业支撑，农民增收乏力。在 116 个调查村中，村干部认为本村缺乏主导产业的有 76 个，占 66%。从五类村庄来看，三无村中有 1 个村缺乏主导产业、农民增收困难，占比达到 25%；倒挂村中有 5 个村缺乏主导产业、农民增收困难；拆迁村中有 9 个村缺乏主导产业，占比达到 60%；空心村中 9 个村缺乏主导产业、农民增收困难，占比达到 100%；传统村中有 52 个村缺乏主导产业、农民增收困难，占比达到 68%。2017 年，农村居民人均可支配收入在经历了较长时间的较高速度增长后，出现了增长速度低于城镇居民人均收入增速的情况。根据北京农村"三资"监管平台数据，116 个调研村农户人均所得为 25416 元，

其中，三无村农户人均所得为22135.9元，倒挂村为29570.4元，拆迁村为28066.8元，空心村为21771元，传统村为22501元。116个村农户问卷调查数据显示，1272户农户2017年人均可支配收入为15295元，且63%的农户认为生活中最困难的是"事不好找，挣钱难，家庭收入低，开销大"。

（二）农村基础设施建设和公共服务仍存在较大缺口

在116个调查村中，有33%的村反映存在幼儿园、学校、卫生室和文化设施不能满足需要的问题。在五类村庄中，4个三无村中有2个村存在公共服务不能满足需求的问题，占比达到50%；倒挂村中有3个村存在公共服务不能满足需求的问题，占比达到25%；拆迁村中有6个村，占比达到40%；空心村中有1个村，占比达到11%；传统村中有26个村，占比达到34%。

（三）乡村治理面临较大的经济压力

在116个调查村中，有70个村干部反映存在着"村级开支大、收入少及管理运行难以为继"的问题，占比达到60%。从五类村庄来看，4个三无村不存在村级开支大、收入少及管理运行难以为继的问题；倒挂村有7个村存在村级开支大、收入少及管理运行难以为继的问题，占比达到58%；拆迁村有3个村存在村级开支大、收入少及管理运行难以为继的问题，占比为20%；空心村有6个村存在村级开支大、收入少及管理运行难以为继的问题，占比达到67%；传统村有54个村存在村级开支大、收入少及管理运行难以为继的问题，占比达到71%。

116个调查村干部对"村级开支大、收入少，管理运行难以为继"这一困难的反映，表明了当前乡村振兴的客观难题。一是全市乡村集体经济总体效益不高，在全市3945个村级集体经济组织中，收不抵支的村有1983个，占比为50.3%。二是在现行的政经合一以及村干部薪酬制度安排下，村集体需要承担村级的部分日常开支、村干部薪酬补贴以及农民福利的刚性需求，主要依靠吃土地征占补偿款的"老本"在勉强维持。116个村的调研显示，2017年有91个村集体经济组织有干部报酬的负担，平均每个村组织支付干部报酬29.6万元。其中，支付干部报酬超过100万元的村集体经济组织有4个，最高的村是丰台区花乡草桥村，达到541.2万元。116个调查村中有70个村遇到村级开支大、收入少及管理运行难以为继的问题，占调查村的60%。在五类村庄中，各个村的干部报酬差距非常大，2017年，倒挂村平均每个村支付村干部报酬达到77.8万元，而空心村平均每个村只有3万元，两类村庄平均干部报酬的极差达到74.8万元。三是在城乡二元的基础设施和公共服务供给下，各村集体需要承担公益性基础设施和公共服务的费用。2017年116个村集体经济组织支付公益性基础设施建设投入达到3092.9万元，支付的公共服务费用达到1982.9万元，占主营业务收入的13%。

（四）乡村振兴面临较大人才缺口

1. 农村劳动力老龄化、空心化。调研发现，延庆、怀柔、门头沟等山区农村老龄化率超过50%。延庆区四海镇18个村60岁以上的人口占比达到村人口的50%，其中永安堡村60岁以上的人口占比达到70%，南湾村60岁以上的人口占比达到60%——前山村村主任介绍该村70岁的人算年龄小的。平谷区农业劳动力的平均年龄为58.6岁。平谷区刘家店镇前吉山村村里原有民俗户24户，但只有4户在维持运转，20户民俗户没有能力继续维持经营。

2. 村内事务繁重，乡村治理人才缺乏。116个调查村中，34%的村反映村里事务多、人手不够。从五类村庄来看，三无村和倒挂村中有50%的村反映村内事务多、人手不够，拆迁村中有20%的村反映村内事务多、人手不够，空心村则有56%的村反映村内事务多、人手不够，传统村有32%的村反映村内事务多、人手不够。

三、村干部和农户对乡村振兴的基本意愿和需求

京郊村干部对乡村振兴都持积极态度,69.8%的村表示要积极争取、抓住发展机遇;28.4%的村表示如果上级明确要求、保证投资,愿意配合实施美丽乡村建设和乡村振兴战略。

(一)村干部对乡村振兴的意愿和需求

116个调查村对资金、规划、人才、增收及环境整治的关注度比较高。其中,70%的村希望加大资金支持,应该采取发展集体经济、村民适当投入、上级大力支持、市场化投融资等多种方式筹集资金;66%的村希望规划先行,认为必须先确定一张蓝图;42%的村希望人才支持,认为关键是人才,人才就是技术、管理、市场和效益;42%的村认为当务之急是增加收入,提高干部补贴和公益岗位补贴人才支持;34%的村认为当务之急是加强村庄环境建设,治违治污治乱。

(二)农户对乡村振兴的意愿和需求

1272户受访农户对乡村振兴的希望主要集中在村庄环境改善、就业增收、提高农村基础设施和公共服务、将农民组织起来四个方面。具体来看,有776位农户选择改善村庄环境,彻底改善村容村貌,占比达到总受访农户的61%;有558位农户希望提高基础设施和公共服务水平,占比达到44%;有422户农户希望组织起来,村里和上级要多支持合作生产,多搞文化娱乐活动,占比达到33%;有379位农户希望改善住房条件,占比达到30%;有249位农户希望最好能搬出去或去区里、镇上建屋买房,占比达到20%;有591位农户希望帮助就业,提高公益补贴标准,增加收入,占比达到46%。

四、推进首都乡村振兴战略的政策建议

根据调研中发现的问题以及乡村干部和农户对乡村振兴的意愿与需求，我们建议从以下四方面推进首都乡村振兴。

（一）以规划为统领，"一张蓝图干到底"

1. 区分村庄的实际类型并开展规划。从116个村的调查情况来看，按村庄形态划分，京郊农村已经被划分为三无村、倒挂村、拆迁村、空心村和传统村五种形态；北京市规划和国土资源管理委员会《关于北京市村庄布局规划框架（村庄分类初步方案）》将京郊乡村划分为城镇化村庄、局部或整体迁建村庄、特色保留村庄、提升改造村庄。因此，必须在深刻认识各类型村庄的特点和发展规律的基础上，进行分类规划、分类施策。

2. 完善规划编制工作机制。建立政府、农民和专业规划人员三方全程参与、三方均发挥主体作用的规划编制工作机制。推动乡村规划师专家队伍进村驻村，充分调研、充分了解每一个乡镇和村的历史传承、资源禀赋与相关条件。在当地干部的组织下，适当吸收农民参与规划编制，听取农民的意愿和要求，引导农民提出属于自己梦想家园的规划愿景。各级政府发挥统筹协调的职能作用，推动相关规划原则、发展目标的贯彻落实。具体实施规划应该经农民、专家和政府三方面履行相应的民主决策、技术审核和行政审批等程序，将其确定为具有法定意义的实施蓝图。

3. 坚持高质量发展、减量发展、统筹发展和融合发展。一是高质量发展。在规划中要坚持高标准规划、高起点实施，推进具有世界眼光、中国特色、首善要求的乡村振兴。通过科技创新、品牌经营、资源循环等举措，有效抑制"小农业"的负外部性，充分发挥正外部性，提高都市型现代农业的生态、人文和社会价值。通过深化农村"三块地"改革、农村金融改革、乡村治理体系完善等，推进"大京郊"主动分担首都国际交往中心、科技创新中

心和文化中心等功能。二是减量发展。按照新版北京城市总体规划关于人口和建设规模"双控"的要求,持续推动疏解整治促提升。三是统筹发展。通过统筹空间产业布局、统筹城市建设与旧村改造、统筹集约利用集体建设用地、统筹政策集成机制、统筹经济组织体制架构等工作机制,实施联村联营组团式开发,具体包括乡镇统筹、片区统筹和项目统筹。四是融合发展。首都乡村振兴战略,既是国际一流和谐宜居之都的组成部分,也是京津冀协同发展、建设世界级城市群的组成部分。融合发展要在区域融合和城乡融合发展上下功夫。

(二)分类提升乡村基础设施和公共服务水平

1. 以城市化为导向,推动三无村和拆迁村基础设施和公共服务管护向城市管理体制转变。推动全市三无村和拆迁村的撤村建居工作,促进三无村基础设施和公共服务管理的城市化和精细化。一是按照城市街道运行管理标准,对道路、住房和市容环境进行进一步治理,该修的要修,该补的要补,该完善的要完善;不能将小问题拖延成大问题,将个别问题演化成普遍问题。二是按照城市居民生活需要,对幼儿园、学校、医院、商业网点、水电气热和交通等公共服务,要拾遗补缺、尽量补齐,增强群众获得感。三是做好"农转居"过程中的就业和社保并轨,做到"一个都不少"。四是统筹谋划三无村和拆迁村的集体资产经营管理问题,支持其发展适应城市化的集体产业,鼓励集体经济吸收新市民就业,真正让农民带着集体资产收益权融入城市。

2. 以农村集体土地建设公租房为抓手,推动倒挂村基础设施和公共服务改善。借鉴西红门乡镇统筹经验,以减量发展和统筹发展为路径,统筹解决倒挂村集体建设用地集约利用、公共服务和基础设施供给、提升规划区内外来人口居住条件、市民同等待遇、村集体经济发展等突出矛盾和问题。这里有四个关键点。第一,建设租赁住房所需的集体土地,是从现在的非宅建设用地中,经过拆迁腾退、减量规划、重新整理之后得来的。第二，所建设的租赁住房，其建设规模和住房式样，要以满足本规划区域外来人口的安置需要为准。第三，租赁住房是集体产业，外来人口从各租住农户出来进入楼房以后，农民从集体租赁住房中获得的股份分红收入，要与此前农户的房租收入相当或接近。第四，本地农户不宜进住公租房，鼓励本地农户原址翻建改造住房。

3.以小城镇建设为引擎，带动空心村和传统村公共服务和基础设施改善。空心村和传统村振兴的当务之急是全面改善人居环境、补齐基础设施和公共服务短板，包括继续实施抗震节能改造等。一是在乡镇中心镇区建设相对完善的公共服务和基础设施的功能体系，全面提升乡镇级医疗、卫生、教育、文化公共服务能力。通过镇域范围的基础设施一体化、便利化和社会保障、基本公共服务均等化，带动、促进乡村现代化，进一步缩小城乡公共服务差距。二是针对偏远分散的村庄，采取流动服务车、巡回医疗队、志愿者队伍等多种形式，改善村庄公共服务，丰富精神文化生活。三是改善空心村、危房村居民的住房安全问题。

（三）推动乡村产业兴旺，促进集体经济转型发展

1.推动集体资产向资本转化。通过深化集体经济产权制度改革，进一步对乡镇集体资产进行量化、盘活、优化，降低三无村、拆迁村、倒挂村集体资产的负债率，提高集体资产的良性资产比例。一是推进政经分设。集体经济以集体经济组织成员为服务对象，专司集体经济经营管理；村（居）民委员会专门负责村级公共服务和村民事务。二是完善农村集体资产股份各项权能，包括占用、收益、有偿退出、抵押、担保、继承等。三是推进集体经济组织的法人治理结构，促进其向现代企业转型，使集体经济组织真正成为市场主体。四是允许具有经营能力的拆迁村使用征地补偿款进行自主经营。促进乡镇级集体经济组织在集体土地一二级开发、集体土地上的城市基础设施建设、公共服务等方面的集

群式发展。

2. 要紧紧围绕首都工作"四四三三"的要求，以农业农村供给侧结构性改革为主线，促进三无村和倒挂村"瓦片经济"向包括物业经济在内的城市经济的转型升级，推动乡村集体经济向科技、教育、金融等服务首都功能的高端服务业发展，实现与"小城区"的互补发展。

3. 按照减量发展的原则，针对传统村及尚具备发展基础和活力、空心化程度较低的村，根据其资源禀赋，因地制宜地促进特色产业发展。以重大项目为带动，盘活空心村闲置农宅资源，大力发展健康养老和高端会展业态，推动当地乡村旅游业发展。

4. 将村级集体经济组织打造成城乡要素平等交流的合法平台，为农民打开"镇门"，为市民打开"村门"。综合运用村集体经济组织的熟人信用机制、区域价格发现机制和村民自治的合法决策机制，将村级集体经济组织打造成盘活农村资源、实现城乡要素平等交换的合法载体。工作切入点是：完善集体经济组织职能，赋予农民集体经济股权的流动性，推动集体经济组织成员从封闭走向开放。

（四）积极推进乡村人才振兴

1. 创新农村干部的薪酬机制，解决乡村治理中面临的经济压力和人才短缺问题。在政经分设改革基础上，形成以"市区政府补贴＋乡镇政府绩效＋村级工资"为框架的村干部薪酬机制，稳定"一懂二爱"式的农村干部与专业人才队伍。

2. 加速推进基本公共服务的城乡并轨。实行与城镇居民同等的劳动政策和就业管理，从总体上扭转农民就业兼业化、农民增收过度依赖财政补贴的问题，提高农村居民社会保障水平。

3. 建立专业岗位人员高薪机制，吸引公共服务领域人才下乡。对于长期在乡镇、村工作的教师、律师、规划师、工程师、医护工作者、文艺工作者、公交售售人员以及其他公共服务人员，要制定政策保证其个人收入至少比城区同类人员平均薪酬高20%。对于具有高级职称的专业岗位从业人员到城六区以外的乡镇长期从业的，工资标准为城市六区内同等职称人员工资的2倍；对于具有高级职称的专业岗位从业人员到城六区以外的农村长期（超过5年以上）从业的，工资标准为城六区以内同等职称从业人员工资的至少3倍。

4. 充分尊重农村居民的主体地位，调动社会各类团体组织、社会企业和新乡贤人士，通过乡村文化、乡村生态文明、环境建设，将乡村打造成创造梦想的地方，让农业成为有奔头的产业，让乡村成为有希望的广阔天地，让农民成为令人羡慕的职业。

推进具有首都特点的乡村振兴 *

实施乡村振兴战略，是党的十九大作出的重大决策部署，是新时代"三农"工作的总抓手。北京作为国家首都和超大城市，与全国其他省市相比，既有解决"三农"问题面临的共性问题，也有自身的特点。北京市实施乡村振兴战略，既要改革和创新农村集体所有制、加快破除城乡二元结构这两个全国共性问题，也要充分利用首都的优势，紧扣首都的特点，在现有改革发展的基础上，推进具有首都特点的乡村振兴。

一、北京实施乡村振兴的显著优势

北京作为国家首都和超大城市，与其他省市相比，在诸多方面具备在全国率先实现乡村振兴的基础条件和显著优势。

1. 首善之区的政治优势。北京作为14亿多人口大国的首都，具有其他省市所不具备的政治优势。京郊农村作为首都的郊区农村，分享了首都所拥有的独特政治资源，包括政治领导人重视的政策资源、首善之区标准的治理资源、优先保障民生的公共服务资源，以及知识、人才、资金、信息、技术、管理等高度汇集的各类市场要素资源。丰厚的政治资源及衍生的各种经济社会文化资源，为促进京郊农业全面升级、农村全面进步、农民全面发展

---

* 此系2018年11月7日在北京一个农村调研座谈会上的发言整理稿，感谢刘雯、王丽红参与部分数据收集和文字整理工作。原载于《北京农业职业学院学报》2019年第4期。

提供了强大的政治保障和政策支持。

2. 超大城市的带动优势。北京是一个拥有2170.7万常住人口的超大城市，具备以工哺农、以城带乡的巨大辐射带动优势。北京的工业化已进入后期阶段，2017年三次产业构成为0.4∶19.0∶80.6，农业产值占比只有0.4%，服务业比重超过80%，居全国第一。2017年北京完成全社会固定资产投资8948.1亿元，实现市场总消费额23789亿元。北京超大城市所具有的强大对外辐射体量，对京郊"三农"发展无可比拟的巨大投资和消费需求产生了双重带动作用。

3. 先发地区的经济优势。北京与上海、广东、浙江等东部沿海地区同属于改革开放后我国率先发展起来的经济发达地区，2017年，北京市GDP达到28000.4亿元，占全国GDP的3.4%，位居全国第12位。按常住人口计算，北京市人均GDP12.9万元，同期折合1.98万美元，位居全国第1位。按照世界银行对高收入国家人均GDP1.2万美元的标准，北京已经步入世界高收入行列。2017年北京市城镇居民人均可支配收入为62406元，农村居民人均可支配收入为24240元，分别比全国城镇居民可支配收入36396元、农村居民可支配收入13432元高出26010元和10808元。可以说，北京具有实施乡村振兴战略的强大经济基础和雄厚物质条件。

4. 城乡人口的比例优势。2017年，在北京2170.7万常住人口中，城镇人口为1876.6万人，农村人口为294.1万人，城乡人口比为6.4∶1，常住人口的城镇化率为86.5%。全市户籍人口为1359万人，其中农业户籍人口为231万人，占户籍总人口的17%，占全部常住人口的10.6%。根据北京市第三次全国农业普查的结果，2016年全市农业生产经营人员仅53万人。这与许多农业农村人口占绝对多数的其他省市相比，北京具有明显的城镇人口占大多数、农村人口尤其是农业从业人口占绝对少数的优势，非常有利于加快推动以城带乡，实现城乡融合发展。

二、北京农村改革发展存在的主要问题及原因

改革以来,特别是2003年实施城乡统筹发展以来,北京市大力推进农村改革发展,加大农村基础设施和公共服务投入建设力度,使首都"三农"发展呈现出新的面貌。但是,北京农村改革发展存在的问题和差距还比较突出,面临的挑战不容忽视。我们仅从以下三个方面来看存在的差距:

1.城乡之间的差距比较明显。近些年,北京市城乡居民收入差距的相对值与绝对值都在不断扩大。2005—2017年,北京市城镇居民人均可支配收入平均递增11.1%,京郊农民人均可支配收入平均递增9.8%(比全国平均水平低2.7个百分点)。12年间农民收入的增长速度平均低于城镇居民收入增速1.3个百分点。同时,城乡居民人均可支配收入绝对值从2005年的9793元扩大到2017年的38166元,平均每年递增12%。2005—2017年,全国城乡居民收入比从3.25∶1缩小到2.71∶1;而北京市城乡居民收入比却从2.25∶1扩大到2.58∶1。同期,上海市城乡居民收入比从2.24∶1扩大到2.25∶1,天津市城乡居民收入比从1.75∶1扩大到1.85∶1,但上海、天津城乡居民收入差距扩大的幅度要小于北京,而重庆市城乡居民收入比从3.65∶1缩小到2.55∶1,是四大直辖市中城乡居民收入比唯一缩小的城市。

2.乡村内部的差距比较明显。首先,农村集体资产地区分布极不均衡。截至2017年底,城市功能拓展区(朝阳、海淀、丰台、石景山)农村集体资产总额共计4600.2亿元,占全市农村集体资产总额的66.9%;城市发展新区(房山、顺义、通州、昌平、大兴)农村集体资产总额共计1830.8亿元,占全市农村集体资产总额的26.6%;生态涵养区(门头沟、平谷、怀柔、密云、延庆)农村集体资产总额共计448.5亿元,占全市农村集体资产总额的6.5%。朝阳(1393.4亿元)、海淀(1509.0亿元)、丰台(1560.6亿元)三个区的集体资产均在千亿元以上,而平谷(80亿元)、怀

柔（83.9亿元）、密云（62.2亿元）三个区的集体资产都不足百亿元。2017年，丰台区卢沟桥乡三路居村集体资产总额160亿元，接近平谷（80亿元）、怀柔（83.9亿元）两个区集体资产总和，是密云区集体资产62.2亿元的2.6倍。

其次，集体经济发展不平衡。2017年，全市农村集体资产总额为6879.6亿元，集体经济经营总收入为724亿元、利润总额为43亿元。在3945个村级集体经济组织中，效益较好、能够按股分红的村有1356个，占比34%；收不抵支的村有1983个，占比50.3%；经营收入在100万—500万元的有1644个，占41.7%。再次，农民内部收入差距较大。2017年，北京市20%的高收入农户人均可支配收入为43723元，而20%的低收入农户人均可支配收入为10314元。农户内部的收入极差绝对值从2005年的13154元扩大到2017年的33409元。

最后，2016年北京市在新一轮低收入农户和低收入村认定中，共确认农村家庭年可支配收入（以2015年为标准）低于11160元的低收入农户为7.3万户、15.6万人，约占全市农户总数的7%；低收入农户占全村农户总数50%以上的低收入村有234个，约占全市行政村总数的6%。全市建档立卡低收入农户人均可支配收入为全市农村居民平均收入水平的40.2%。2017年，北京市低收入农户人均可支配收入为10698元。

3. 与外地发展的差距比较明显。2014年及以前，北京市农民收入在全国省市区的排名仅低于上海，一直稳居第二位。从2015年开始，浙江省农民人均收入开始超过北京市，北京退居全国第三。按统计部门公布的数据，2015年，北京市和浙江省的农民人均可支配收入分别是20569元和21125元，北京市低于浙江省556元。到2017年，北京市农民人均可支配收入低于浙江省716元，差距继续扩大。近些年，北京市在推进农村改革创新的力度和影响力上也明显滞后于上海、浙江、广东、安徽、贵州等地。近些年，在全国产生具有较大影响力和政策引领作用的农村改革创新典型，比如家庭家场、美丽乡村建设、特色小镇、田园综合体、土地股份合作社、集体建设用地入市、农业产业化联合体、"自治、法治、德治"结合的乡村治理体系等，都产生于上海、浙江、山东、广东、安徽等省市。相比之下，北京近年来在全国农村改革创新方面的成效和影响力明显减弱，农村改革的标杆示范作用几乎不复存在。北京农村改革发展与首善之区的高要求相比，存在不少差距。

改革40多年来，北京"三农"工作取得的成绩是有目共睹的。俗话说，成绩不说跑不了，问题不说不得了。实施新时代的乡村振兴战略，必须增强问题意识，坚持问题导向。马克思曾指出："问题是时代的口号，是它表现自己精神状态的最实际的呼声。"坚持问题导向是全面深化改革、推进具有首都特点的乡村振兴最基本的方法论。首都北京虽具有众所周知的优势条件，却存在令人深思的发展差距。细究其因，当然有多方面的客观条件制约和现实难题困扰，但我们也要正视在思想观念、工作方法等方面存在的突出问题，尤其是存在的"五重五轻"倾向，不容忽视。

1.重战术用力，轻战略谋划。不谋全局者，不足以谋一域。"三农"工作是一项涉及多部门、跨行业、宽领域的综合性工作，具有全局性、战略性、系统性的鲜明特征。但一段时间以来，我们把主要精力耗费在一些具体的工作事务上，"三农"工作上的碎片化、孤立化现象比较突出，而从战略上进行全局性、系统性、完整性的谋划与推进显得明显不足。在推进"三农"工作中，往往就事论事的多，统筹部署的少，容易陷入"只见树木、不见森林"的状态。在具体工作中，常常表现出"头痛医头、脚痛医脚"的倾向。在解决"三农"问题上，"按下葫芦浮起瓢"的现象屡见不鲜。各项政策之间的衔接配套性也不强，政策执行的综合效应发挥得不够，治标不治本的问题比较突出。全国有些省市在农村改革发展上的战略谋划和统筹举措推进得都比较明显。比如，2003年以后，在推进城乡统筹发展中，广东、重庆、成都等省市从机构设置、政策制定、改革创新等方面都出台了一系列战略举措。

再比如，在实施乡村振兴战略中，2018年5月，山东省在全国率先制定了《山东省乡村振兴战略规划（2018—2022）》，并且围绕乡村产业、人才、文化、生态、组织五大振兴任务，同步制定了《山东省推动乡村产业振兴工作方案》《山东省推动乡村人才振兴工作方案》《山东省推动乡村文化振兴工作方案》《山东省推动乡村生态振兴工作方案》《山东省推动乡村组织振兴工作方案》。上海市制定了乡村振兴"1+1+19"政策体系，即在制定《上海乡村振兴战略规划（2018—2022）》《上海市乡村振兴战略实施方案（2018—2022）》两个统领性政策基础上，接续制定19部实施乡村振兴的配套政策。

2. 重物质投入，轻改革创新。由于长期的城乡二元结构的影响，政府对"三农"工作的基础性投入严重不足，基础设施和公共服务投入欠债较多，因而持续加大对"三农"工作的物质投入是应该的。自2006年推进社会主义新农村建设以来，北京市凭借较强的经济实力和财政条件，加大对农村的基础设施等物质投入，明显改善了农村的生产生活条件。但是，一段时期以来，北京对"三农"工作的物质投入力度较大，而推进农村体制改革的力度较小。突出表现在，北京"三农"改革的创新举措不多，在全国产生影响和引领作用的农村改革的典型经验乏善可陈。这不但难以真正解决"三农"问题，也难以助力实现乡村振兴。只注重对农村的物质投入，而对制约"三农"发展的诸多体制矛盾和问题进行系统性改革缓慢滞后，往往会掩盖制约"三农"发展的深层次矛盾。并且，由于乡村治理体制机制的弊端，不少物质投入项目的执行效果不太理想，还产生了一些权力寻租和消极腐败现象。

3. 重试点安排，轻制度建设。这些年，北京在推进农村改革、城市化和城乡一体化上也安排了不少改革试点工作，取得了一些成效，但有的改革试点工作陷入就试点论试点、为试点而试点、试点有始无终的状态之中，不少改革试点工作缺乏可推广、可复制的普适性制度成果。有的改革试点进展迟缓，体制突破不大，成效不够显著。一些试点工作只停留在解决试点对象本身的问题上，而较少有为全市存在的共性问题提供可行的解决方案。比如，2009年北京市开展海淀区北坞村、朝阳区大望京村城市化建设试点工作；2010年初北京市启动城乡接合部50个重点村建设试点工作，到2012年3月完成，两年共投入资金2000多亿元。这项投入巨大的城乡接合部建设试点工作，虽然在一定程度上解决了50个村面临的一些突出矛盾和问题，但是并没有形成可以统筹解决城乡接合部问题可复制、可推广的制度成果。全市城乡接合部其他村庄的改造、建设和治理仍然面临同样的问题和挑战。而全国有的省市比较注重通过改革试点工作形成政策制度成果。比如2009年底，广州市在旧城镇、旧村庄、旧厂房改造中，制定了《关于加快推进"三旧"改造工作的意见》（穗府〔2009〕56号）、《关于加快推进"三旧"改造工作的补充意见》（穗府〔2012〕20号）。2015年12月1日广州市人民政府公布《广州市城市更新办法》，指导和规范全市的旧城镇、旧村庄、旧厂房改造工作。

4. 重政府主导，轻农民主体。党和政府在"三农"工作中发挥主导作用，这是理所当然的。同时，尊重和保障农民的主体作用，也是实现人民当家作主的根本要求。北京市有关政策文件和各级领导讲话，都高度重视和反复强调要尊重农民的主体地位、发挥农民的主体作用。但在现实工作中，农民的主体作用发挥得还很不够。在许多方面，还比较普遍地存在着为民作主、代民作主的现象。比如在集体资产经营管理中，一些集体经济组织被少数人控制的现象比较严重，农民群众往往被排除在外；在一些村庄改造建设中，未征得农民同意就实行强征强拆；在农村土地承包经营权流转中，未尊重农民意愿的流转现象也时有发生，等等。我们在京郊农村调研中发现，即使是被评选为全国民主法治示范村的村庄，农民的参与权、知情权、决策权、监督权也没有得到充分的落实，村民参与村庄治理的权利也没有得到充分的保障和实现。坚持党的领导、人民当家作主、依法治国有机统一，需要在实践中不断深化体制改革。如果我们不深化改革，不把工作做细，不切实加强以保障人民当家作主为核心的一系列制度建设，那么农民主体地位的口号就不可能真正转化为现实。

5. 重政策制定，轻立法保障。长期以来，"三农"工作中重政策、轻立法的现象比较普遍。应该说，在法治建设还很不健全的改革初期，通过制定政策推动"三农"工作是比较成功的有效方式，比如20世纪80年代中央制定的五个一号文件，在解决"三农"问题上发挥了极其重要的历史作用。但随着法制建设的不断健全，特别是全面推进依法治国的过程中，过去那种单纯依靠制定政策而不重视涉农立法的思想观念和工作方式就越来越不合时宜了，并且日益成为制约"三农"发展的重要因素，涉农立法滞后已成为"三农"发展的重要瓶颈。人们已经看到，现在中央每年制定的有关"三农"工作的一号文件以及北京市制定的"三农"工作文件，其政策实施效果已大不如前。

北京市及有关部门每年都会制定许多涉农政策文件，但有关涉农的地方法规和规章建设明显滞后。涉农立法滞后主要体现在四个方面：一是只有职能部门政策文件，没有地方政府规章和地方性法规。例如，有关农村集体产权制度改革，只有北京市农工委和农委的相关政策文件指导，没有北京市地方政府规章和地方性法规的规范。二是只有地方政府规章，却没有地方性法规。例如，关于征地补偿安置，只有北京市政府发布的《北京市建设征地补偿安置办法》（北京市人民政府令第148号，俗称148号令），没有市人大常委会制定和发布的地方性法规。城市化进程中的征地安置补偿，事关城乡居民的财产权利，由市人大常委会制定地方性法规为宜。三是已制定的政策文件、地方政府规章或地方性法规没有与时俱进地进行修改。例如，1993年5月北京市人大常委会通过的《北京市农村集体资产管理条例》，经过1998年和2010年两次个别文字的修正后，没有进行必要的实质性修订。2017年11月23日上海市第14届人大常委会第41次会议通过并公布《上海市农村集体资产监督管理条例》，对农村集体资产监督管理作了比较全面系统的规范。再比如，2004年出台的《北京市建设征地补偿安置办法》确定的"逢征必转、逢转必保"等规定，已与2016年北京市人民政府发布的《关于进一步推进户籍制度改革的实施意见》严重冲突，应尽快进行全面修改。四是一些重要的涉农工作长期存在立法空白。例如已经存在70年的集体经济组织，缺乏法律法规的规范管理。在做好"三农"工作中，我们要正确理解和处理好领导讲话、政策文件、法律法规之间的关系。领导讲话、政策文件、法律法规的功能和作用不一样，领导讲话重在宣示理念、提出要求、指明方向，具有方向性的引领和指示作用；政策文件重在规范引导、明确目标、发展要求，具有短期的工作部署安排和指导作用；法律法规重在定规立矩、制度保障、普遍适用，具有长期的制度规范和保障作用。在全面依法治国的背景下，必须把政府全部涉农工作纳入法治化轨道。没有法律法规建设，就会出现社会治理运行环节的断裂，导致治理失效。

三、推进具有首都特点的乡村振兴的思考与建议

北京既是国家首都，也是超大城市，集都与城于一市、城与乡于一体、传统与现代于一身，除了具备"大城市、小农业""大京郊、小城区"的空间特点外，还具有显著的首都城市战略定位、超大城市发展规模、疏解非首都功能、村庄形态分化、首善之区标准等鲜明特点。思考和谋划首都北京的乡村振兴，需要深刻认识和全面把握首都北京所具有的显著特征，转变观念、拓宽视野、创新思路、深化改革、扩大开放，着力推进具有首都特点的乡村振兴。

（一）紧扣首都城市战略定位这个特点，准确把握首都乡村振兴的要求

《北京城市总体规划（2016年—2035年）》明确规定北京城市

战略定位是全国政治中心、文化中心、国际交往中心、科技创新中心，北京的一切工作必须坚持全国政治中心、文化中心、国际交往中心、科技创新中心的城市战略定位。"四个中心"的首都城市战略定位，并不只局限于北京的中心城区，作为首都战略腹地的广阔京郊大地，同样担负着体现首都城市战略定位的职责使命。北京的"三农"工作必须紧扣"四个中心"的首都城市战略定位，适应首都城市战略定位的需要，着眼于建设国际一流的和谐宜居之都，提升"三农"工作新水平。

1.在政治中心建设上，一要将乡村地区纳入支撑国家政务活动的重要空间进行规划布局。国家政务活动并不局限于中心城区，随着大国政治发展的需要，京郊乡村将日益成为国家政务活动的重要场所。例如，2014年11月，亚太经合组织第二十二次领导人非正式会议就在北京怀柔区雁栖湖举办。这是京郊乡村承担国家政务活动的重要体现。应当规划建设更多更合适的乡村国家政务活动场所，尤其要加强特色小城镇、美丽乡村以及家庭农场、合作农场、农业公园等的建设，使之成为国家政务活动的重要备选场所。二要坚持绿色发展，践行绿水青山就是金山银山的理念，大力加强生态文明建设，提升生态涵养区建设水平，将乡村建设成为天蓝地绿、山清水秀、鸟语花香的美丽后花园，使乡村成为国际一流的和谐宜居之都的重要休闲宜居之地。三要推动高质量发展，大力发展生态有机农业和优质农产品加工业，推进休闲农业和乡村旅游提档升级，为中央党政军领导机关、国内外友人以及广大市民提供安全优质的农产品供应和绿色生态服务产品。

2.在文化中心建设上，一要充分挖掘和利用乡村农耕文化的宝贵资源，实现传统乡村文化与现代文明的有机融合，使乡村文化成为首都文化中心的重要组成部分。二要加强对传统古镇、传统古村落、历史文化名村的保护，防止建设性的破坏。三要大力发展乡村文化产业。推动文化＋农业、文化＋乡村发展，发展具有人文关怀、人文风采和乡村文化魅力的精品农旅产业，使都市农业、乡村田园风光充满乡村文化特色。四要加强乡村教育培训，提高乡村道德文化建设水平，提升乡村居民文明素质。

3. 在国际交往中心建设上，一要立足于国际交往活动的多样性特征，发挥京郊乡村所具有的自然田园风光和悠久传统文化的独特魅力，将京郊乡村建设成为可承担重大外交外事活动的重要舞台之一。要重点在京郊乡村规划建设外交外事活动区、国际会议会展区、国际体育文化交流区、国际科技文化交流区、国际乡村旅游区、国际组织集聚区等乡村国际交往活动场所。二要扩大乡村对外开放力度，改善乡村软硬件基础条件，使乡村成为向世界展示首都改革开放与农业农村现代化建设成就的重要窗口。

4. 在科技创新中心建设上，一要大力发展农业科技，强化农业科技的研发与利用转化。加大高精尖新科技在农业农村领域的应用，推动农业＋科技、乡村＋科技的融合发展，着力发展高效生态农业，建设智慧农业、智慧乡村，为首都农业农村现代化插上科技的翅膀。在充分发挥科技对生产力巨大推动作用的基础上，也要辩证地看待科技对生态环境、食品安全、社会伦理等方面的挑战与问题。二要将乡村规划建设成科技研发基地以及科技应用示范区。促进中关村科技城、怀柔科学城、未来科学城建设与乡村振兴战略的有机结合。

（二）紧扣超大城市发展规模这个特点，率先实现城乡发展一体化

北京与全国一样，最大的发展不平衡是城乡发展不平衡；最大的发展不充分是农村发展不充分。北京与全国不一样的地方在于，作为2000多万人口的超大城市，完全具备以城带乡的经济实力，充分具备率先实现城乡发展一体化的各种有利条件。北京应当围绕全面实现城乡规划一体化、城乡资源配置一体化、城乡基

础设施一体化、城乡产业一体化、城乡公共服务一体化、城乡社会治理一体化等内容，全面深化改革，加快构建城乡融合发展的体制机制和政策体系，率先实现以下三个方面的目标。

一要率先实现城乡基本公共服务均等化。要着力优化财政支出结构，加大对农村基础设施、公共服务设施和基本公共服务的投入支出力度，加快缩小城乡基本公共服务差距，补齐农村基本公共服务短板，加快实现城乡就业、教育、医疗、养老、文化等基本公共服务的城乡一体化，高度重视乡村人口老龄化问题，推行免费教育、免费医疗以及高水平的社会养老等普惠性的公共政策，全面提升农村社会福利和民生保障水平，使广大农民共同享有经济社会发展的成果。这是坚持和贯彻落实以人民为中心的发展思想的具体体现。

二要率先实现城乡要素平等交换与自由双向流动。城乡要素平等交换与自由双向流动，是发展社会主义市场经济的必然要求，是实现城乡发展一体化的必然要求，是推动农业农村优先发展的必然要求。要从体制改革、机制创新方面着手，打破城乡双重政策制度壁垒，加强制度建设，使城市的人才、资金、知识、技术、管理、信息等要素顺利进入农村，广泛而有序地参与乡村振兴，使农村的土地、劳动力等融入城市，公平参与城市化进程，形成城乡一体、功能互补的新型工农城乡关系。

三要率先构建新型集体经济发展的政策体系和新型集体经济组织有效的治理机制。北京农村集体经济组织产权制度改革已经取得很大进展，改革后新型集体经济发展以及新型集体经济组织治理都面临新的矛盾和问题，亟须构建适应市场化、城镇化和城乡一体化发展的新型集体经济发展的政策体系，推动集体经济转型发展。要根据特别法人的要求，加强新型集体经济组织的市场主体建设和地方立法建设，健全新型集体经济组织的治理机制，强化对集体资产的监督管理，维护和发展农村集体和农民的财产权益。

（三）紧扣疏解非首都功能这个特点，主动谋划乡村承接疏解功能的建设

推动京津冀协同发展，疏解北京非首都功能，是首都北京发展的重要特点，也是北京实施乡村振兴战略面临的独特的时代背景与重大的发展机遇。

1.充分认识乡村振兴面临的重要挑战与历史机遇。疏解北京非首都功能，既对乡村发展提出了严重的挑战，也给乡村带来了宝贵的发展机遇。京郊乡村应当在疏解北京非首都功能的战略机遇中率先实现全面振兴。如果说通州是北京城市副中心、河北雄安新区是北京非首都功能的集中承载地，那么京郊乡村就是北京非首都功能的广阔而重要的承载地。按照《北京城市总体规划（2016年—2035年）》构建的"一核一主一副、两轴多点一区"的城市空间布局要求，要主动谋划京郊乡村承接中心城区功能的对外疏解工作，在主动承接中心城区功能中实现乡村的振兴。

2.有序规划与落实郊区承接中心城区功能疏解的重点任务与发展定位。根据《北京城市总体规划（2016年—2035年）》，中心城区是疏解北京非首都功能的主要地区；顺义、大兴、亦庄、昌平、房山的新城及地区，是承接中心城区适宜功能、服务保障首都的重点地区；门头沟、平谷、怀柔、密云、延庆、昌平和房山的山区作为生态涵养区，是首都重要的生态屏障和水源保护地，主要任务是保障首都生态安全，建设宜居宜业宜游的生态发展示范区。在京郊地区承接中心城区疏解功能中，要正确处理中心城区的减量发展与郊区乡村高质量增量发展的关系，改变一刀切的思维方式和工作方式，实事求是地细化各项具体工作。比如，怀柔可以承接更多的国际会议和交流功能，成为辅助中心城区的国际会议之都和国际交往重要场所；密云可以承接国际组织以及科研院所功能，成为支撑国家发展的重要智库基地；延庆可以承接文化体育功能，成为文化体育活动中心和旅游休闲区；昌平可以

承接高等院校等教育培训功能，成为大学城，等等。

3.顺应逆城镇化发展趋势，助推乡村振兴。城镇化发展到一定阶段后，会出现中心城区人口向外迁移的逆城镇化现象。北京是较早出现逆城镇化趋势的超大城市。中央也提出了城镇化、逆城镇化两个方面要共同推动的要求。疏解北京非首都功能，是逆城镇化趋势的重要体现。北京的逆城镇化为乡村振兴提供了新的巨大能量和发展机会，应当加强逆城镇化的调查研究，加快破除城乡二元结构，实现城乡一体化，使逆城镇化与小城镇建设、美丽乡村建设有效结合起来，从而助推乡村的振兴。特别是要顺应疏解北京非首都功能和逆城镇化趋势，大力加强京郊特色小城镇建设，深化体制改革，在京郊规划建设企业总部小镇、国际组织小镇、科研大学小镇、文化体育小镇等特色各异的小城镇，改革小城镇管理体制，加强有利于小城镇建设的政策制度建设，使特色小城镇既有力承担首都中心城区的疏解功能，又助推京郊乡村的全面振兴。

（四）紧扣村庄形态分化明显这个特点，分类制定和实施乡村振兴政策

改革以来，随着市场化、城镇化的发展，村庄分化已经非常明显。《乡村振兴战略规划（2018—2022年）》将村庄分为集聚提升类村庄、城郊融合类村庄、特色保护类村庄、搬迁撤并类村庄。北京的村庄分化几乎涵盖我国村庄分化的各种基本类型。北京市规划和国土资源管理委员会将全市行政村划分为城镇化村庄、局部或整体迁建村庄、特色保留村庄、提升改造村庄。据我们2018年3—4月的调查和归类统计，北京3983个村已经分化为三无村、拆迁村、倒挂村、空心村、传统村等类型。根据村庄分化的实际与特点，针对不同类别的乡村发展矛盾与诉求，分类施策。

三无村是指无农业、无农村、无农民但有集体经济组织的村庄。这类村庄尚有56个。针对这类村庄的政策重点是，要确保集

体资产的公平合理处置，保障农民带着集体资产参与城市化，维护村集体和村民的集体资产权益；将此类村庄全面纳入城市街道和社区管理轨道，由政府公共财政提供各类基础设施和公共服务，减轻或剥离集体经济组织承担的社区公共治理和服务的成本，保障原村民有序参与社区公共治理；发展壮大集体经济，强化对集体经济组织的监督管理服务，维护其作为特别法人的市场主体地位，保障村民股东对集体资产的所有权、经营管理权、收益分配权等各项权益。

拆迁村是指因城镇化建设征地或居住环境改善等因素拆迁或搬迁上楼的村庄。这类村庄有720个。针对这类村庄的政策重点是，要切实保护拆迁村民的财产权益，妥善处置集体资产，合理管理和有效使用征地补偿费用；对于纳入城市规划区内的拆迁上楼村，一般应当实行撤村设居，撤销村委会设置，建立居委会，统一纳入城市社区管理和服务；在完成集体产权改革的基础上，实行政社分离，保留和发展集体经济组织及其所属的企业，维护集体经济组织成员权益。

倒挂村是指外来人口多于本村户籍人口的村庄。这类村庄有173个。针对这类村庄的政策重点是，必须以更加公平包容的心态和政策对待外来人口，保障外来人口平等享有基本公共服务；村庄的社区治理要对外来人口开放，保障外来人口平等参与社区公共事务的治理；在城乡接合部地区的倒挂村，在对集中上楼的城市进行更新改造时，要预留村集体产业用地，同时在实现村民上楼以改善居住环境和条件的过程中，要着力推行集体建设用地建设租赁住房，让外来人口同样能改善居住环境并成为新市民。

空心村是指在城镇化进程中大量中青年人口流出村庄进城务工经商或在城镇安家置业，有的老年人随子女离开村庄，有的村庄成为留守子女、留守妇女、留守老人居住生活之地，人口稀少、闲置农宅较多的村庄。这类村庄有48个。针对这类村庄的政策重点是，有条件实现活化与重生的空心村，鼓励和引导农民建立住房合作社，与外来资本合作共同开发、盘活利用闲置农宅，发展乡村旅游、特色民宿、健康养老等产业；对于缺乏开发利用条件的空心村，可以在尊重村民意愿的前提下适当进行村庄合并；深化农村宅基地制度改革，创新宅基地"三权分置"的具体实现形式；严禁外来资本与地方权力相勾结通过驱赶原居民而进行资本圈村式强占开发等行为。

传统村是指保持和延续传统乡村风貌、村庄形态基本稳定的村庄，这是京郊农村的主体形态，也是实施乡村振兴战略的重点地区。这类村庄有2986个。针对这类村庄的政策重点是，强化对传统村庄的保护，尽量在保留原有村容村貌的基础上实现改造提升，改善人居环境，禁止大拆大建；允许、鼓励和规范社会力量参与乡村活化与再生工作，充分发挥村民在乡村振兴中的自主性、积极性、创造性，探索多种形式，实现乡村振兴。

（五）紧扣首善之区标准这个特点，着力实现首都乡村善治的目标

北京作为国家首都，是首善之区。所谓首善之区，就是治理得最好的地方。推进首都的乡村振兴，要坚持首善标准，加强和创新乡村治理，建立健全党委领导、政府负责、社会协同、公众参与、法治保障的现代乡村社会治理体制，健全自治、法治、德治相结合的乡村治理体系，实现首都乡村善治目标，让农村社会既充满活力又和谐有序。一要加强乡村组织建设，以组织振兴引领乡村振兴。构建以党组织为核心、村民自治组织、集体经济组织、其他经济组织、各类社会文化组织共同发展的组织振兴格局。要赋予农民更多的组织资源，使农民参与到经济、政治、社会、文化和生态文明建设等各类组织中来。二要健全自治、法治、德治相结合的乡村治理体系。创新村民自治的有效实现形式，推进村民自治的规范化建设，保障村民民主选举、民主决策、民主管理、民主监督的权利，切实建设村民当家作主的自治乡村。将

政府各项涉农工作纳入法治轨道，加强涉农立法的调研和涉农法律法规的立、改、废工作，填补涉农法律法规的漏洞；加强党员干部和村民群众的法治教育，弘扬法治精神和法治文化，着力建设公平正义的法治乡村。加强乡村道德文化建设，传承和弘扬中华优秀传统文化，促进传统文化与现代文明交相辉映，努力建设民风淳朴的道德乡村。三要坚持惩恶扬善，营造风清气正的乡村社会政治生态。将全面从严治党和全面依法治国向乡村基层延伸，加强对农村干部队伍的监督管理，把权力关进制度的笼子里，严肃查处侵犯农民权益的"微腐败"，严厉打击侵害农民切身利益的违法犯罪活动，全面建设维护社会公平正义、保障农民基本权利的平安乡村、健康乡村、和谐乡村。

推进具有首都特点的乡村振兴，在农业发展上，要坚持质量兴农。以市场需求为导向，大力发展生态有机农业，为保障城乡广大消费者的身心健康，提供优质安全的农副产品。在农村发展上，要坚持绿色兴农。以生态文明理念为引领，建设生态优、环境美、产业兴、人气旺、民风淳的美丽乡村，营造城乡居民向往宜居的美丽家园。在农民发展上，要坚持权利兴农。从农民身份上看，要保障和实现农民的三种权利，即作为国家公民的公民权、作为集体经济组织的成员权、作为农村社区居民的村民权。从权利内容上看，要保障和实现农民的人权、产权、治权。改革开放的过程实质上就是不断扩展农民权利的过程，就是不断提升社会文明程度的过程。

从北京村庄分化实际谋划振兴[*]

在城镇化进程中，我国传统的村庄发生了很大的分化。北京作为国家首都和超大型城市，经过长期的市场化改革、城镇化发展，村庄分化已经非常明显。实施乡村振兴战略，应当根据各村庄分化的实际与特点，更有针对性地制定乡村振兴规划和公共政策。

一、北京村庄分化类型及政策重点

北京的村庄分化几乎涵盖我国村庄分化的各种基本类型。据调查，北京 3983 个村已经分化为三无村、拆迁村、倒挂村、空心村、传统村等类型。

三无村是指无农业、无农村、无农民，但有集体经济组织的村庄。这类村庄尚有 56 个，丰台区卢沟桥乡三路居村、顺义区南法信镇卸甲营村等是典型。针对这类村庄的政策重点：一是确保集体资产的公平合理处置，保障农民带着集体资产参与城市化，维护村集体和村民的集体资产权益。二是将此类村庄全面纳入城市街道和社区管理轨道，由政府公共财政提供各类基础设施和公共服务，减轻或剥离集体经济组织承担的社区公共治理和服务的成本，保障原村民有序参与社区公共治理。三是发展壮大集体经济，强化对集体经济组织的监督管理服务，维护其作为特别法人的市场主体地位，保障村民股东对集体资产的所有权、经营管理

---

[*] 原载《农民日报》2018 年 6 月 9 日。

权、收益分配权等各项权益。

拆迁村是指因城镇化建设征地或居住环境改善等拆迁或搬迁上楼的村庄。这类村庄有720个，海淀区上庄镇西马坊村、昌平区北七家镇郑各庄村、朝阳区高碑店乡高碑店村等是典型。针对这类村庄的政策重点：一是切实保护拆迁村民的财产权益，妥善处置集体资产，合理管理和有效使用征地补偿费用。二是对于纳入城市规划区内的拆迁上楼村，一般应当实行撤村设居，撤销村委会建制，建立居委会，统一纳入城市社区管理和服务。三是在完成集体产权改革的基础上，实行"政社分离"，保留和发展集体经济组织及其所属的企业，维护集体经济组织成员的权益。

倒挂村是指外来人口多于本村户籍人口的村庄。这类村庄有173个，主要分布在城乡接合部地区，但在远郊区也有部分村庄，比如延庆区张山营镇龙聚山庄村就属于人口倒挂村。针对这类村庄的政策重点：一是必须以更加公平包容的心态和政策对待外来人口，保障外来人口平等享有基本公共服务。二是村庄的社区治理要对外来人口开放，保障外来人口平等参与社区公共事务的治理。三是在城乡接合部地区的倒挂村，在进行集中上楼的城市更新改造时，要预留村集体产业用地，同时在实现村民上楼改善居住环境和条件的过程中，要着力推行集体建设用地建设租赁住房，让外来人口同样能改善居住环境并成为新市民。

空心村是指在城镇化进程中大量中青年人口流出村庄进城务工经商或在城镇安家置业，人口稀少、闲置农宅较多的村庄。这类村庄有48个，主要分布在远郊地区。针对这类村庄的政策重点：一是区别对待空心村，对具备开发价值和条件的空心村，可以公平合理地开展闲置农宅利用，发展乡村旅游、特色民宿、健康养老等产业，鼓励和引导农民建立住房合作社，与外来资本合作共同开发、盘活利用闲置农宅；对缺乏开发利用条件的空心村，可以在尊重村民意愿的前提下适当进行村庄合并。二是深化农村宅基地制度改革，创新宅基地"三权分置"的具体实现形式，核心是尊重农民的自主选择和市场经济规律,赋予和保障农民宅基地和住房的财产权利。

传统村是指保持和延续传统乡村风貌、村庄形态基本稳定的村庄,这是京郊农村的主体形态,也是实施乡村振兴战略的重点地区。这类村庄有2986个。针对这类村庄的政策重点:一是立足于传承和弘扬中华优秀乡村文明,重新认识乡村价值,在美化好乡貌的基础上,使人们能记得住乡愁,着力强化传统村庄的保护。二是区别对待已经建成的美丽乡村和将要建设的美丽乡村。对已建成的美丽乡村,重在维护和实现高质量发展;对正在或将要建设的美丽乡村,尽量在保留原有村容村貌的基础上实现改造提升,改善人居环境,禁止大拆大建。三是鼓励和规范社会力量参与乡村活化与再生工作,充分发挥村民在乡村振兴中的自主性、积极性、创造性,探索多种形式,实现乡村振兴。

二、北京乡村振兴的五个着力点

北京是一个常住人口超过2170万、农业户籍人口230万、农业从业人口50余万的超大城市,人均GDP将近2万美元,城镇化率达到86.5%,城镇化与逆城镇化并存,具备率先实现乡村振兴的经济基础条件、区域优势和城乡结构特点。北京实施乡村振兴战略,需要把握好以下几个着力点:

一是有序推进撤村建居工作。对于城市规划区内已经拆迁上楼、符合撤村条件的村庄,要撤销村委会建制,建立居委会,统一实行城市社区管理,政府统一承担社区治理服务费用,村民自然转为城镇居民,享有与城镇居民统一的社会保障待遇和服务。撤村建居时不撤社,保留农村集体经济组织,发展股份合作经济,加强集体资产的经营管理,维护集体股东的合法权益。

二是加快实现城乡基本公共服务均等化。实现城乡基本公共服务均等化是消除城乡二元体制差距、推进城乡融合发展、保障城乡居民权利平等的基础性、关键性公共政策。各级政府要认真落实户籍制度改革，真正将取消农业户籍与非农业户籍划分、统一登记为居民的户口改革政策落到实处，废止征地农转居政策；建立健全覆盖全体城乡居民的医疗、养老等社会保障网络，持续提高农村居民的社会保障水平，消除城乡居民之间、各种人群之间过大的社会保障待遇差别，实现社会保障在全市范围内的自由接续转移；大力优化财政支出结构，进一步提高社会保障等民生支出比重。

三是加大农村基础设施和公共服务设施建设力度。将基础设施和公共服务设施建设的重点放在农村，全面提升农村基础设施和公共服务设施建设水平，对农村基础设施和公共服务设施进行统一管理和维护，将建设与维护费用纳入各级政府财政预算予以保障，切实减轻农村集体经济组织的负担。

四是全面深化农村集体产权制度改革。在集体经营性资产上，自20世纪90年代以来，北京市就按照"资产变股权、农民当股东"的原则，对集体经济组织进行了股份合作制改革，目前已完成97%的村级集体经济组织产权改革任务。今后改革发展的重点是加强和完善集体资产的经营管理，健全集体经济组织的法人治理结构，完善股权权能，发展壮大股份合作经济即新型集体经济，保障农民的集体收益分配等权益。在集体资源性资产上，关键是要维护和发展集体和农民的财产权利，同时要适应城乡融合发展的需要，改革集体产权的封闭性特征，为城乡要素自由流动、平等交换、公平配置提供产权支撑。承包地重在完善"三权分置"制度，通过放活经营权实现农村承包土地的规模经营和开放性。宅基地要根据落实集体所有权、保障宅基地农户资格权和农民房屋财产权，适度放活宅基地和农民房屋使用权的精神，实现农村住宅的市场化利用与产权开放。农村集体建设用地要按照建立城乡统一的建设用地市场的改革要求，实行与国有土地同权同价，依法合规入市开发利用，赋予和发展农民的土地发展权。同时要切实调整城镇建设用地增加和农村建设用地减少相挂钩的政策，增加农村建设用地指标，保障农村发展休闲农业、乡村旅游等产业用地的需要。

五是围绕首都城市战略定位构建乡村振兴新格局。北京具有"大城市、小农业""大京郊、小城区"等特点，推进具有首都特点的乡村振兴，必须根据北京全国政治中心、文化中心、国际交往中心、科技创新中心的城市战略定位和建设国际一流的和谐宜居之都的发展目标进行规划和建设。在北京中心城区功能向城市副中心、雄安新区疏解的同时，应当积极考虑和科学规划京郊乡村承接中心城区的部分功能，发挥乡村在疏解中心城区功能、治理"大城市病"中的应有作用。

为城乡融合与乡村振兴提供智力支持 *

党的十九大明确指出，农业农村农民问题是关系国计民生的根本性问题，必须始终把解决"三农"问题作为全党工作的重中之重，建立健全城乡融合的体制机制和政策体系，实施乡村振兴战略。长期以来，我始终把"三农"问题尤其是农民权利问题作为全部研究的重中之重。2000年至2011年，我历时11年完成了农民权利系列研究，出版了《给农民以宪法关怀》《农民权利论》《农民、公民权与国家》《认真对待农民权利》4部著作。

在此基础上，我将农民权利放在城市化和城乡一体化的时代进程中去思考和研究。中国正处在快速的城市化进程中，城市化一头连着农村，一头连着城市，生动折射出一个国家经济社会动态变迁的激烈过程，是观察和研究农民权利发展和社会结构变迁最为重要的窗口。2010年至2017年，我积极组织跨单位、跨专业、跨地域、跨年度的研究团队，以超大型城市北京为主要研究基地，放眼全国，围绕新型城市化和城乡一体化这个主题，紧扣维护和发展农民权利这根主线，经过7年的持续调查研究，完成了新型城市化和城乡一体化的系列研究，主要成果就是社会科学文献出版社于2014年5月至2017年11月连续出版的新型城市化和城乡一体化丛书，共包含6部著作：《新市民：北京市农民工市民化研究》《北京市城乡基本公共服务问题研究》《北京市新型城市化研究》《北京市城乡发展一体化研究》《农民荒：北京市农村劳动力老龄

---

* 此系2018年3月30日在社会科学文献出版社举办的"城乡融合与乡村振兴——新型城市化和城乡一体化"丛书出版座谈会上发言的主要部分。

化问题研究》《北京市法治城市化研究》。新型城市化和城乡一体化的系列研究，为加快建立健全城乡融合发展的体制机制和政策体系、维护和发展农民权利，提供了多视角的思考和政策建议。

在《新市民：北京市农民工市民化研究》一书中，我们将北京市的农民工区分为本地农民工和外地农民工，提出农民工是北京的新市民，并就推进农民工市民化提出了政策建议。同时指出在推进农民工市民化问题上存在的误区与偏差：一是只强调农民工市民化的成本，而忽视了农民工的贡献；二是只强调中小城市农民工市民化，而忽视了大城市和特大城市农民工的市民化；三是不尊重农民和农民工的意愿，强制推行农民工市民化。实现农民工市民化，是新型城市化的重大任务和根本标志。

在《北京市城乡基本公共服务问题研究》一书中，我们从维护和发展农民的社会权利出发，对北京市城乡基本公共服务相关问题作了持续的调查研究，对北京、上海、天津、重庆4个直辖市的城乡基本公共服务状况作了比较研究，对加快实现城乡基本公共服务均等化提出了政策建议。推进城乡基本公共服务均等化是破除城乡二元体制、实现城乡融合发展的关键所在。

在《北京市新型城市化研究》一书中，我们对北京市城乡接合部地区经济社会问题进行了深入调查，对北京、上海、天津、重庆、成都、广州6大城市进行了实地考察和比较研究，率先提出了走以人为本的新型城市化道路的重大命题，对新型城市化的内涵作了界定，认为新型城市化是空间布局合理的城市化、是维护农民权益的城市化、是善待外来人口的城市化、是产业结构优化的城市化、是生态环境友好的城市化、是民主法治的城市化，提出要把加强制度供给作为新型城市化的基础工程、把依法改革创新作为新型城市化的基本方式、把深化土地制度改革作为新型城市化的关键环节、把推进农村产权制度改革作为新型城市化的重大任务、把实现农民市民化作为新型城市化的战略目标。在这本书中，我们基于人口城市化和土地城市化这两个基本维度，提出对农村集体所有制与城乡二元体制所构成的双重封闭排斥体制进行协同改革的分析框架和基本思路。这个分析框架和基本思路可以概括为"两个二"：一是紧扣中国城市化的两个基本体制前提，即农村集体所有制、城乡二元体制。二是着眼于新型城市化的两个基本任务和目标，即改革农村集体所有制，维护和实现农民的集体财产权，保障农民带着集体产权进入城市化；改革城乡二元体制，维护和实现农民的身份平等权，保障进城农民享有公民权利，实现市民化。通过走新型城市化道路，维护和发展农民财产权，实现农民市民化，构建平等开放互利共赢的新型城乡关系，促进城乡融合发展。

在《北京市城乡发展一体化研究》一书中，我们从理论研究、政策实践等方面对北京的城乡一体化进程进行了比较系统全面的回顾与总结。在实践调研的基础上，我们提出要重新认识城乡二元结构和城乡一体化。城乡二元结构有静态和动态两种形态，静态的城乡二元结构就是基于农民与市民两种不同的户籍身份，以此建立城市与农村、市民与农民两种权利不平等的制度体系，实行"城乡分治、一国两策"，使农民处于"二等公民"的不平等地位；动态的城乡二元结构是基于本地居民与外来人口两种不同的身份，以此建立城市本地居民与外来人口两种权利不平等的制度体系，实行"城市分治、一市两策"，使外来人口处于"二等市民"的不平等地位。动态的城乡二元结构是一种城市内部二元结构。静态城乡二元结构与动态城乡二元结构共同构成了当代中国的双重二元结构。这是实现城乡融合发展的重大体制障碍。与静态城乡二元结构与动态城乡二元结构相对应的，我们将城乡一体化区分为狭义的城乡一体化与广义的城乡一体化。只破除静态城乡二元结构的城乡一体化，是狭义的城乡一体化；既破除静态城乡二元结构又破除动态城乡二元结构的城乡一体化，或者说，既破除城乡二元结构又破除城市内部二元结构的城乡一体化，是广义的城乡一体化。狭义的城乡一体化是片面的城乡一体化，只有广义的城乡一体化才是全面的城乡一体化。城市化可以破除城乡二元结构，也可以强化城乡二元结构。我们不能简单地认为城市化就一定会推进城乡一体化发展。没有现代公平正义的制度变革，城乡一体化就不会在城市化发展中实现。

在《农民荒：北京市农村劳动力老龄化问题研究》一书中，我们按照"谁来种地、如何种地，谁来养老、如何养老，谁来治理、如何治理"的基本框架，对北京市农村劳动力化问题进行了深入分析和考察，对外来务农人员进行了专题调研，对人口老龄化和生育政策作了相关研究，跟踪调研和总结了北京市在"谁来种地、如何种地，谁来养老、如何养老，谁来治理、如何治理"等诸多方面的实践探索经验，提出了积极应对农村劳动力老龄化的对策建议。其核心要义有四：一是开放农业产业发展空间，让农业成为城乡居民都可以选择从事的有希望的产业，积极培育和发展新型职业农民；二是实现城乡基本公共服务均等化，让从事农业生产经营的人们同样享有基本的公共服务，过上有尊严的体面生活；三是传承和弘扬中华优秀传统文化，包括农本文化、孝道文化、自治文化、民俗文化以及生育文化，加快调整计划生育政策，尊重和保障公民的自主生育权，鼓励生育，保障家庭，制定《家庭保护法》，将计划生育机构全面转型为家庭保健和养老服务机构；四是加快老龄化社会的法治建设，制定《老龄人福利法》，实现中华传统优秀的尊老敬老文化与现代国家的社会福利政策的有机结合。

在《北京市法治城市化研究》一书中，我们坚持问题导向，针对传统城市化中的一系列突出问题，鲜明提出法治城市化的主张。传统城市化中存在两个突出问题：一是在人口城市化上，进城农民不能实现市民化，农民应当享有的基本公共服务得不到有效实现和保障；二是在土地城市化上，农民自身的土地和房屋被强征强拆，农民的财产权利和人身权利得不到切实的保障和实现。传统城市化塑造了两种异化的政府行为模式：一是在强征农民土地、强拆农民住宅上积极乱作为；二是在实现农民工市民化上消极不作为。传统城市化制造了两种社会病：一种是城市社会病，在城市形成了数以亿计的农民工阶层，导致城市失衡；二是农村社会病，在农村造成了上亿的留守儿童、留守妇女、留守老人，导致乡村衰败。针对传统城市化中的乱象，我们认为新型城市化应当是法治的城市化。所谓法治城市化，就是将城市化纳入法治轨道，以法治思维和方式城市化，在城市化进程中规范和约束公共权力，尊重和保障公民权利，维护和促进社会公平正义与文明进步。为此，我们建议：一是要把政府和领导带头守法作为头等大事；二是要理性认识和对待权力与资本，对二者既不能迷信，也不能消灭，而是要规范与约束；三是要做好户籍改革落地后的农民权利保障；四是要实现外来常住人口的市民化；五是要制止和消除城市化进程中的违法犯罪现象。在法治中国的大背景下推进新型城市化，应当让广大老百姓在城市化进程中享有基本的权利和尊严，而不是失去家园和生命。要把保护人权和产权作为法治中国建设的主线，贯彻到城市化进程中去，使新型城市化的过程成为法治中国建设的过程。

本系列研究成果具有三个鲜明的特点：一是坚持和贯彻以人民为中心的发展思想，致力于在推进新型城市化和城乡一体化中尊重人的基本价值和实现人的全面发展。二是坚持以"三农"视角研究城市化问题，实现农村与城市的对接，将农民权利贯穿其中，着眼于维护和发展农民的基本权利和自由尊严。三是坚持在理论指导下开展调查研究，在调查研究的基础上提出新的理论概括，推动理论与实践的有机统一。

本系列研究成果的重要启示：一是必须坚持把执政党为人民服务的根本宗旨具体转化为维护和发展公民权利的具体政策制度安排，树立以公民权利为导向的发展理念，尊崇宪法权威，加快建设法治国家、法治政府、法治社会，推进国家治理体系和治理能力现代化。二是必须坚持把全面深化改革作为不断增进农民权利的过程，作为不断促进人的全面发展和社会全面进步的过程，加快改革一切不利于城乡融合发展的体制机制弊端，彻底破除城乡二元结构，全面构建全国统一、城乡一体的平等、开放、公正的制度体系，实现国家法律和制度的统一。三是必须坚持处理好政府与市场、政府与社会的关系，增强社会的自主性，激发社会的活力。四是必须坚持问题导向，在发现问题、分析问题、解决问题的过程中，推动国家政策制度的不断完善和社会的全面进步。五是必须坚持中国优秀传统文化与现代人类共同文明的有机结合，在改革开放伟大实践和中华民族伟大复兴的进程中，实现十几亿人口大国的城乡融合发展，从而创造出既拥有发达的物质文明，又拥有发达的精神文明和制度文明，既能造福国人、又能怀柔天下的崭新的中华文明。

我们历时7年完成的新型城市化和城乡一体化系列研究成果，为新时代加快建立健全城乡融合发展的体制机制和政策体系、大力实施乡村振兴战略，提供了比较鲜活的理论支持和前瞻性的政策建议，具有一定的可资借鉴的理论价值、政策价值和实践价值。

冷静看待扶贫与致富

中国农业大学李小云教授在云南省勐腊县河边村参与扶贫工作时遇到了一些困惑，我认为那些是极为正常的农村社会现象，既不必惊讶，也不必沮丧，我们需要的是冷静看待、热情投入和深化改革。

当地农民在李小云团队的努力下，收入明显增加，这说明李小云扶贫团队的工作是有效的。但据此认为农民应当满足于李小云教授扶贫产生的短期收入效益，那就未免过于单纯了。农民说自己挣得太少，我认为这并未否认李小云扶贫团队的工作成效，而恰恰真实地反映了当时农民生存生活的实际情况。

第一，我们既要看到农民收入的增加，也要看到农民支出的增加与压力。改革40多年来，农民已经被全面卷入市场化生活中来，农民的各种生活支出也在大大增加，生活压力不小。当地农民增加的收入，可能不足以使农民从容应对各项生活支出，包括改善生活条件的支出。

第二，我们既要看到农民绝对收入的增加，也要看到农民相对收入的差距。不仅城乡收入差距较大，农村内部的收入差距也很明显。俗话说，不患寡而患不均。扶贫只是引领农民迈向致富之路的第一步。实现共同富裕，任重道远。

第三，我们既要看到农民低层次需求的满足，也要看到农民潜在的更高层次的需求。马斯洛提出的需求层次理论已经揭示，当人们较低层次的需求被满足后，就会追求更高层次的需要。长期生活在贫困线以下的农民，随着收入的增长和生活水平的提高，其蕴藏在心中的巨大需求会不断被释放出来。不断提高农民的生活质量和品质,是我们实现中国梦的重要内容。

李小云教授遇到的困惑,正好生动说明了党的十九大提出的人民日益增长的美好生活需要和不平衡不充分发展之间的矛盾已经成为我国社会主要矛盾的重大判断。农民对美好生活的需要是多方面多层次的,我们不能简单地认为通过扶贫让农民增加收入就会使农民心满意足。即使农民生活富裕起来了,也会有许多新的问题需要解决和应对。

当然,我们也不能简单地寄希望于扶贫工作者去解决农民面临的各种各样的经济社会问题。解决"三农"问题,实现乡村振兴,既需要全社会的共同努力、热情帮助,更需要全面深化改革开放,特别是需要大力破除束缚农民自由而全面发展的观念障碍和体制弊端,下决心改革收入分配制度,真正建设一个公正与均富的新社会。

在乡村振兴中高度重视农民的财产权利[*]

俗话说，人为财死，鸟为食亡。可见财产在人类生命中的重要性。尊重和保障人们对财产的占有、使用、收益和处分的权利，就形成了人类文明中的产权观念、法治意识和政治文明。2000多年前的圣人孟子说"有恒产者有恒心"，200多年前的英国老首相威廉·皮特说"风能进，雨能进，国王不能进"，他们虽然所处的时代不同、所在的地域不同、所属的文化不同，但都提示了一个最基本的共同真理：尊重和保障财产权利，不仅对于个人的自由、尊严和幸福，而且对于国家的长治久安、繁荣兴盛与和谐安定都极为重要。古今中外，对每个人来说，最基本最重要最核心的权利就是拥有基本的人身权利和财产权利；对国家和政府来说，最基本最重要最核心的职责就是尊重和保障公民基本的人身权利和财产权利。尊重和保障公民基本的人身权利和财产权利，不仅是一个国家和民族迈向文明、维护秩序、捍卫正义的基本道德底线和善治目标，而且是一个国家和民族走向世界、赢得尊重、怀柔天下的基本道德基石和文明标杆。

十多年前，我在研究农民权利问题时，就将农民的财产权利作为研究的重要内容。我在2007年出版的《农民权利论》一书中，就专门撰写了《农民的土地财产权利》一章内容。但我自感对农民财产权利的研究还不够深入系统。为此，我在完成农民权

---

[*] 此系本人撰写的《北京市城市化中农民财产权利研究》前言，参见张英洪等：《北京市城市化中农民财产权利研究》，社会科学文献出版社2019年版。

利研究系列作品后，就着手对农民的财产权利进行系统的调查研究计划。2013年，我就明确制订了农民财产权利的系列研究计划，重点关注和调查研究城市化中的农民财产权利、农民的土地承包经营权利、农民的宅基地权利、农民的集体收益分配权利等内容，并断断续续地进行了一些调查和研究工作。但自2010年起，我因工作需要，集中开展了新型城市化和城乡一体化的系列调查研究工作，这项研究工作直到2017年底才告一段落。之后，我在繁忙的事务性工作之余，着力挤出时间转向农民财产权利的调查研究工作。经过多年努力，我们终于完成了农民财产权利研究的第一个研究成果——《北京市城市化中农民财产权利研究》。今后，我将继续围绕既定的农民财产权利研究计划开展调查研究工作。

需要说明的是，我原想个人独立完成农民财产权利研究的系列成果。但在现实工作中，我这种个人意愿已很难实现了。好在我在调查研究之中，逐步形成了一个有缘相遇、有效合作的研究团队。如果没有这个研究团队中每个人的积极参与和无私奉献，我们这个农民财产权利研究成果可能还要无限期推迟下去。在此，我要特别向长期以来积极参与农民财产权利研究的所有同人、朋友表示最衷心的感谢！向从各个方面支持我们调查研究的有关领导、基层干部和农民朋友表示由衷谢意！

尊重和保障农民的财产权利，不仅对于解决"三农"问题，而且对于推进治理体系和治理能力现代化、对于实现中华民族伟大复兴，其重要性都不言而喻。经过40多年改革开放的中国，已经站在一个新的历史起点上。我们希望我们伟大的国家和民族能够在尊重和保障农民的财产权利，进而在维护和发展公民的基本权利上实现新的跨越，在继承和弘扬中华优秀传统文化的基础上创造出新的中华文明。

新时代乡村研究的代表作 *

祝贺朱启臻教授出版新作《把根留住》！朱教授退休后更忙了，忙于乡村调研，他这些年的乡村研究硕果累累。

首先是对朱启臻教授这个人的印象。优秀的著作肯定是优秀的作者写出来的。我认为朱教授给人留下了三大印象：一是有鲜明的问题导向。只有勇于正视问题、发现问题，才能真正地去解决问题。如果一个人都不愿意正视社会问题，就很难真正解决问题了。朱教授的乡村研究就是基于问题导向的。二是有强烈的"三农"情怀。朱教授始终对农业、农村和农民怀有深情厚谊，总是站在农业、农村和农民的立场上去研究和思考。三是有优秀的学者品格。我们会议室正好挂有"君子不器"的书法匾牌。"形而上者谓之道，形而下者谓之器。"优秀的学者应当具有强烈的现实关怀和价值追求，具有对社会的批判精神。朱教授就具有这种优秀的学者品格。

其次是对《把根留住》这本书的印象。我觉得这本书是新时代中国乡村研究的代表作。历史上在乡村研究方面产生了一些经典著作，如费孝通的《乡土中国》，萧公权的《中国乡村》等。朱教授这本书从乡村价值入手研究乡村，对乡村价值作了系统的概括，对乡村问题作了认真的分析，对乡村建设提出了自己的思考和建议。这本书对中国乡村的研究，一是有新的视角，即从乡村价值这个视角去研究乡村；二是有新的观点，主张以生态文明而

---

* 此系 2019 年 4 月 20 日在中国农业大学《把根留住》新书发布暨乡村价值与乡村振兴研讨会上的发言整理。

不是工业文明的思维和方式看待乡村、建设乡村；三是有新的思考，朱教授对工业化、城市化、市场化所造成的乡村非自由选择式的衰败作了比较深刻的反思，发人深省。

再次是对中国乡村的印象。乡村文明是中华文明的根基与标识。但在现代化进程中，我们对乡村的破坏相当严重。一是制度性破坏，国家工业化、强制集体化、城乡二元体制等制度对乡村的破坏极大，引人思。二是权力性破坏，虽然我们已经提出了制约和监督权力的命题，但还没有把权力关进制度的笼子里，一些地方强制推行的平坟、砸棺、拆庙运动，是典型的对乡村的野蛮破坏，令人忧。三是资本掠夺性破坏，资本进村挖走村里的大树、驱赶乡村原居民搞乡村旅游开发等现象，对乡村的掠夺式破坏，使人愁。在21世纪的今天，之所以存在对乡村的种种人为破坏，我发现与一些地方当政者的"双重缺乏"有关，既缺乏传统文化底蕴，又缺乏现代文明修养。这就涉及我们对国民的教育问题了。

最后是对乡村振兴的思考。实现乡村振兴，需要解决好三大矛盾，处理好三大关系。解决好三大矛盾：一是解决好官与民的关系。官与民的矛盾是几千年来我国社会的主要矛盾，这个矛盾一直没有得到根本性的解决。解决官与民的矛盾，核心是坚持以人民为中心，加强民主法治建设，把权力关进制度的笼子里，保障人民的自由权利。二是解决好贫与富的矛盾。我国历史上农民起义和农民革命提出的"均贫富""打土豪、分田地"等口号，《水浒传》这类小说对"劫富济贫"的颂扬，都充分体现了人们对解决贫富矛盾的强烈诉求。解决贫与富的矛盾，关键是要贯彻共享理念，深化收入分配体制改革，消除社会分配不公，走共同富裕之路。三是解决好劳与资的矛盾。这是马克思、恩格斯关注的核心问题。现在有大量的农民工在企业打工。解决劳与资的矛盾，根本是要保持劳资双方关系的平衡，不能偏废，而要共同维护劳资双方合法的基本权利。处理好三大关系：一是处理好城与乡的关系，关键是要破除城乡二元体制，推进城乡一体化和城乡融合发展，实现城乡价值平等、功能互补、制度统一开放。二是处理好天与人的关系，即处理好人与自然的关系，关键是要尊重自然、敬畏自然，坚持道法自然，走生态文明之路，实现永续发展。三是处理好古与今的关系，即传统与现代的关系，关键是既要继承与弘扬优秀传统文化，又要践行和发展现代人类文明。

朱教授这本书对当前推进乡村振兴有很大的参考价值。中华民族要实现伟大复兴，必须把中华文明的魂留住，把乡村文明的根留住。在农业发展上，要坚持质量兴农；在农村发展上，要坚持文化兴农；在农民发展上，要坚持权利兴农。在乡村振兴中，要尊重农业的自然规律，保持乡村的文化特色，发挥农民的主体作用。

第三篇

权利保护与乡村治理

乡村治理应维护发展好农民权利[*]

乡村治理是国家治理的基础和题中应有之义，推进乡村治理现代化关键要有利于维护和发展乡村居民的基本权利。以全面深化改革助推乡村治理现代化的过程，也应是维护和发展农民基本权利的过程。

实现乡村治理要达到的目标是什么？这个目标肯定有很多，但乡村治理最核心、最基本的目标，就是要维护乡村居民的基本权利和社会的公平正义。一是财产权利。在城镇化进程中，农民土地财产权利的保护问题日益突出，已经成为影响社会和谐稳定的重要因素。二是社会保障权利。乡村振兴和城镇化面临的一个重大问题就是如何解决全国农民和农民工的基本公共服务。三是公共参与权。在现代社会，公共事务事关每个人的切身利益，每个人都有平等的参与权，这才是现代化的乡村治理。

回眸改革开放40多年，我国乡村治理面临四个方面的基本转型：一是从一个封闭的社会向开放的社会转型。以前的乡村治理体制是建立在封闭社会的基础上，在城镇化、市场化进程中，封闭的社会走向了开放。二是从城乡二元结构向城乡一体化融合发展的转型。以前的乡村治理都是在城乡二元体制这一基本前提下完善政策体系，现在的乡村治理则要适应从城乡二元结构向城乡一体化融合发展的转变。三是从传统农村集体经济的产权不清晰向现代新型集体经济的产权清晰转型。现代新型集体经济与传统集体经济有一个很大的不同，就是产权要清晰。四是从传统的管

---

[*] 原载《半月谈》2019年第16期。

理型模式向现代的治理型模式转型。传统的管理型模式习惯管理别人，强化管理而不是强化服务。现代社会治理则要求多元共存、多元治理、扁平化的管理服务模式。

无疑，乡村治理转型给乡村治理带来了诸多挑战和问题，集中体现在一系列滞后上。一是政策制度滞后于基层实践。在改革过程中，许多伟大的创造来自基层、来自实践、来自群众，但是我们的一些政策制度还没能与时俱进。二是制度建设滞后于政策。我们现在很多好的政策文件，没有上升到制度和立法上来。三是社会治理滞后于经济社会发展。改革开放使我们国家从经济落后的国家转变成 GDP 全球第二的经济大国，但是我们的治理体系、治理观念还跟不上经济发展的需要。

在乡村振兴战略的大背景下，全面深化改革是推进乡村治理现代化的根本途径。具体做法：一是深化户籍制度改革。户籍改革的目标是消除户籍歧视，实现身份平等。城市中的户籍改革，是既要赋予本市户籍农民市民身份，又要赋予外来流动人口市民身份，实现全体常住人口"同城同权"，同享尊严。二是深化农村集体产权制度改革。对农民来说，涉及的产权主要包括承包地、宅基地、林地、其他集体建设用地、住房以及经营性集体资产等。农村产权制度改革的目标是建立现代产权制度，使农民拥有完整的产权。三是深化公共服务体制改革。要建设与公共服务型政府相适应的公共财政体制，从立法上保障教育、医疗卫生、社会保障等基本公共服务支出水平提高到国际公认的水准上来。走以人为本的新型城镇化道路，实现城乡基本公共服务的均等化。四是深化基层行政体制改革。我们有的村、有的镇人口规模和经济规模已达到了小城市的规模水平，却没有相应的管理权限和相应的公共服务，这是传统的行政体制问题。五是深化社会体制改革。如果没有社会的参与，没有社会组织的成长和参与，完全靠政府治理，就会缺乏弹性与活力。社会组织能弥补政府很多不足，单靠政府治理是远远不够的。

在全面深化改革过程中，同样需要转变传统观念，树立乡村治理现代化的新观念。长期以来，我们认为城市优越，农村落后，城市优于农村。事实上，城市与乡村是两种不同的文明，不能将一种文明凌驾于另外一种文明之上。我们认为乡村文明是母文明，城市文明是子文明，城市是乡村的孩子，不能因为孩子长大了就否定母亲。

推进乡村治理现代化，需要秉持以人为本的理念。人活在世上，都希望活得有自由、有尊严，都希望有基本的权利保障和社会公平正义。当前，维护和发展农民权利，首要要做到的是真正保障农民的民主权利，尤其要尊重农民的意愿和话语权。

《礼记·大学》有语："民之所好好之，民之所恶恶之。"实践经验表明，凡是尊重农民意愿的事，大都推动了社会的进步和发展；凡是有悖农民意愿的事，往往事与愿违，甚至会造成严重的社会问题。一段时期以来，一些地方出现强迫农民调整农业结构、强制农民进行土地流转、强迫农民集中居住、强迫农民上楼等现象，无一不损害了农民的权益，遭到农民的抵制。党和国家在政策文件中一直强调尊重农民意愿，一些地方应予以深刻反思，从中吸取应有的教训。

乡村治理的道术势＊

乡村治理既是国家治理的基础，也是国家治理的重要组成部分，同时，乡村治理还反映了国家治理的状况和水平。乡村治理既包括乡村的自我治理，也包含国家对乡村的治理两个层面。乡村治理是个大课题。有的治理在于控制人，限制人的自由而全面发展。我们的治理应当是有利于促进人的自由而全面发展。我们不能简单地就乡村治理说乡村治理，必须把乡村治理放在整个国家治理结构的框架和社会变迁的进程中去认识和理解，既要跳出乡村看乡村，也要跳出乡村治理看乡村治理。如果仅仅满足于从技术性角度推进乡村治理，极可能导致乡村治理扭曲和乡村治理失效。我们既要关心乡村治理的"术"，更要关注乡村治理的"道"与"势"。道是方向根本，术是方法技术，势是形势环境。

一、乡村治理所处的三重体制结构

几千年的中国传统乡村社会，形成了以皇权统治、宗法社会、小农经济、儒家文化、乡绅自治为主要特征的乡村社会结构和乡村社会秩序。1949年新中国成立以后，传统中国乡村的社会结构和秩序被彻底颠覆，中国乡村发生了根本性的巨大变化。现在讲乡村治理，必须认清其所处的三重基本的体制结构，这三重基本的体制结构，从根本上左右和影响了乡村治理的水平与成效。

1. 集体所有制。20世纪50年代，中国所有的乡村，无一例外

＊ 此系2018年1月13日在"清华三农论坛2018"上的发言整理稿。

地建立了以土地为基础的集体所有制。集体所有制本质上是一种财产归社区公有且由国家控制的产权制度安排,其基本特征是产权的政治性、集体性、社区性、封闭性。这是乡村治理的一个产权基础。使集体所有制适应市场化、城市化和城乡融合发展的需要,是新时代农村改革的重要内容。

2. 城乡二元体制。20世纪50年代建立的城乡二元体制结构,将整个中国划分为农村与城镇两种体制领域,实行城乡分治,城乡居民的身份、公共服务等完全不同,其最大的特征是城乡居民权利的不平等以及对公民自由权利的限制甚至剥夺。这是乡村治理的体制基础。加强破除城乡二元体制,构建城乡融合发展的体制机制和政策体系,是实现乡村善治的必然要求。

3. 党的领导体制。中国共产党的领导是历史和人民的选择。党政军民学,东西南北中,党是领导一切的。在国家治理体系的大棋局中,党中央是坐镇中军帐的"帅",车马炮各展其长,一盘棋大局分明。党的领导体制的最大优势是可以统一思想、统一行动、统一资源,"集中力量办大事"。比如,现在北京冬季的天空比往年同期要蓝很多。这应该说就是集中力量打好蓝天保卫战的一个结果。党的领导是乡村治理的政治基础。深入推进政治体制改革,加快民主法治建设步伐,必将为乡村治理奠定善治的基础。

二、乡村治理面临的三股力量挑战

对乡村治理的挑战是多方面的,但有三股力量对乡村治理的冲击是根本性的。

1. 上级权力的任性化。政府(广义)权力的任性,仍然是我们国家实现治理现代化的最大难题。长期以来,各级政府对村庄公共生活和私人生活的强力干预,是乡村实现善治的最大挑战。可以说,乡村的自然秩序与宁静生活,往往是被上级不受制约的政府权力打破的。比如,一些地方政府以种种借口和理由强拆老百姓的住房，使本来安居乐业的老百姓妻离子散、家破人亡。人类走向文明有三次重大的驯服：一是对野兽的驯服，二是对老百姓的驯服，三是对当权者的驯服。在成千上万年的文明演进中，我们实现了对野兽和老百姓的驯服，但如何驯服当权者，将权力关进制度的笼子里，是至今没有完成的伟大事业。只要权力不受制约和监督，就不可能有乡村的善治。我们决不能在政府习惯于违法的情况下去指望乡村能得到善治。国家也提出要把权力关进制度的笼子里，这是我国执政者治国理念的历史性突破和巨大飞跃。但如何将全部公共权力纳入法治轨道，真正实现对当权者的驯服，使当权者不再执迷于追求特权，而是真心实意地保护人权，这是推进国家治理体系和治理能力现代化最重大的时代课题。

2. 外来资本的蛮横化。对于资本的特性，马克思在《资本论》中曾指出："资本来到世间，从头到脚，每个毛孔都滴着血和肮脏的东西。"马克思在书中的脚注中还引用过一句名言："一旦有适当的利润，资本就胆大起来。如果有10%的利润，它就保证到处被使用；有20%的利润，它就活跃起来；有50%的利润，它就铤而走险；为了100%的利润，它就敢践踏一切人间法律；有300%的利润，它就敢犯任何罪行，甚至冒绞首的危险。"资本是现代社会中一种十分强大的力量。几十年来，我们在对待资本上有两种极端的倾向：一种是改革以前，国家与老百姓结盟，实现权力与群众的联合，将资本踩在脚下，甚至彻底消灭了资本，从而也消灭了资本的危害。另一种，因为没有资本的社会，陷入了极度的贫困之中。改革以来，国家转身与资本结盟，实现权力与资本的强强联合，老百姓成为被掠夺的对象。比如，一些地方政府为资本撑腰，公然将风景优美的传统村落强行圈占据为己有大搞旅游开发，却蛮横地将原居的老百姓赶走。乡村的建设与繁荣，肯定需要社会资本的进入。但如果放任外来资本进村恣意蛮横掠夺，乡村治理就无从谈起；如果权力与资本勾结却没有得到制约和限制，那么社会的公共利益和老百姓的个人权利都将蒙受不可挽回的巨大损失。对于资本,既不能消灭之,也不能放纵它,但必须对资本进行合理节制和法治保障。

3.乡村干部的黑恶化。相对于乡村这个共同体来说,在外来政府权力的任意干预以及外来资本的公然掠夺中,有的乡村共同体自身产生的代理人——乡村干部,又蜕变为"土皇帝",成为乡村黑恶势力的总代表,称霸一方,横行乡里,欺压百姓,无恶不作。2017年1月19日,最高人民检察院曾印发《关于充分发挥检察职能依法惩治"村霸"和宗族恶势力犯罪积极维护农村和谐稳定的意见》,强调要坚决依法惩治"村霸"和宗族恶势力刑事犯罪,突出打击为"村霸"和宗族恶势力充当"保护伞"的职务犯罪。乡村社会中的恶人治村局面不改变,乡村善治就无从谈起。放眼世界,在民主法治健全的现代国家,既不可能产生"暴君",也不可能产生"村霸"。我国乡村的"村霸"现象说明,乡村的民主法治建设还相当滞后。加强乡村的民主法治供给,是实现人民对美好生活需要的战略举措。

三、乡村治理要开放三个领域

乡村治理至少要在以下三个领域实现新的开放,否则难以取得应有的治理绩效。

1.集体产权改革要确权开放。集体产权的模糊性和封闭性,是市场化、城市化进程中制约乡村治理的重要产权障碍。在坚持土地集体所有权不变的前提下,土地的使用权完全可以依法流转或转让。例如,在承包地上,已实施"三权分置",承包土地的所有权归集体,承包权归农户,土地经营权可以对外流转。这就实现了承包地产权的开放。而农村的宅基地、集体建设用地、集体经营性资产的股权等,在产权的改革开放上需要迈出新步伐。

2.公共事务管理要民主开放。农村社区公共事务管理的封闭性,不适应市场化、城市化进程中人口流动的需要。在市场化、城市化进程中，因人口的快速流动，中国农村出现了两种不同类型的村庄，一种是大量人口流出的空心村，另一种是大量外来人口聚集的城乡接合部倒挂村。新时代的乡村治理必须突破乡村产权的封闭性和社区管理的封闭性这个双重封闭格局，实行开放式的民主治理。在传统的城乡二元户籍制度被废止后，要加快推进城乡融合发展，构建乡村社区公共事务由社区全体居民共同平等参与的新格局。

3. 公共服务供给要补齐开放。乡村基础设施和基本公共服务的短缺，是城乡发展不平衡、农村发展不充分的最突出问题之一。加大农村基础设施建设投入，加快建立健全城乡均等、城乡一体的基本公共服务体系，是国家的基本职责所系，是各级政府的责任所在。各级政府应当将热火朝天强拆老百姓房子的干劲，转移到一心一意为老百姓提供基本公共服务的正道上来。要尽快使城乡居民享有大致均等而可及的基本公共服务。要实现基本公共服务的全国统筹、自由接续转移和开放享有，确保城乡居民的社会保障随着人口走，实现农民进城有社保，市民进村同样享有社保。

四、乡村治理重在保障"三权"

新时代的乡村治理，要将中华优秀传统文化与现代政治文明理念有机结合起来，关键是要加强民主法治建设，维护社会公平正义，核心是尊重、保障和实现公民权利，具体来说就是要维护和发展农民的人权、产权、治权。

1. 维护和发展农民的人权。就是要尊重、保障和实现农民的各项基本权利和自由尊严。党的十九大报告提出："维护国家法制统一、尊严、权威，加强人权法治保障，保证人民依法享有广泛权利和自由"，要"保护人民人身权、财产权、人格权"。我国宪法以及国际人权宪章（包括《世界人权宣言》《经济、社会、文化权利国际公约》《公民权利和政治权利国际公约》及两个公约任择决议书）对基本人权都作了明确规定。我国宪法已明确规定尊重和保障人权。农民应当享有的基本权利和自由的内容十分丰富，包括平等权、自由迁徙权、受教育权、健康权、社会保障权、生育权、环境权等基本人权，都应得到尊重和保障。特别是各级领导干部，要切实增强人权观念和法治意识，要真正把人权观念和法治意识融入到日常的治理之中去。在乡村治理中，如果缺乏对农民基本人权的尊重和保障，就不可能实现真正的乡村善治。

2. 维护和发展农民的产权。就是要赋予和保障农民享有更加充分而完整的财产权利。赋予和保护村民的产权，是新时代"三农"工作的重要任务，是保障人民对美好生活需要的基础工程，也是乡村治理的重要目的。农民的财产权利可区分为集体财产权利和个人财产权利，主要包括承包地权利、宅基地和住房权利、集体资产权利以及其他财产权利。农村集体产权具有归属不清、权责不明、流转不畅、保护不严等问题，这是导致乡村衰败、制约乡村有效治理的重要产权因素。实施乡村振兴战略，提高乡村治理水平，必须全面深化农村集体产权制度改革，发展农民财产权利，构建归属清晰、权能完整、保护严格、流转顺畅的农村集体产权制度，助推城乡融合发展，提升乡村治理水平。如果集体的产权不理顺、农民的产权得不到实现和保护，乡村的善治也就无从谈起。

3. 维护和发展农民的治权。就是要发展社会主义民主政治，健全现代国家民主治理规则，用制度体系保证农民当家作主。农民的治权就是农民参与公共事务治理的权利，这是现代国家公民的政治权利。现代国家的一个基本特点就是民众更广泛地参与公共生活的治理。人民当家作主是中国特色社会主义民主的本质与核心。党的十九大报告提出："我国社会主义民主是维护人民根本利益的最广泛、最真实、最管用的民主。发展社会主义民主政治，就是要体现人民意志、保障人民权益、激发人民创造活力，用制度体系保证人民当家作主。"坚持人民当家作主，就是要保障和实现人民对国家事务、社会事务、经济和文化事业的管理和治理。农民的治权有两个基本方面：一是参与国家和社会层面各项公共事务的治理；二是参与社区层面各项公共事务的治理。农民的治权，应当随着经济、政治、社会、文化、生态建设的发展而发展。如果农民不能有效地参与乡村治理，不能成为乡村治理的主体，那么，乡村治理就不可能实现善治。

五、乡村治理须重塑三种环境

新时代的乡村治理，需要重塑三种环境。没有良好的乡村政治、文化、生态环境，就没有良好的乡村治理。

1.重塑乡村政治环境。改革以前的全能主义以及改革以来的权贵资本主义，对乡村正常的政治环境造成了历史性的巨大破坏。乡村腐败、官商勾结、村霸横行等问题，严重破坏了乡村政治生态。没有良好的乡村政治生态，就不可能有良好的乡村治理。习近平总书记强调要构建风清气正的政治生态，这对于乡村同样适应。净化乡村政治生态，重塑乡村政治环境，关键是要将全面从严治党与全面依法治国向农村基层延伸和全覆盖，既强力反腐败，又强力反侵权，依法打击歪风邪气，着力张扬社会正气。切实加强现代公民教育，保障公民权利，提高乡村现代政治文明程度。

2.重塑乡村文化环境。破坏一个旧世界容易，而建设一个新世界难。1949年以来，我国传统乡村文化遭到了破坏。缺乏文化支撑的乡村，也就失去了人文情怀和精神家园。重塑乡村文化环境，必须将模糊了的是非观念改变过来，使人能够明是非；将颠倒了的善恶标准颠倒过来，使人能够知善恶。振兴乡村，必须振兴乡村文化。重塑乡村文化环境，必须将中华优秀传统文化与现代世界的共同价值结合起来。几千年来，中国乡村有历史悠久的自治传统和自治文化，有深入人心的以儒家文化为代表的道德传统和道德文化。必须大力弘扬中华优秀传统文化，同时大力吸收和借鉴人类文明的共同成果，使我国优秀的自治、德治传统与现代文明中的民主、法治价值实现有机结合，从而建设新型的中华乡村文化，开创新型的中华乡村文明。

3.重塑乡村生态环境。人是自然生态环境的产物，破坏了自然生态环境，也就破坏了人类生存的家园。工业化对自然生态环境的破坏是史无前例的。改革以来，我国虽然取得了历史性的物质成就，但也造成了空前的生态环境破坏。农村的空气污染、水污染、土壤污染、农业污染、农产品和食品污染等触目惊心，放眼望去，山头几乎都是光秃秃的。自古以来蓝天白云、山清水秀、鸟语花香、生态有机的美丽乡村，在我们这一两代人中却遭到了巨大的破坏。在新时代，我们必须超越传统的工业文明，坚持绿色发展，走生态文明之路。重塑乡村生态环境，必须改变掠夺自然资源、浪费自然资源、破坏自然资源的生产方式和生活方式，坚决做到像保护眼睛一样保护生态环境，像对待生命一样对待生态环境，坚决摒弃损害甚至破坏生态环境的发展模式，让中华大地天更蓝、山更绿、水更清、环境更优美。只有在健康、优美、宜居的自然生态环境中推进乡村治理，才能实现文明的永续发展。

六、乡村治理要创新"三治"方式和体系

党的十九大报告明确提出要健全自治、法治、德治相结合的乡村治理体系。2018年中央农村工作会议也提出要创新乡村治理体系，走乡村善治之路。现代乡村治理是政治文明的重要内容，要真正提升乡村治理水平，必须推进政治体制改革，发展社会主义民主政治，建设社会主义法治国家，创造社会主义政治文明。

1.要从发展地方自治的视野看待村民自治，大力加强地方自治立法。我国村民自治已经实行了30多年，应该说取得了不少成就，但也面临许多突出问题。比如村干部沦落为"村霸""小官巨贪"，村民自治异化为干部自治，难以真正做到民主决策、民主参

与、民主管理、民主监督。经过30多年的实践，应当对村民自治进行认真总结和提升，实现自治的新跨越。关键是要从地方自治上看待村民自治，既要推进村民自治下沉，又要提高自治的层级与水平。应当在国家宪制层面明确中央和地方的关系，建立完善地方自治制度，从顶层设计上制定《地方自治法》，在县、乡镇和村三级实行自治制度。要明确规定地方各级的自治事务范围，处理好官治与自治、党权与自治、经济建设与社区自治的关系。要积极发展综合农协组织和各种乡村社会组织，激发广大农民和乡村社会活力，充分发挥农民和乡村社会组织在自治中的主体作用。村民自治不应是民政部门重视和推进的工作，而应是国家政治文明建设的伟大事业，必须提高政治站位，推进村民自治的制度化、规范化、程序化建设，使村民自治制度真正有效有序运转起来，切实保障村民依法实行民主选举、民主协商、民主决策、民主管理、民主监督。

2. 要从建设法治中国的高度看待乡村法治，切实推进民主法治建设。在全面推进依法治国进程中，要从法治中国建设的战略高度，加强乡村民主法治建设，重点是要建立健全有利于实现乡村善治的法律法规体系，全面实现乡村治理的民主化、法治化。党的十九大报告明确提出，我国社会的主要矛盾已经转化为人民日益增长的美好生活需要和不平衡不充分发展之间的矛盾，并指出人民对美好生活的需要日益广泛，不仅对物质文化生活提出了更高要求，而且在民主、法治、公平、正义、安全、环境等方面的要求日益增长。为此，我想强调三个重点：第一，"三农"工作要改变过去单纯追求增加农民收入的倾向，要把加强乡村民主法治建设作为重中之重。要使广大农民在中国共产党领导下既过上富裕的物质生活，又享受现代的民主自由。这是共产党的初心和使命。第二，各级人大及其常委会要改变政府化的工作思维和方式，要围绕乡村的民主法治建设加强立法调研和立法工作，切实改变乡村民主法治制度供给短缺和滞后的局面。各级人大代表要发挥代表民意的真正作用。这方面的空间还非常大。第三，作为"关键少数"的各级领导干部，要真正带头树立人权观念和民主法治意识，特别要改变一些地方领导干部在抽象上高喊为人民服务，而在具象上却损害群众利益的现象；改变一些地方领导干部在宏观上拥护党的十九大精神和习近平新时代中国特色社会主义思想，而在微观上却违背党的十九大精神和习近平新时代中国特色社会主义思想的现象。比如，中央鲜明提出"以人民为中心的发展思想"，强调"把人民群众的小事当作自己的大事，从人民群众关心的事情做起，从让人民群众满意的事情做起"。但一些地方领导干部在学习十九大精神和习近平新时代中国特色社会主义思想上表现得积极高调，而在实际工作中又公然做出严重损害群众利益的事。这种口言善而身行恶的现象，需要深思和纠正。

3. 要从重建道德中国的目标看待乡村德治，不断提高道德文明水平。中国自古以来就是礼仪之邦，有以德治国的悠久传统。但是，现在却陷入了严重的道德危机。在新时代，要实现乡村的德治，必须走出道德危机，重建道德中国。第一，必须建设一个讲正气、守诚信、重品德的政府。政府的品德决定和影响社会的道德风尚。孔子说："政者，正也。子帅以正，孰敢不正。"社会道德的沦丧，许多时候是对社会道德的破坏造成的。比如，一些地方政府热衷于强拆老百姓的住房，使原本安居乐业的老百姓陷入无家可归的悲惨境地。此外，一些地方政府的朝令夕改、不讲诚信、掩盖真相、惩善扬恶、腐败滥权等行为，都是造成社会道德沦丧的重要原因。第二，必须建设一支讲道德的领导干部队伍，营造有道德的社会精英群体。孔子说："君子之德风，小人之德草，草上之风必偃。"各级党员领导干部以及社会其他精英群体的道德水准高低，直接影响整个社会风气的好坏。上梁不正下梁歪，如果一个社会的精英群体都腐化堕落了，我们就不要指望社会道德好转了。1978 年美国国会通过《美国政府道德法》，对政府官员的职业道德进行法律规范。我国也有必要制定相关的道德法律，对各级领导干部的道德进行规范，从加强官德建设入手，带动民德的改善。第三，必须建设一批致力于社会道德建设的社会组织和乡贤君子。要建设一个道德中国和道德乡村，单靠政府是不行的，必须激活社会的力量，大力发展致力于社会道德建设的各种社会组织，大力造就一批新乡贤、新君子。政府要还权于社会，实行政社分开，让社会在法治的环境中自主成长，使社会充满正气与活力。

现在我们国家肩负着解决中国文明进步的三大问题：一是要解决计划经济体制所形成的老问题，二是要解决市场化改革以来产生的新问题，三是要解决中国向现代民主法治国家转型的大问题。这三大问题的解决，不仅将使乡村走向善治，也必将使整个国家实现善治。

从三个层面看乡村善治 *

推进乡村治理现代化，实现乡村善治，是实施乡村振兴战略的重大任务，是解决"三农"问题的根本要求，是提升乡村政治文明建设水平和社会文明进步程度的重要标志，也是维护乡村社会公平正义、保障乡村居民自由幸福的内在需要。

实现乡村善治，在国家层面，就是要坚持党的领导、人民当家作主和依法治国的有机统一，全面深化包括政治体制在内的各方面的体制改革，加快建设现代民主法治国家，保障公民基本权利，维护社会公平正义。民主法治是现代国家治理现代化的基本特征，保障公民权利是现代国家的基本职能，维护社会公平正义是现代国家的基本底线。如果国家的治理缺乏民主、不讲法治、漠视权利、背离公正，那么乡村也就不可能有善治。

实现乡村善治，在城乡关系层面，就是要全面破除城乡二元体制，加快构建城乡融合的体制机制和政策体系，推进城乡一体化，形成以工促农、以城带乡、工农互惠、城乡一体的新型工农城乡关系。新型城乡关系的核心是建立健全城乡完全统一、平等、开放的制度体系和治理框架，其中最为关键的改革任务是实现城乡要素的平等交换和双向自由流动。必须加快建立健全国城乡统一、平等、开放、可自由接转的基础教育、基本医疗、基本养老等公共服务体系，加快推进以市场化为取向的改革开放，发挥市场在资源配置中的决定性作用，尊重城乡居民的自由选择权利，农民既可以自主选择进城工作生活成为新市民，市民也可以自主

---

* 此文定稿时间为 2019 年 3 月。

选择下乡工作生活成为新村民。

实现乡村善治，在乡村层面，就是要建立健全党组织领导的自治、法治、德治相结合的乡村治理体系和体制机制。在治理理念上，特别要保障乡村居民的基本权利和自由尊严，促进人的自由而全面发展，激发乡村社会活力。为此，必须尊重、保障和实现乡村居民的三重基本权利，即作为共和国公民应当享有的公民权利、作为集体经济组织成员应当享有的成员权利、作为乡村社区居民应当享有的治理权利。在治理主体上，尤其要坚持主权在民的根本政治原则，发挥乡村居民在治理中的主体作用，保障乡村居民当家作主。在治理方式上，重点是确保党组织领导的自治、法治、德治相结合的乡村治理体系不能偏废，着力实现乡村治理的制度化、规范化、程序化、公开化。在治理文化上，关键是既要继承和弘扬中国乡村优秀传统文化，又要吸收和践行现代世界文明成果。如果割裂中国乡村优秀传统文化，那么乡村治理就会成为无本之木、无源之水；如果背离现代人类共同文明成果，那么乡村治理就会陷入习惯性的传统权力控制而不可能有超越性的现代乡村善治。

乡村与城镇功能不同，乡村治理也不同于城镇治理，但现代社会治理也有基本的共性。乡村治理既要体现乡村自身的特点，也要遵循现代文明的准则。

乡村治理体系和治理能力现代化研究

乡村治理现代化既是国家治理现代化的重要内容，又是国家治理现代化的重要基础。推进乡村治理体系和治理能力现代化，就是要建立健全党委领导、政府负责、社会协同、公众参与、法治保障的现代乡村社会治理体制，不断健全党组织领导的自治、法治、德治相结合的乡村治理体系，形成现代化的乡村治理结构和体制机制，切实保障公民基本权利，维护社会公平正义，实现充满活力、和谐有序的乡村善治目标。

一、乡村、治理与现代化

推进乡村治理体系和治理能力现代化，需要我们认识乡村、理解治理、把握现代化。

（一）认识乡村

乡村是与城市相对而言的地理空间概念，一般是指从事农业生产的地方。曾在中国生活近 50 年的美国传教士明恩溥在描述中国乡村社会时指出："中国乡村是自然而然形成的，没有人晓得，也没有人去理会它的前因后果。在那遥远的、无法确定的、朦朦胧胧的过去，有几户人家从其他地方来到这儿安营扎寨，于是乎，他们就成了所谓的'本地居民'，这就是乡村。"[①] 传统乡村与现代

[①] [美] 明恩溥：《中国乡村生活》，陈午晴、唐军译，中华书局 2006 年版，第 7 页。

城市的自然景观、经济形态、人口集聚、生活方式等有明显不同。城市是在乡村的基础上孕育和发展起来的。乡村是城市之母,城市是乡村之子,乡村培育和支撑了城市的发展繁荣。

在漫长的历史演进中,中华文明主要体现在乡村文明上。乡村是中华文明的基本载体,乡村文明构成了中华文明的主要内容。传统中国就是费孝通所说的"乡土中国"。费孝通认为,传统乡土社会是一个"生活很安定的社会",乡土社会是"安土重迁的,生于斯、长于斯、死于斯的社会"[1]。在一个乡土社会中"生活的人所需记忆的范围和生活在现代都市的人是不同的"[2]。乡村与城市虽然存在明显不同,但也有相似之处。明恩溥就认为:"中国乡村差不多就是一个微型的城市,这不仅在于它们的内部结构相似,而且,在乡村的外部也有一个类似于城墙的围墙。"[3]

在现代化进程中,传统的中国乡村受到了前所未有的冲击与裂变。特别是1949年以后,经过革命性改造后的中国乡村,发生了历史性的巨大变化。在政治上,国民党反动统治被人民民主专政取代;在经济上,计划经济体制取代了传统中国的市场经济体制;在土地制度上,以私有制为主体的传统乡村多元土地所有制被废除,土地集体所有制得到全面确立;在社会上,传统乡村的多元社会被共产党的一元化社会改变;在思想文化上,儒家文化被马列主义及其中国化的成果取代;在乡村治理上,传统的皇权统治下的乡绅自治被颠覆,共产党全面控制和管理乡村社会;在城乡关系中,传统的基于市场和自然发展的城乡关系被人为构建的城乡二元体制隔绝。

1978年以后,经过市场化改革后的中国乡村,再次发生了结

---

[1] 费孝通:《乡土中国 生育制度》,北京大学出版社1998年版,第51页。
[2] 费孝通:《乡土中国 生育制度》,北京大学出版社1998年版,第21页。
[3] [美]明恩溥:《中国乡村生活》,陈午晴、唐军译,中华书局2006年版,第7页。

构性的巨大变化。党的领导虽然始终得到坚持和强化，但党的领导方式却发生了重要变化，依法治国得到了确立；集体所有制虽然始终得到坚持和维护，但集体所有制的实现形式得到了拓展，集体产权制度改革不断推进；马克思主义意识形态虽然始终得到坚持和巩固，但以革命为特征的意识形态不断转向以改革为特征的意识形态；以人民公社为载体的乡村治理体制则被乡镇政权体制与村民自治体制取代；城乡二元结构虽然没有得到根本性的消除，但破除城乡二元体制、推进城乡一体化已成为公共政策的基本取向，城乡融合的体制机制和政策体系正在不断构建之中。

长期以来，由于多种因素的影响，我国比较普遍地存在重工业轻农业、重城市轻农村、重市民轻农民的思想观念、公共政策和体制安排等倾向，致使农业、农村和农民的"三农"问题成为中国现代化进程中的重大问题。2017年党的十九大正式提出实施乡村振兴战略，着力补齐农业、农村、农民发展的短板，以图实现农业全面升级、农村全面进步、农民全面发展。实现乡村振兴目标，推进乡村善治，必须重新认识乡村的价值和功能。乡村具有城市不可比拟的农业生产价值、人们生活价值、万物生命价值、自然生态价值、乡土文化价值、休闲旅游价值等多重价值和功能。[1]正如《乡村振兴战略规划（2018—2022年）》中指出的："乡村是具有自然、社会、经济特征的地域综合体，兼具生产、生活、生态、文化等多重功能，与城镇互促互进、共生共存，共同构成人类活动的主要空间。乡村兴则国家兴，乡村衰则国家衰。"[2]

（二）理解治理

治理是对公共事务进行控制、引导、整治、调理以及提供公

---

[1] 参见张英洪：《重新认识乡村的价值》，《中国乡村发现》2015年第2期。
[2]《中共中央、国务院印发〈乡村振兴战略规则（2018—2022年）〉》，《农民日报》2018年9月27日。

共服务的过程与活动。1995年全球治理委员会界定"治理"的含义是"各种公共的或私人的个人和机构管理其共同事务的诸多方式的总和"①。有人误认为治理的概念来自西方，其实在中国古代就已经使用"治理"一词，比如《荀子·君道》中就说："明分职，序事业，材技官能，莫不治理，则公道达而私门塞矣，公义明而私事息矣。"②不过，将"治理"纳入社会科学研究并形成新的治理理论框架的则是20世纪80年代末、90年代初以来的世界银行、联合国有关机构等国际组织。③但我们不能简单地将国际组织提出的概念或理论等同于西方提出的概念和理论。当然，不可否认的是，受雇于国际组织的西方学者或其他西方政治学家和经济学家比中国学者更早更多地从社会科学上研究了治理理论，并赋予"治理"以新的丰富内涵。④2013年11月党的十八届三中全会提出"治理体系和治理能力现代化"之后，"治理"便成为中国学界关注和研究的重要课题。

"治理"概念的兴起与盛行，是因为时代的发展，使其被赋予了与"统治""管理"不同的含义。据有关学者研究，治理与统治的区别主要有五个方面：一是权威主体不同。统治的主体是单一的，就是政府或其他公共权力机构；治理的主体是多元的，除了政府以外，还包括企业组织、社会组织、居民自治组织等。二是权威的性质不同。统治是强制性的；治理可以是强制性的，但更多的是协商性的。三是权威的来源不同。统治的权威来源就是强制性的国家法律；治理的来源除了法律以外，还包括各种非强制的契约。四是权力运行的向度不同。统治的权力运行是自上而下的；治理的权力可以是自上而下的，但更多是平行的。五是两者

---

① 俞可平主编：《治理与善治》，社会科学文献出版社2000年版，第4页。
② 《荀子》，方勇、相波译注，中华书局2011年版，第199页。
③ 参见俞可平主编：《治理与善治》，社会科学文献出版社2000年版，第1页。
④ 参见俞可平主编：《论国家治理现代化》修订版，社会科学文献出版社2015年版，第20页。

的作用所及的范围不同。统治所及的范围以政府权力所及领域为边界;治理所及的范围则以公共领域为边界,比统治的范围要宽广。①

治理与管理的区别主要有三个方面:一是主体不同。管理的主体是政府,治理的主体除了政府之外还包括社会组织和个人。政府不再只是治理的主体,也是治理的对象;社会不再只是治理的对象,也是治理的主体。二是权源不同。政府的管理权来自权力机关的授权,治理权中的相当一部分由人民直接行使,如自治、共治。三是运作不同。管理的运作模式是单向的、强制的、刚性的,管理行为的合法性常受到质疑,其有效性常难保证;治理的运作模式是复合的、合作的、包容的,治理行为的合理性受到更多重视,其有效性大大增强。②

当我们理解了治理概念的产生及其含义后,特别要注意避免"穿新鞋走老路"。当我们使用"治理"一词时,不只是使用了一个新的概念,而必须在思想观念、价值取向、制度安排、行为方式等方面作出相应的改变,以实现"治理"对"统治"和"管理"的有效弥补与功能超越。

(三)把握现代化

现代化是近代以来中国实现民族复兴的一个核心概念。追求现代化,已成为中华民族的历史使命;实现现代化则是中国从传统社会走向现代社会的一个核心诉求。

现代化研究学者罗荣渠认为,狭义上的现代化是指落后国家迅速赶上先进工业国和适应现代世界环境的过程;广义上的现代化是指人类社会从工业革命以来所经历的一场急剧变革,它以工

---

① 参见俞可平等:《中国的治理变迁(1978—2018)》,社会科学文献出版社2018年版,第3页。
② 参见江必新:《推进国家治理体系和治理能力现代化》,《光明日报》2013年11月15日。

业化为推动力，导致从传统的农业社会向现代的工业社会的全球性的大转变，它使工业主义渗透到经济、政治、文化、思想各个领域，引起深刻的相应变化。①

另一位现代化研究学者何传启认为，现代化是指18世纪工业革命以来人类社会所发生的深刻变化，包括从传统社会向现代社会、传统经济向现代经济、传统政治向现代政治、传统文明向现代文明等各个方面的转变。从18世纪到21世纪末的现代化过程包括第一次现代化和第二次现代化两个阶段。第一次现代化是指从农业社会向工业社会、农业经济向工业经济、农业文明向工业文明的转变过程及其深刻变化。在第一次现代化过程中，经济发展是第一位的。第二次现代化是指从工业社会向知识社会、工业经济向知识经济、工业文明向知识文明的转变过程及其深刻变化。在第二次现代化过程中，生活质量是第一位的。②现代化进程使人类在创造出空前的物质财富的同时，也引发了一系列现代性问题，后现代主义的思想流派对现代性的反思和批判也随之产生和发展。③

一般认为，中国从19世纪中叶开始了现代化进程。④100多年来，中国现代化进程饱经曲折。⑤1964年12月，周恩来在三届全国人大一次会议上的《政府工作报告》中提出："全面实现农业、工业、国防和科学技术的现代化，使我国经济走在世界的前

---

① 参见罗荣渠：《现代化新论——世界与中国的现代化进程》增订版，商务印书馆2004年版，第17页。
② 参见何传启：《东方复兴：现代化的三条道路》，商务印书馆2003年版，第7—8页。
③ 参见陈嘉明：《现代性与后现代性十五讲》，北京大学出版社2006年版。
④ 参见中国现代化战略研究课题组、中国科学院中国现代化研究中心：《中国现代化报告2010：世界现代化概览》，北京大学出版社2010年版，第175页。另参见虞和平主编：《中国现代化历程》第一至三卷，江苏人民出版社2001年版。
⑤ 参见虞和平主编：《中国现代化历程》第一至三卷，江苏人民出版社2001年版。

列。"①1978年改革开放以后，邓小平逐步提出我国现代化建设"三步走"发展战略。1987年党的十三大进一步明确了"三步走"战略部署，第一步实现国民生产总值比1980年翻一番，解决人民的温饱问题；第二步到20世纪末使国民生产总值再翻一番，人民生活达到小康水平；第三步到21世纪中叶，人均国民生产总值达到中等发达国家水平，基本实现现代化。②历经党的十四大、十五大、十六大、十七大、十八大，2017年10月党的十九大提出在2020年全面建成小康社会的基础上，到2035年基本实现现代化，到21世纪中叶把我国建成富强民主文明和谐美丽的社会主义现代化强国。③

几十年来，中国实现现代化的一条主线就是强烈地推动经济的现代化，努力实现国家富强的发展目标。到2010年，中国国民生产总值超过日本，成为世界第二大经济体。党的十九大提出，中国特色社会主义进入新时代，我国社会主要矛盾已经转化为人民日益增长的美好生活需要和不平衡不充分的发展之间的矛盾。人民美好生活需要日益广泛，不仅对物质文化生活提出了更高要求，而且在民主、法治、公平、正义、安全、环境等方面的要求日益增长。④2013年10月党的十八届三中全会通过的《关于全面深化改革若干重大问题的决定》首次提出："全面深化改革的总目标是完善和发展中国特色社会主义制度，推进国家治理体系和治理能力现代化。"⑤治理现代化的提出，大大拓展了我国现代化的视

---

① 《周恩来选集》下卷，人民出版社1984年版，第439页。
② 《邓小平文选》第三卷，人民出版社1993年版，第226页。
③ 《中国共产党第十九次全国代表大会文件汇编》，人民出版社2017年版，第22—23页。
④ 《中国共产党第十九次全国代表大会文件汇编》，人民出版社2017年版，第9页。
⑤ 《中共中央关于全面深化改革若干重大问题的决定》，人民出版社2013年版，第3页。

野和领域,丰富了现代化的内涵。

俞可平教授认为,衡量一个国家治理体系是否现代化的标准主要有五个方面:一是公共权力运行的制度化和规范化;二是民主化,公共治理和制度安排体现人民当家作主;三是法治,宪法和法律成为公共治理的最高权威,在法律面前人人平等,任何组织和个人都没有超越宪法和法律的权力;四是效率,治理体系能有效维护社会公共秩序,有利于提高行政效率和经济社会效益;五是协调,纵向层面和横向层面的各种制度安排有机统一、相互协调。民主是现代国家治理体系的本质特征,是区别于传统国家治理体系的根本所在。[1]

乡村治理体系和治理能力现代化是国家治理体系和治理能力现代化的重要组成部分,也是国家治理体系和治理能力现代化的重要基础。乡村治理体系是在党的领导下国家管理乡村社会以及乡村社会自我管理的制度体系,包括经济、政治、文化、社会、生态文明和党的建设等各领域体制机制、法律法规、乡规民约、道德风尚等软硬件制度安排;乡村治理能力是运用国家制度、乡规民约、道德风尚管理乡村社会各方面事务的能力以及乡村社会自我管理的能力。乡村治理体系和治理能力现代化,就是要通过实现乡村治理的制度化、规范化、程序化,保障人民当家作主、维护社会公平正义、激发社会创造活力、保持社会和谐安定,实现乡村善治。

二、我国乡村治理的历程、方式及特点

我国是一个历史悠久的伟大国家,在漫长的历史演进中,中华民族创造出了伟大的中华文明。中华文明本质上是立足于农业

---

[1] 参见俞可平等:《中国的治理变迁(1978—2018)》,社会科学文献出版社2018年版,第5—6页。

和农村的农耕文明。几千年来，我国乡村社会的治理构成了中华文明的重要内容。在不同的历史时期，中国乡村实行什么样的治理方式，取决于乡村社会生产力的发展水平和乡村社会结构状况。我国历史悠久，各个时期的治理方式都有所不同，即使在同一朝代，乡村治理也有不同的特点。但限于篇幅，为简约起见，我们从传统中国乡村社会、计划经济时期、改革开放以来三个有代表性的历史时期，简要回顾与分析乡村社会治理的方式和特点。

（一）传统中国乡村治理的方式与特点

几千年的中国传统社会，形成了具有中国历史文化特点的乡村社会结构和乡村文明，产生了与此相适应的乡村治理方式及其特点。

1.传统中国乡村社会结构的基本特征。在经济上，我国传统社会不同时期的经济发展状况和水平有所不同，但总体上属于典型的小农经济，即私有制基础上的小农经济。在南方乡村，呈现出一家一户、男耕女织、自给自足的经济发展格局；在北方乡村，"三十亩地一头牛，老婆孩子热炕头"是农民幸福生活的真实写照。在政治上，自秦始皇到清朝末代皇帝，我国实行长达2000多年的君主专制统治，"普天之下，莫非王土，率土之滨，莫非王臣"。国家权力对土地财产和人身具有终极控制权。在社会上，我国形成了以血缘为纽带、以家族为本位的宗法社会，这是传统中国乡村社会组织的基本法则，是乡村社会的基础和主体。在文化上，自汉武帝"罢黜百家、独尊儒术"至清末民初，以儒家为主流意识形态的儒家文化成为中华文化的主体形态。

2.传统乡村社会治理模式的基本特征。对于我国传统乡村社会的治理模式，费孝通提出"双轨政治说"，认为中国传统政治结构中存在自上而下的政治轨道和自下而上的政治轨道两个轨道，实行中央集权和地方自治并存。①秦晖将我国传统乡村社会的治理模式概括为"皇权不下县、县下惟宗族、宗族皆自治、自治靠伦理、伦理造乡绅"的治理模式。②简单地说，传统中国乡村社会的治理模式就是皇权统治下的乡绅自治模式。几千年的传统中国乡村社会的基层治理制度有乡里制度和保甲制度等主要形态。乡里制度起源于夏商周三代，成熟于秦汉时期，延续于整个中国传统乡村社会，是传统中国县以下的乡村基层行政管理制度，它融宗法性与行政性于一体，具有不同于中央权威的地方性权威。保甲制度从宋代开始实行并延续至民国时期，以"户"（家庭）为基本单位而不同于西方以个人为单位进行社会控制的基层社会管理制度。③

3. 传统中国乡村社会治理的优势与问题。传统中国乡村社会治理是建立在我国农业文明基础上，服从皇权统治需要而针对乡村熟人社会的控制和管理。传统中国乡村社会治理形成了至少两大重要的乡村社会治理资源：一是悠久的乡村自治传统，二是突出的道德教化功能。就是说，传统中国之所以创造出伟大的中华文明，其在乡村社会治理中所形成的自治和德治资源，具有重要的参考价值和借鉴意义。但是，传统中国乡村社会治理是建立在主权在君而不是主权在民的政治合法性基础之上的，国家对乡村

---

① 参见费孝通：《乡土中国》，上海人民出版社2007年版，第275—293页。另见费孝通：《中国绅士》，惠海鸣译，中国社会科学出版社2000年版，第46—56页。
② 参见秦晖：《传统中华帝国的乡村基层控制：汉唐间的乡村组织》，《中国乡村研究》2003年第1期。也有学者对秦晖的这个概括提出质疑，认为这种固定的概括忽视了几千年来中国传统社会复杂的社会形态。另参见胡恒：《皇权不下县？——清代县辖政区与基层社会治理》，北京师范大学出版社2015年版。
③ 参见祁勇、赵德兴：《中国乡村治理模式研究》，山东人民出版社2014年版，第22—35页。

社会的管理重在对村民的控制。[①]乡村自治只是乡村精英即乡绅的自治而不是包括普通村民在内的全体村民的自治。同时，传统中国乡村社会治理是在农业社会人口流动相对稳定中的封闭性治理。

（二）计划经济时期乡村治理的方式与特征

1949年共产党执掌全国政权后照搬苏联模式，逐步建立了以马列主义为国家意识形态、以公有制为基础、以高度集中的计划经济体制为特征的全新的国家形态和治理结构。特别是在人民公社时期，我国乡村社会的治理相应发生了空前的历史性的巨大变化。

1. 计划经济时期乡村社会结构的基本特征。在经济上，我国以苏联模式为蓝本，以国家权力为后盾，消灭了土地私有制，建立了土地公有制即国有制和农村集体所有制。1950年代通过"三大改造"，我国农村进入了以土地集体所有制为基础的农业集体化时代，并在此基础上推进国家的工业化进程，党强力主导推动国家由农业国向工业国的转变。在政治上，建立了共产党领导下的人民民主专政的社会主义国家政权。在社会上，传统的宗法社会被共产党建立的政治社会取代，党组织以及党领导下的其他群团组织覆盖乡村社会每个角落，每个村都建立了党支部，党支部成为乡村社会的战斗堡垒，其他传统的乡村社会组织被消灭或自动消失。在文化上，确立了以马克思列宁主义、毛泽东思想为指导思想的国家意识形态，传统中国文化遭到空前的批判与破坏。

2. 计划经济时期乡村社会治理模式的基本特征。计划经济时期特别是人民公社时期，我国乡村社会的治理模式，大致可以概括为"党的领导、公社体制、干部管理、群众运动"的治理模式，就是党领导下的人民公社模式。在计划经济时期，我国乡村

[①] 参见萧公权：《中国乡村——19世纪的帝国控制》，张皓、张升译，九州出版社2018年版。

治理体制由四个基本的体制构成：一是党领导一切的体制。党是所有乡村社会组织的领导核心和权威中心。二是集体所有制。整个乡村消灭了私有制，全面建立了集体所有制。三是城乡二元体制。城乡之间建立了以户籍制度为核心的"一国两制、城乡分治"的二元社会治理体制。四是人民公社体制。与城市社会的单位制不一样，乡村社会实行"政社合一""一大二公""一平二调"的人民公社体制，村民成为人民公社中的社员，统一参加集体劳动，实行集体分配。

3. 计划经济时期乡村社会治理的优势与问题。计划经济时期我国乡村社会治理是建立在党的领导和公有制基础上、实现国家工业化目标、国家权力全面控制社会的治理结构。计划经济时期乡村社会治理形成了三大重要的治理资源：一是空前强大的党的领导，二是集中力量办大事的集体组织力量，三是人民当家作主的根本政治原则。计划经济时期我国的乡村社会治理存在突出问题，主要是通过建立高度集中的计划经济体制、高度集权的政治体制、高度垄断的意识形态体制，全面消灭市场和取缔社会，形成了国家权力控制一切的社会结构，从而严重束缚了人们的思想和行动自由，窒息了社会的创造活力，阻碍了社会生产力的发展，使国民经济陷于崩溃的边缘。指导思想上长期的极左路线、人民公社僵化的管理体制和连续不断的群众运动式治理，空前强化了人治色彩，使民主和法治建设严重缺位。

（三）改革开放以来乡村治理的方式与特征

1978年开始的改革开放，使我国逐步告别计划经济体制，进入建立健全社会主义市场经济体制的新时期。40年多来，我国乡村社会的治理结构也发生了新的历史性变化。

1. 改革开放以来乡村社会结构的基本特征。在经济上，我国开始改革计划经济体制，明确提出建立健全社会主义市场经济体制，实现了从计划经济体制向市场经济体制的跨越。在农村实行以家庭承包经营为基础、统分结合的双层经营体制。在社会主义新农村建设的基础上，实施乡村振兴战略。在政治上，坚持党的领导、人民当家作主、依法治国的有机统一。在社会上，允许和规范各种经济组织和社会组织依法登记和发展，在党的领导和法律框架内，乡村社会民间组织得到了快速发展。在文化上，坚持马克思列宁主义、毛泽东思想、邓小平理论、"三个代表"重要思想、科学发展观、习近平新时代中国特色社会主义思想在意识形态领域的指导地位，同时提出继承和弘扬中华优秀传统文化，吸收和借鉴当今世界人类文明的共同成果。

2. 改革开放以来乡村社会治理模式的基本特征。改革开放以来我国乡村社会的治理模式，大致可以概括为"党的领导、依法治国、乡政村治、基层民主"的治理模式，就是党领导下的乡政村治模式。改革开放以来，我国乡村治理体制取得了许多新的突破和发展，主要体现在四个方面：一是废除了人民公社体制，建立了乡政村治体制。1983年废除人民公社体制后，在全国乡镇一级建立政府，在村一级实行村民自治。二是实行家庭承包责任制和农村集体产权制度改革，探索集体所有制的实现形式。三是破除城乡二元结构，推进城乡一体化，实现城乡融合发展。四是坚持党的领导、人民当家作主、依法治国有机统一，健全自治、法治、德治相结合的乡村治理体系。

3. 改革开放以来乡村社会治理的优势与问题。改革开放以来，我国民主和法制建设得到发展，乡村治理开创了新的局面。一是推行村民自治，发展基层民主。在广大农村实行直接的民主选举、民主协商、民主决策、民主管理、民主监督。现代民主理念和民主实践在广阔的乡村得到了培育和发展。二是加强农村普法教育，建设法治乡村。国家连续开展普法教育，已开展了第七个五年普法工作，不断加强涉农立法工作，完善农村法治体系。三是加强农村基层党组织建设，推进全面从严治党向农村基层延伸。四是传承和弘扬中华优秀传统文化，吸收和借鉴传统乡村治理资源。

改革开放以来我国乡村社会治理存在的突出问题，主要是城乡二元体制没有得到根本性的破除；集体产权的社区性、封闭性与工业化、城镇化、市场化的矛盾没有得到有效解决；权力没有被关进制度的笼子里，权力滥用、权力寻租、权力不作为比较突出；市场化改革产生的唯利是图、诚信缺失、道德沦丧、食品药品安全、贫富差距、生态环境破坏等负面影响没有得到有效的制度性解决，等等。

三、走向乡村善治需处理好几个关系[①]

乡村善治是指乡村的良好治理，即有效保障乡村居民基本权利和自由、维护社会公平正义、保持和谐有序与生机活力的乡村社会状态。[②] 乡村善治既是一种治理理念，也是一种治理过程、治理状态和治理目标。乡村治理在空间结构上，包含乡镇治理和村庄治理两个层级，乡镇一级设有我国最基层的政府，实行官治；村一级是国家权力延伸至社会最基层的权力末梢，实行自治。乡政村治是我国乡村治理的基本格局。乡村治理在概念内涵上，包括国家对乡村的治理即官治和村庄的自我治理即自治两种形态。推进乡村治理，既要跳出乡村治乡村，又要立足乡村理乡村。乡村处在整个国家和社会的制度结构与社会环境之中，乡村治理受到整个国家和社会的观念、体制、文化、环境等多种因素的重大制约和严重影响，乡村并不能够置身于国家治理之外而独善其身。当前，我国乡村治理最需要的是"少一点控制、多一点善治"。走

[①] 此部分内容是2018年12月29日在中国社会科学院农村发展研究所主办的乡村善治与治理体系创新学术研讨会上所发表的讲话内容整理。

[②] 俞可平认为善治是公共利益最大化的治理过程和治理活动。参见俞可平：《走向善治》，中国文史出版社2016年版，第75页。另参见张英洪：《乡村治理要强化维护发展农民基本权利》，《农民日报》2014年8月6日。

向乡村善治,需要处理好以下几个关系。

（一）处理好城与乡的关系

从乡村治理面临的静态空间上说,走向乡村善治,必须处理好城市与乡村的关系。乡村并不是孤立存在的生活空间,而是与城市并存相依的社会共同体。城市与乡村是人们置身于其中的两个性质不同而又紧密相连的地域空间和社会场所。与传统中国相对静止的乡村社会来说,当代中国的乡村治理受到城乡关系的严重影响。处理好城与乡的关系,核心是要实现城乡之间的地位平等、功能互补和对乡村价值的尊重与保护。

在相当长的时期里,我们在思想观念上,把工业优先于农业,使城市凌驾于乡村之上;把农业作为工业的贡献品,乡村作为城市的附庸者;认为工业文明先进于农业文明、城市文明优越于乡村文明;工业代表富裕和先进,农业代表贫穷与落后;城市代表着现代与文明,而乡村代表传统与野蛮。为了发展工业,就牺牲农业;为了建设城市,就牺牲乡村。在这种城乡不平等的思想观念指导下,我们采取了许多歧视乡村、忽视乡村、控制乡村、掠夺乡村的公共政策,构建了城乡不平等的二元体制结构。在城乡二元结构中,农民处于不平等、不公正的"二等公民"地位。

走向乡村善治,首先,必须正确认识和处理城乡关系,彻底破除城乡二元体制,构建平等的城乡关系,确保城乡居民在公民权利上的完全平等统一。其次,坚持城乡功能互补,各取所需,相得益彰,实现城乡融合发展。最后,必须尊重乡村发展的自然规律、内在逻辑和文化习俗,改变以城市的思维改造乡村、以城市的眼光建设乡村、以城市的意志破坏乡村的城市式自负与任性。乡村文明是中华文明的根和源,乡村价值是中华农耕文明的核心价值所在。在重新认识乡村价值的基础上,尊重乡村的自然发展规律,克服对乡村的建设性破坏,加强对农民住宅和传统村落的法律保护,特别是要严格禁止一些地方政府与大资本合谋强行驱赶乡村原居民而圈占古村古镇，大搞垄断式开发旅游的掠夺乡村现象和其他大拆大建现象。

（二）处理好城镇化与逆城镇化的关系

从乡村治理面临的发展变化上来说，走向乡村善治，必须处理好城镇化与逆城镇化的关系。乡村既不是孤立的存在，也不是静态的存在，而是与城镇化和逆城镇化进程密切相关的动态性存在。改革开放以来，城镇化和逆城镇化是对乡村冲击最大的时代潮流，深刻影响和挑战着乡村的治理，也推动着乡村治理的历史性转型。处理好城镇化与逆城镇化的关系，核心是要实现城乡制度的统一开放和城乡要素的双向自由流动。

城镇化就是乡村人口向城镇集聚的过程。与世界各国不同的是，我国的城镇化是在城乡二元体制没有根本破除的情况下推进的，就是说，是在城乡长期隔离的政策制度没有完全改变的情况下推进的。这就造成了我国特有的"城市病"和"农村病"。这种畸形的城镇化模式，使城乡两头都"生病"了。在城市出现的"城市病"，就是数以亿计的进城农民长期只能当农民工，不能正常融入城市成为新市民。我们的城市不仅不接纳农民融入并转变为新市民，而且不接纳其他城市的市民融入并转变为新市民，从而形成了我国蔚为大观的城市外来常住人口。在农村出现的"农村病"，就是出现了数以千万计的农村留守儿童、留守妇女、留守老人。这种城乡同时患上的"怪病"，其实质就是在城市化进程中没有相应改变城乡二元体制而产生的畸形的城镇化之病。

逆城镇化就是城镇化发展到一定阶段以后出现的城镇人口向城镇周边地区和乡村地区疏解的过程。在我国特大城市和超大城市，这种逆城镇化现象早已出现且表现得比较明显。中央提出的京津冀协同发展战略，就是着眼于解决北京的"特大城市病"，疏解北京的非首都功能，这是推进逆城镇化发展的典型。在城乡二元体制下，我国的逆城镇化也是一种畸形的社会现象。特别奇怪的是，一段时期以来，在城乡二元体制得不到有效革除的前提下，有的职能部门领导，竟然公开反对逆城镇化发展。农村人口向城镇流动的单向城镇化模式，造成了乡村的空前衰败和凋敝。城镇化、逆城镇化两个方面都要致力推动。城镇化、逆城镇化的健康发展，有利于实现乡村振兴，也有利于推进乡村治理创新。

推进健康的城镇化、逆城镇化，核心是要破除城乡二元结构，加快构建城乡融合发展的体制机制和政策体系，其核心是要革除城乡政策制度的封闭性和静止性，建立健全城乡要素自由流动和平等交换的制度体系，实现城乡基本公共服务的均等化和自由接转。在健康的城镇化、逆城镇化进程中，关键是国家要着力建设有利于尊重和实现城乡居民自由选择的现代国家统一的制度体系，农民既可以自主选择进城当市民，市民也可以自主选择进村当农民。

（三）处理好政府、市场、社会之间的关系

从乡村治理依托的主体领域上说，走向乡村善治，必须处理好政府、市场、社会的关系。乡村社会同样存在着政府、市场、社会三大领域，这三大领域之间保持相对平衡的关系，是推进乡村治理的基本依托，也是实现乡村善治的基本前提。处理好政府、市场、社会之间的关系，核心是要实现对公权力的驯服、对资本的节制、对人权的保障。

改革以前，我们建立了全能主义的政府，彻底消灭了市场、社会，由政府取代和包揽市场、社会。改革以来，市场得到了生长和发展，社会也得到了培育和成长。但政府、市场、社会的发展并不平衡，各自的发展也很不充分。在我国，长期以来，政府、市场、社会各自领域权责不明、职责不清，强政府、弱市场、弱社会的"一强二弱"基本格局没有改变，政府强一点、市场乱一点、社会弱一点的现象长期存在，政府、市场、社会彼此之间的关系失衡。政府独大，市场依附政府，社会屈从政府，政府可以比较随意地干预市场和社会活动，政府扭曲市场和社会的问题比较突出，政府与资本结盟压制社会的现象相当严重。政府权力膨胀，市场机制残缺，社会缺乏活力，这对乡村治理产生了直接的影响。

处理好政府、市场、社会之间的关系，需要实行政企分开、政社分开。政府的归政府，市场的归市场，社会的归社会，政府、市场、社会三者之间各得其所又相得益彰。同时，政府要立足于建设成为现代法治政府、服务型政府、廉洁政府；市场要朝着完善的市场经济体制方向发展，发挥市场在资源配置中的决定性作用，加快建立健全现代市场经济体制；社会要着眼于增强社会活力和自主性，赋予社会成员更多的组织资源，保障社会组织和社会成员的基本权益。要改变政府、市场、社会关系严重失衡的局面，构建一个政府强、市场和社会也强的新格局。

处理好政府、市场、社会之间的关系，尤其要正确认识和对待权力、资本、民众。在对待权力、资本、民众上，存在许多认识上的误区和实践上的偏差。[1] 在如何对待权力上，有三种基本的认识和态度：一是消灭权力的无政府主义，二是迷信权力的国家主义，三是驯服权力的法治主义。消灭和迷信权力，是两种极端的思想观念，在实践中会造成重大的社会悲剧。理性的选择就是驯服权力，将权力关进制度的笼子里，建设现代法治国家。在如何对待资本上，也有三种基本的认识和态度：一是消灭资本，二是崇拜资本，三是节制资本。消灭和崇拜资本也是两种极端的思想观念，在实践中同样会造成重大的社会悲剧。理性的选择就是节制资本，保护资本的合法权益，抑制资本的消极作用，建设法治的市场经济。在如何对待民众上，同样有三种基本的认识和态度：一是精英主义，把民众当臣民、贱民；二是民粹主义，崇拜

---

[1] 有关如何认识和对待权力、资本的观点，参见张英洪：《农民权利研究》全四册，中央编译出版社2014年版，第7—14页。

抽象整体的人民；三是把民众当公民。把民众当贱民和崇拜抽象整体的人民，是两种极端的思想观念，在实践中同样会造成重大的社会悲剧。理性的选择就是把民众当公民，树立和维护宪法权威，坚持依宪治国，尊重和保障公民权利，培育公民美德和公民责任。

在处理权力、资本、民众三者的关系中，既要防止权力与民众合流，彻底剥夺和消灭资本；也要防止权力与资本结盟，共同压榨和掠夺民众。在对待权力、资本、民众上，核心任务是驯服权力，将权力关进制度的笼子里。驯服权力、节制资本、保障人权，是我们建设现代国家、实现治理现代化最为艰巨的时代任务。

（四）处理好党的领导与自治、法治、德治的关系

从乡村治理实施的有效途径来说，走向乡村善治，必须处理好党的领导与自治、法治、德治的关系。党的十九大报告提出，要健全自治、法治、德治相结合的乡村治理体系。健全"三治"相结合的乡村治理体系，是实现乡村善治的有效途径。事实上，改革以来我国乡村治理的基本方式是"四治"模式，即党治、自治、法治、德治。党治是统领，自治、法治、德治是党治下的功能分殊与职责分工；或者说我国乡村治理的基本方式是在党领导下的自治、法治、德治。[①] 处理好党的领导与自治、法治、德治的关系，核心是要实现党的领导、人民当家作主、依法治国的有机统一。

党的十九大报告强调坚持党对一切工作的领导，党政军民学，

[①] 党的十九大提出健全自治、法治、德治相结合的乡村治理体系后，我们在相关研究中强调真实世界的乡村治理是党领导下的自治、法治、德治。2018年12月29日晚，新华社发布中央农村工作会议在京召开的新闻中明确提出要建立健全党组织领导的自治、法治、德治相结合的乡村治理体系。参见《中央农村工作会议在京召开 习近平对做好"三农"工作作出重要指示》，新华网2018年12月29日。

东西南北中，党是领导一切的。《中国共产党支部工作条例（试行）》进一步明确村党支部全面领导隶属于本村的各类组织和各项工作，领导村级治理。在农村基层工作中，至少有三个方面的重大变化，体现和突出了党的领导：一是在资金支持上，各级加大了对村级党建工作的投入。各级有关部门对村里党建工作投入都比较大。我们在北京顺义区高丽营镇一村调研时发现，上级投入建设的党建活动中心花费了180多万元。二是在人才支持上，北京开始设立党建助理员，以此取代此前的大学生村官。三是在村"两委"主要负责人上，北京明确要求在2018年底和2019年初的村"两委"选举中，村党支部书记兼村委会主任比例达到100%。2013年，北京村党支部书记兼村委会主任比例为65.7%。

我们在京郊全国民主法治示范村调研时发现，其共同点是村党支部书记领导有力，确保对村庄和村民的有效控制，维持了村民不上访、不闹事的稳定秩序，但村民大都是"沉默的大多数"。

在强化村庄党的领导、加强党建工作的同时，能否与时俱进地加强自治、法治、德治建设，不至于以党支部领导取代和淹没自治、淡化和冷落法治、空洞和虚化德治，是村庄治理需要认真思考和对待的问题。强调村党支部书记全面兼任村委会主任，可以增强村级权力的集中统一领导，但也有可能使村民的直接民主选举流于形式。

在传统中国乡村，所谓"皇权不下县，县下皆自治"，乡村有悠久的自治传统，但这种乡村自治也是皇权统治下的自治。不过，历朝历代并没有另外建立一套与官僚体系和自治体系并行且凌驾于其上的单独代表皇权的组织系统，并将之延伸到乡村底层社会进行主导性治理。

正确处理好党的领导与自治、法治、德治的关系，既要坚持党的领导，也要坚持自治为基、法治为本、德治为先，不断健全党组织领导下的自治、法治、德治相结合的乡村治理体制机制，核心是要坚持党的领导、人民当家作主、依法治国的有机统一。

在坚持党的领导中，我们尤其要克服以党的领导代替人民当家作主、以党的领导取代依法治国的认识误区和实践偏差。党的领导与自治、法治、德治之间关系的任何偏废和失衡，都会导致乡村治理的扭曲和治理异化。

（五）处理好国家、集体、农民的关系

从乡村治理维护的利益关系上说，走向乡村善治，必须处理好国家、集体、农民的关系。马克思指出："人们奋斗所争取的一切，都同他们的利益有关。"[1]他还说："'思想'一旦离开'利益'，就一定会使自己出丑。"[2]几十年来，处理好国家、集体、农民的关系，好像是一个老生常谈的话题。但事实上，这三者之间的关系并未得到真正的理清、理顺。处理好国家、集体、农民的关系，核心是要实现对农民基本权利的尊重和保障。

1978年11月，安徽小岗村农民选择"大包干"时，承诺"交够国家的、留足集体的、剩下都是自己的"，在保障国家、集体利益的基础上，为农民自己的生存利益开辟了道路，从而揭开了中国农村改革的序幕。2002年11月，党的十六大政治报告指出："共产党执政就是领导和支持人民当家作主，最广泛地动员和组织人民群众依法管理国家和社会事务，管理经济和文化事业，维护和实现人民群众的根本利益。"[3]

维护和实现人民群众的根本利益，不仅需要政治上的宣示，而且需要制度上的建设和行动上的落实。长期以来，国家、集体、农民三者之间的利益严重失衡，国家侵害集体利益和农民利益、集体侵害农民利益的现象屡见不鲜。这绝不是因为我们在政治上

---

[1]《马克思恩格斯全集》第一卷，人民出版社1956年版，第82页。
[2]《马克思恩格斯全集》第二卷，人民出版社1956年版，第103页。
[3] 江泽民：《全面建设小康社会 开创中国特色社会主义事业新局面——在中国共产党第十六次全国代表大会上的报告》，人民出版社2002年版，第31—32页。

缺乏对农民利益的重视，而在于制度建设和体制安排上的缺失以及实践中的弊端。

走向乡村善治，处理好国家、集体、农民的关系，必须明确农民的三重身份，保障和实现农民的三重权利。第一，农民作为国家公民，拥有公民身份，享有公民权；第二，农民作为集体经济组织成员，拥有社员身份，享有成员权；第三，农民作为村庄社区居民，拥有村民身份，享有村民权。这三重权利是交织在一起的，具体体现为人权、产权、治权三类权利。[①]

保障和实现农民的公民权，就是要全面依法治国，坚决落实宪法规定的公民的基本权利和自由；保障和实现农村集体经济组织的成员权，就是要全面深化农村集体产权制度改革，界定集体经济组织成员身份，落实农民的财产权利和民主参与权利；保障和实现农民（村民）村庄社区的村民权，就是要全面推进村民自治，落实农民（村民）对村庄社区公共事务的自治权以及民主选举、民主决策、民主管理、民主监督的权利，保障和实现农民（村民）当家作主。

（六）处理好传统文化与现代文明的关系

从乡村治理秉持的文明理念上说，走向乡村善治，必须处理好传统文化与现代文明的关系。离开中华优秀传统文化和现代人类共同的文明成果，就不可能有乡村的真正善治。处理好传统文化与现代文明的关系，核心是要实现中华优秀传统文化与现代人类文明有机结合，创造新的中华文明。

中华文明源远流长，博大精深。但是在现代化进程中，由于我们曾长期丧失了民族自尊和文化自信，自五四以来长达100年

---

① 参见张英洪:《公共品短缺、规则松弛与农民负担反弹——湖南省山脚下村调查》,《调研世界》2009年第7期。另参见张英洪:《抓住农村改革的三条主线》,《中国经济时报》2017年2月28日。另参见张英洪:《不断促进农民的全面发展》,《农民日报》2019年1月8日。

的反传统主义潮流，使我国优秀的传统文化像脏水一样被泼掉。

在乡村治理上，我国有丰富的资源值得挖掘与传承。一是悠久的乡村自治传统。在传统中国，国家官僚组织体系只设置到县一级，县以下的乡村实行乡绅自治。二是深厚的乡村德治资源。以儒家文化为主体的中华传统文化，具有鲜明的人文精神和道德感染力，并与农耕文化相结合，形成了独具魅力的乡村文化和乡村文明，为中国人提供了不可取代的精神家园。三是深入人心的天理王法观念。乡村正义，讲求合情合理合法，信奉天理王法。2017年1月，中共中央办公厅、国务院办公厅印发《关于实施中华优秀传统文化传承发展工程的意见》，强调传承和弘扬中华优秀传统文化，这具有重要的现实意义。但破坏文化易，建设文化难。对中华优秀传统文化，还必须根据时代发展的需要，与时俱进地实现创造性转化、创新性发展。

特别需要指出的是，我国传统文化中信奉的中庸之道，强调不偏不倚和正常的社会政治生态，这既是个人为人处世的人生之道，也是国家经世济民的治理之道。中庸之道的治理哲学，就是反对极左、极右两种极端化的激进治理观念和方式。信奉中庸之道，或许正是中华文明成为人类历史上唯一一个绵延5000多年至今未中断的灿烂文明的重要因素之一。中庸之道是我们推进乡村治理现代化、实现乡村善治应当充分吸取的宝贵治理思想资源。

在乡村治理上，应当充分吸收和借鉴人类社会形成的共同文明成果。走向乡村善治，必须吸收的人类现代文明成果相当丰富。就推进乡村善治来说，至少应当充分吸收和发展以下三个方面的文明成果：一是民主。民主就是人民当家作主，这是现代国家合法性的重要来源，也是社会主义核心价值观之一。让人民当家作主，是共产党执政的初心和使命。在中国特色社会主义新时代，必须真刀真枪地深化政治体制改革，大力发展社会主义民主政治，加强社会主义政治文明建设。20世纪80年代以来，我国将现代民主引入乡村社会，发展农村基层民主，实行村民自治制度，这是对现代民主理念的重要认可和践行。邓小平同志说："没有民主就没有社会主义，就没有社会主义的现代化。"[1]同样，没有民主就没有善治，就没有乡村治理的现代化。二是法治。亚里士多德在《政治学》中指出："法治应该包含两重含义：已成立的法律获得普遍的服从，而大家所服从的法律又应该本身是制定得良好的法律。"[2]法治是治国理政的基本方式，也是社会主义核心价值观之一。没有法治就没有善治，就没有乡村治理的现代化。践行法治，必须坚持宪法和法律的最高权威，坚持在法律面前人人平等，坚持立良法行善治。三是市场经济。市场经济是最具效率与活力的社会资源配置方式。市场经济被认为是"人类最伟大的创造，是人类进步最好的游戏规则"[3]。我国的市场化改革始于农村，但农村的市场化程度仍然不高，特别是土地等生产要素的行政化配置相当明显。完善社会主义市场经济体制，是我国改革开放的基本目标之一。建立健全社会主义市场经济体制，不仅是实现乡村善治的需要，也是实现中华民族伟大复兴的基础性制度保障。

近些年来，我国农村频频出现的一些侵害农民权益的怪现象，比如强拆农民住宅逼迫农民集中上楼运动、河南的平坟运动、山西的砸棺运动，以及一些地方强制推行的农村火葬运动等极端化的施政方式，就是地方当政者既缺乏中国传统文化底蕴又缺乏现代文明素养的典型反映。这些是我们走向乡村善治必须深刻反思和坚持反对的。

（七）处理好经济发展与生态环境的关系

从乡村治理实现人的永续生存上说，走向乡村善治，必须处理好经济发展与生态环境的关系。我们以前的社会科学研究以及

---

[1]《邓小平文选》第二卷，人民出版社1994年版，第168页。

[2]［古希腊］亚里士多德:《政治学》，吴寿彭译，商务印书馆1965年版，第199页。

[3] 张维迎:《市场的逻辑》，上海人民出版社2010年版，第1页。

社会治理活动，基本上都是建立在生态环境是给定不变的基础上的。但是，在改革发展40多年后的今天，生态环境问题已经严重恶化，这不但严重影响和制约社会科学研究以及社会治理活动，甚至危及人们的基本生存和人类永续发展。处理好经济发展与生态环境的关系，核心是要建设生态文明，实现天人合一的永续发展。

改革开放以来，我们坚持以经济建设为中心，视发展为执政兴国的第一要务，在告别以阶级斗争为纲的革命专政路线之后，走上了经济发展主义的道路。这种经济发展主义的模式，虽然极大地增加了社会的物质财富，但对生态环境的掠夺和破坏是空前的。一段时期以来，经济学家们热衷于谈中国如何避免陷入"中等收入陷阱"。"中等收入陷阱"是我国经济社会发展进程中必须予以高度重视的重要问题，但我们认为，我国面临最严重的陷阱不是"中等收入陷阱"，而是"自杀式发展陷阱"。"自杀式发展陷阱"就是为了片面追求经济发展目标而使人们的生存环境遭到根本性破坏，从而危及人们身心健康和人类生存繁衍的发展状态。"自杀式发展陷阱"的种种迹象已经日益明显地警示出来。走出"自杀式发展陷阱"，建设健康中国、健康乡村已刻不容缓。[①]

走向乡村善治，最根本的是要全面深化改革，发展思想市场，建设制度文明，培育出既有中华文化底蕴又有现代文明素养的新国民，创造出兼容并包、融中西文明为一体的新中华文明。在经历了40多年改革开放后的中国，必须在追求经济增长的基础上，实现全体国民现代文明素质的提高。否则，乡村有的就只能是控制，而不可能有善治。

---

① 参见张英洪：《走出自杀式发展陷阱》，爱思想网2016年11月25日。

四、推进乡村治理现代化的思考和建议

推进乡村治理体系和治理能力现代化,必须坚持问题导向,建立健全党委领导、政府负责、社会协同、公众参与、法治保障的现代乡村社会治理体制,统筹推进乡村经济治理、政治治理、社会治理、文化治理、生态治理和党的建设,将中国优秀传统文化、改革开放伟大实践、人类政治文明共同成果有机结合起来,为实施乡村振兴战略提供有力支撑和保障,推动实现新时代农业全面升级、农村全面进步、农民全面发展。

(一)在总体思路上,坚持走中国特色乡村善治之路

中国特色乡村善治之路,就是在中华文化的基础上,在现代政治文明的发展中,坚持和完善党领导的自治、法治、德治相结合的乡村优良治理之路。在当代中国,党的领导是乡村治理的政治前提和保障,自治是乡村治理的核心和本质,法治是乡村治理的关键和规范,德治是乡村治理的引领和支撑。

走中国特色乡村善治之路,一要解决新时代面临的三大问题:必须解决计划经济体制遗留下来的老问题;必须解决市场化改革以来产生的新问题;必须解决国家实现民主法治转型的大问题。二要认真处理好三大基本关系:必须处理好国家与农民的关系,加强现代国家民主法治建设,切实保障农民的基本权利和自由尊严;必须处理好官治与自治的关系,加强现代法治体系建设,明确官治、自治的领域边界和各自职责;必须处理好城市与乡村的关系,从根本上破除城乡二元体制,坚持城乡价值平等,实现城乡融合发展。三要切实保护农民的三大权利:必须维护和发展好农民的人身权利;必须维护和发展好农民的财产权利;必须维护和发展好农民的公共治理权利即民主权利,促进农民自由而全面发展。四要着力推进三方面的改革开放:必须在制约和规范公共权力上深化改革,切实将权力关进制度的笼子里;必须在驾驭和节制资

本上深化改革，着力引导资本趋利避害；必须在保护和激活社会上深化改革，真正让社会充满生机与活力。

（二）在重点工作上，加快构建八大制度体系

1.大力加强农村党的建设，加快构建党全面领导乡村的制度体系，强化乡村善治的政治保障。办好农村的事情，实现乡村振兴，推进乡村治理体系和治理能力现代化，关键在党。党的领导是当代中国推进乡村治理最基本的政治前提。必须提高党把方向、谋大局、定政策、促改革、抓治理的能力和水平。不断完善党领导乡村工作的体制机制，落实《中国共产党农村基层组织工作条例》，加强农村基层党的建设，将全面从严治党向广大农村基层延伸和全覆盖，以全面从严治党引领和推动乡村治理走向制度化、规范化和程序化。

2.着力破除城乡二元体制，加快构建城乡融合发展的制度体系，形成乡村善治的城乡格局。城乡二元结构是制约乡村全面发展的最关键的体制性根源之一。要全面破除城乡二元体制，持续推进城乡发展一体化，加快构建城乡融合发展的体制机制和政策体系。必须在经济、政治、社会、文化、生态文明和党的建设等方面，建立健全全国城乡统一、平等、开放的制度体系，形成城乡等值、制度公平、平等交换、自由流动的新型城乡关系。

3.深化农村集体产权制度改革，加快构建维护集体财产权利的制度体系，夯实乡村善治的产权基础。集体所有制是乡村治理面临的最基本的体制环境和约束条件。必须适应健全社会主义市场经济体制新要求，不断深化农村集体产权制度改革，积极探索农村集体所有制的有效实现形式，尽快建立健全归属清晰、权能完整、保护严格、流转顺畅的中国特色社会主义农村集体产权制度，构建完备的集体经济治理体系，保护和发展农村集体和广大农民合法的财产权利，为乡村善治提供坚实的产权基础。

4.强化农村基本公共服务供给，加快构建城乡基本公共服务

均等化的制度体系，织牢乡村善治的社保网络。农村基础设施和基本公共服务的滞后与短缺，是长期城乡二元社会管理的产物，是城乡发展不平衡、农村发展不充分最突出的体现。必须大力优化财政支出结构，持续提高民生支出占财政支出的比重，加大农村基础设施、公共服务设施和基本公共服务的投入，推进城镇基础设施和公共服务向农村延伸，加快实现城乡基础设施和基本公共服务一体化，全面提升农村基本公共服务水平，实现城乡基础教育、基本医疗、基本养老等基本公共服务均等化和一体化，推进精准脱贫，加快提高农村社会保障水平，让全体农民都能过上体面而有尊严的现代生活。

5. 不断健全村民自治方式，加快构建保障村民自治权利的制度体系，增强乡村善治的社会活力。由于长期的历史文化传统等多重原因，我国形成了强国家、弱社会，强官治、弱自治，强封闭、弱开放的社会治理格局，农民群众的主体作用没有得到应有的发挥，村民自治的优势没有充分的显现，乡村社会的活力存在不足。必须着眼于村民民主自治权利的保障和实现，不断创新村民自治方式，加强村民自治制度建设，用制度保障和落实村民依法行使民主选举、民主决策、民主管理、民主监督的权利，丰富乡村民主协商的形式，保障农民自己"说事、议事、主事"，做到村里的事村民商量着办，不断激发乡村社会的活力。基层自治的层级既要向自然村下沉，也要向乡镇一级拓展与提升。必须明确界定党务、政务、自治事务、集体经济事务的领域与边界，做到既能各行其是，又能协同共治。必须适应城乡融合发展的需要，实现农村社区公共事务的开放，使全体社区成员都能平等有序地参与社会公共事务管理，实现农村社区的多元民主参与治理。

6. 加大"三农"立法工作，加快构建法治乡村的制度体系，实现乡村善治的法治保障。必须按照法治中国建设的总目标，加快建设法治乡村。在全面依法治国进程中，必须全面加强乡村立法工作，善于运用法治思维和法治方式推进"三农"工作，切实将政府各项涉农工作全面纳入法治轨道，加快建设法治政府，真正坚持依法行政。必须将农村基层的党内民主、自治民主、集体经济组织民主、社会民主、基层协商民主等各种形式的民主纳入法治框架，推进基层民主的法治化建设和规范化建设。必须将乡村的各种公共权力关进制度的笼子里，做到有权必有责，用权受监督，失职要问责，违法有追究。在加强平安乡村建设中，依法打击危害农村公共利益和侵害农民合法权益的违法犯罪活动，对村匪地霸等农村黑恶势力必须集中整治、依法严惩，维护社会公平正义。要在惩恶扬善中加快重塑乡村优良的政治生态和公正的法治环境。

7. 突出乡村文化建设，加快构建乡村道德文化的制度体系，激活乡村善治的道德力量。发源于乡村的农耕文化是中华文化的基因和底色。必须大力弘扬和传承中华优秀传统文化，警惕和制约权力与资本对乡村文化的恣意破坏，尊重和敬畏独具中华特色的乡村传统风俗和地方乡土文化，培育和建设新乡贤文化，推进中华优秀传统乡村文化的创造性转化、创新性发展。必须立足我国乡村熟人社会的明显特征，深入挖掘乡村熟人社会蕴含的道德规范，倡导和培育现代新君子，强化道德教化作用，加强乡村道德建设，营造全社会崇德向善、惩恶扬善、重义守信、尊老爱幼、守望相助的乡村风尚，重振具有悠久历史传承的乡村道德，建设具有强大感染力向心力、留得住乡愁乡情和心灵归宿的新道德乡村。

8. 促进农业农村绿色发展，加快构建美丽健康乡村制度体系，优化乡村善治的生态环境。必须坚持和贯彻绿水青山就是金山银山的理念，推动农业农村绿色发展，形成乡村绿色发展方式和生活方式。加强农村人居环境整治，大力发展生态有机农业，持续开展植树造林，严格控制和减少农药化肥等使用量，增加生态健康产品和服务的供给，保障和提高农产品质量以及食品安全质量，加强乡村生态文明体制建设，加大影响人们身心健康的环境问题的治理力度，从严整治和惩处一切破坏生态环境、损害身心健康的行为。落实《"健康中国2030"规划纲要》，切实保障食品药品安全，构建美丽乡村和健康乡村的制度体系，全面提升乡村环境宜居水平和农民身心健康水平。通过有效治理，加快建设一个与实现中华民族伟大复兴相适应的山清水秀、天蓝地绿、村美人和、身心健康的美丽健康乡村。

（三）在工作方式上，要实现六大转变

1. 从长期注重农业现代化向更加注重农村和农民现代化转变。在新时代推进乡村治理现代化，既要持续推进我国农业的现代化进程，实现工业化、城镇化、信息化与农业现代化同步发展，补齐"四化"同步中的农业现代化的短板，必须更加重视和推进农村和农民的现代化，实现农村社会的全面进步和农民的全面发展，补齐国家现代化中的农村和农民现代化的短板。

2. 从长期注重乡村自我发展向更加注重城乡融合发展转变。在继续推进乡村建设和发展的同时，必须更加注重跳出乡村看乡村、跳出"三农"看"三农"、跳出乡村治理看乡村治理，坚持从城乡融合发展的高度，加快构建新型城乡关系，建立健全全国城乡统一、平等、开放的制度体系和市场体系，实现城乡要素的双向自由流动和平等交换，实现乡村振兴与新型城镇化的协调发展。

3. 从长期注重增加农民收入向更加注重满足农民对美好生活的向往转变。在持续增加农民收入、大力实施精准脱贫、不断满足农民群众对物质文化生活需求的同时，必须紧紧把握新时代我国社会主要矛盾已经转化为人民日益增长的美好生活需要和不平衡不充分的发展之间的矛盾新变化，更加重视满足广大农民群众对民主、法治、公平、正义、安全、环境等方面日益增长的新需要，全面提高农民的生活质量，保障和促进农民的全面发展。

4. 从长期注重物质技术投入向更加注重乡村制度供给转变。在持续加大对农村的科学技术项目、基础设施、公共服务设施建设、扶贫帮困等物质技术投入的基础上，必须更加注重加强现代乡村社会的民主法治制度建设，强化民主法治制度供给，将"三农"工作全面纳入制度化、程序化、规范化的轨道。

5. 从长期注重政府主导向更加注重发挥农民主体作用转变。在坚持党的领导下继续发挥政府在"三农"工作中的主导作用，必须更加注重实行政企分开、政社分开，处理好政府与市场的关系、政府与社会的关系，不断深化经济体制、政治体制、社会体制、文化体制、生态文明体制等各方面的体制改革，真正尊重和发挥农民的主体作用，用现代民主法治制度体系保障农民当家作主的权利。

6. 从长期注重"三农"政策引导向更加注重"三农"法治建设转变。在继续发挥有关政策在"三农"工作中的积极引导和重要规范作用的同时，必须积极适应全面依法治国的新要求，更加注重加强"三农"领域的立法工作，推进"三农"工作的法治建设，不断将各项涉农工作全面纳入法治的轨道，在建设法治中国的进程中更加有效地全面建设法治乡村。

健全自治、法治、德治相结合的乡村治理体系研究*

党的十九大报告提出要健全自治、法治、德治相结合的乡村治理体系。2018年，中央一号文件强调构建乡村治理新体系要坚持自治、法治、德治相结合，确保乡村社会充满活力，和谐有序。近年来，北京市委、市政府按照中央要求，结合首都特色，致力于构建与首都功能定位相适应的乡村治理体系。随着城镇化进程的快速发展，京郊农村社会结构发生了较大变化，出现了新的矛盾和问题，给乡村治理带来新的挑战。为有效推动首都乡村治理体系和治理能力现代化，北京市委农工委与北京市农村经济研究中心、华北电力大学组成调研课题小组，共同开展了健全自治、法治、德治相结合的乡村治理体系专题调研。课题组通过深入走访和问卷调查，深入分析了首都乡村治理的现状与问题，并提出健全自治、法治、德治相结合的乡村治理体系的对策与建议。

一、构建"三治"结合乡村治理体系的重要性和必要性

党的十九大明确了"三治"结合的乡村治理体系，是新时代乡村治理的目标和要求，更是实现乡村振兴的重要内容和重要途径。只有把乡村自治、法治、德治"三治"并重、有机结合，才能构建更加完善的乡村治理体系，实现乡村治理能力现代化；也只有构建"三治"结合的乡村治理体系，才能更好地推动乡村振

---

* 作者为课题组，原载《北京农村经济》2019年第1期。

兴战略，建设"产业兴旺、生态宜居、乡风文明、治理有效、生活富裕"的美丽宜居乡村。

(一)"三治"结合共同构成了乡村治理的完整体系

乡村是一个复杂多元、发展变化而又相对稳定的社会空间，乡村治理应当是一个多元主体参与、多层面结合的制度体系和实践过程。实现乡村治理的现代化，必须坚持多元综合治理。"三治"既有独立的内涵与要求，又相互紧密联系、各有侧重，缺一不可，三者共同构成了乡村治理的有机整体、完整体系。具体而言，自治是村民自我管理、自我服务、自我教育和自我监督，它是乡村治理的核心。从本质上看，乡村治理体系建设的目标就是完善村民自治，强化自治能力。法治是乡村治理有序的根本保障。唯有依法实行的自治，才是真正的自治；唯有法律框架内的德治，才是真正的德治。德治是乡村治理的社会文化基础，为乡村治理提供价值支撑，没有良好的社会风气、积极的价值观念，自治就难以实施，法治也将不堪重负。以法治规范自治、实现自治；以德治支撑自治、滋养自治；在自治中实现法治、践行德治，才能最终实现民意，使法律和道德相辅相成，让自治、法治和德治相得益彰，达到乡村社会的善治。

(二)构建"三治"结合体系是乡村治理的必然要求

随着乡村经济社会的快速发展，基层组织管控农村社会的单一化格局已经被打破，需要以治理的思维对农村社会发展的主体进行重新建构。管理是由上而下的垂直性管控，主要采用行政手段进行管理，而治理则是平等主体的平行性共治，需采用多元手段，由多元主体共同参与、协同治理。由管理到治理，蕴含了价值理念和思维方式的重大创新。所以，摒弃单一化格局下"管理、管控"的方式，构建包括基层党组织、村民自治组织、农村经济社会组织和村民等多元化主体在内的治理新格局是大势所趋。在此意义上讲，"三治"并重、补齐短板，构建"三治"结合体系是乡村治理的必然要求。

（三）"三治"结合的乡村治理体系对推动乡村振兴具有非常重要的作用

党的十九大作出了实施乡村振兴战略的重要部署，把"治理有效"列入乡村振兴战略的总要求。实现乡村振兴，需要建立健全"党委领导、政府负责、社会协同、公众参与、法治保障"的现代乡村治理体制，以自治增活力、以法治强保障、以德治扬正气。"三治"结合的乡村治理体系，体现了坚持党的领导、人民当家作主、依法治国的有机统一，回答了乡村社会"治什么、怎么治、谁来治"的问题，是对乡村治理各主体、各要素、各机制的统筹融合，有效激活了各方面参与乡村治理的主动性和创造性，为推动乡村振兴，打造充满活力、和谐有序的乡村社会提供了强有力的制度保障。

二、北京市乡村治理的现状

从调研的情况看，对于如何实现乡村善治，多年来京郊各地一直在进行不断的探索，积累了不少经验，取得了一定成效，主要表现为以下四个方面。

（一）治理主体更加多元

2018年，北京市乡村治理已由相对单一的乡镇党委政府以及村"两委"向更加多元参与的治理主体转型。在"乡政村治"的治理模式下，逐步形成了由乡镇党委政府、村党组织、村民委员会、经济合作组织（各类型的农民专业合作社、互助社等）、农村社会文化组织（各种协会、文化社团等）、群众组织、乡村公益组织（农村社区服务组织、农村养老驿站等）共同构成的乡村治理组织架构和多元主体共治的态势。该架构既包括村庄内部各组织之间的共治共管，又涵盖农村与市、区、乡镇各级之间的互动机制。在多元化的乡村治理主体中，村"两委"是乡村治理的中坚力量，农村基层党组织发挥领导核心作用；村委会在党组织的领导下，以村民代表会议（村民会议）为决策形式，对村庄公共事务进行依法民主管理。截至2017年底，北京市共有6409家农民专业合作社、11003家社会组织、186家农村社会养老服务组织、3672个农村社区服务站和21个农村社区服务中心。这些乡村经济、社会、文化组织在法律法规的规范下和村"两委"的引导下，协同配合，积极参与村庄建设和治理，形成了乡村治理的重要力量。

（二）治理方式更加多样

随着乡村治理体系的不断完善，京郊乡村治理方式也逐步从单一的自上而下的运用行政手段向运用行政、法律、道德、现代信息技术等多种资源协同共治的方式转变。在自治方面，不少乡镇、村创新村务公开方式，通过广播电视、微信公众号等，增强村务公开的实效。如，怀柔区依托歌华有线电视云服务推行"财务公开"，已有102个行政村将财务信息全部上传网络平台，使村民坐在家里就能点看公开情况。顺义区仁和镇平各庄村设置了村务公开电子显示屏，定时公开党务村务信息。在法治方面，2003年以来，北京市积极推动民主法治示范村建设，截至2018年7月，全市已有68个村被评为"全国民主法治示范村"；2010年《中华人民共和国农村土地承包经营纠纷调解仲裁法》颁布实施以来，全市13个涉农区均成立了由主管区长为主任的土地承包仲裁委员会，形成了一支稳定的仲裁员队伍，截至2017年7月，已经取得资格证书的仲裁员有379名。一些村还成立了调解委员会，建立了法律援助联络员队伍，引导和帮助群众申请法律援助，依法维权，有效化解了乡村矛盾纠纷。在德治方面，许多乡镇、村通过开办道德文化讲堂、举办村庄春晚、发掘乡土文化等，引领乡村文化新风尚。如，延庆区大力实施"村村响"工程，通过有线广播，向村民宣传党在农村的方针政策，播放生活百科、农业科技、快乐驿站等节目，丰富村民的文化生活。通州区于家务回族乡仇庄村党支部大力弘扬孝德文化，为全村193户家庭提炼制作了家风、家训、家规，营造出"大树底下谈家道，农家院里话家风"的良好氛围。

（三）治理能力明显提高

在推进乡村治理的具体实践中，各区、乡镇、村通过加强领导班子和人才队伍建设、创新服务方式等手段有效提高了乡村治理能力。一是乡村干部结构不断优化。通过从机关干部中"派"、从本地能人中"聘"、从外出务工经商党员中"引"、从大学生"村官"中"选"、从异地优秀村干部中"调"等多种方式，选好配强村党组织书记。截至2017年底，村党组织书记、村委会主任"一肩挑"比例达到64.3%，村"两委"交叉任职比例达到55.4%；村党组织书记平均年龄51.6岁，大专及以上学历占60.2%；村委会主任平均年龄51.2岁，大专及以上学历占51.6%。二是干部队伍素质整体提升。通过加强教育培训，不断提高农村基层干部队伍素质能力，制定了《2016—2020年全市农村基层干部人才教育培养行动计划》，仅2017年全市共开展乡村干部培训近12.8万人次。各区也开展了形式多样的农村干部培训，如，海淀区选派6批共103名农村基层干部到上海、东莞进行异地挂职培训，学习和借鉴发达地区农村经济发展和社会治理的优秀经验。三是以"街乡吹哨、部门报到"为载体，提升乡镇协同能力和乡村干部治理能力。2018年全市有169个街乡开展了试点工作，通过创新工作机制，动员各种资源和力量共同参与乡村治理，形成了党组织领导基层治理的"北京经验"。一些乡镇还通过设立人大代表联络站、配备基层治理网格员等措施，有效地动员各种资源和力量，解决乡村治理难题。

（四）治理效果进一步显现

在自治方面，村民自治能力得到增强，村民参与村庄公共事务的意愿和热情明显提升，村庄民主治理水平不断提高。在上一届的村"两委"换届选举中，村民参与率超过了90%。民主决策程序更加规范，民主监督有效开展，村务公开满意度逐年提高，2017年接近80%。在法治方面，基层干部和村民群众的法治观念进一步增强，乡村治安问题大幅度减少，知法懂法依法维权的人数大大上升。如，平谷区平谷镇西寺渠村坚持依法治村，加强法制文化宣传，解决了村内党组织软弱涣散、干群矛盾尖锐、村内环境脏乱、经济发展滞后等问题，推动乡村治理走上了法治化道路，该村于2015年被评为"全国民主法治示范村"。在德治方面，乡村风气整体向好，村民精神文化生活日益丰富多彩。如，朝阳区高碑店村高跷老会、十八里店乡舞狮、东坝乡传统民间花会——开路、常营乡抖空竹、孙河乡上辛堡村高跷、三间房乡威风锣鼓等文体队伍，从2005年开始受邀到美国、英国、加拿大、澳大利亚等国家进行表演，不仅丰富了村民文化生活，还让更多的外国友人认识、了解了中国传统文化。顺义区高丽营镇一村，充分利用"戏曲之乡"的传统资源，经常举办村民群众文化活动，有效传承和弘扬了优秀戏曲文化。通过2479份问卷调查结果来看，98.3%的调查村有村规民约，54.9%的村干部认为村规民约的作用很大，96.7%的调查村有文化活动室，约2/3的村民认为村文化室作用较大。

三、乡村治理面临的形势及存在的问题

随着新型城镇化和城乡一体化的发展，京郊乡村的经济结构、人口结构、价值观念、组织模式、社会规范等发生了很大的变化，给京郊乡村治理带来了新挑战和新问题。

（一）面临的形势

1. 城乡关系融合化。在京津冀协同发展和疏解北京非首都功能的大背景下，城乡联系更加紧密，城乡融合发展的趋势日益明显，乡村社会结构和经济发展方式的改变，给传统乡村治理模式带来较大冲击。一方面，城乡融合发展加速了资源和要素的重组，促进了城乡要素的双向流动，转变了资源配置方式。公共财政对乡村基础设施和公共服务的进一步覆盖，降低了集体经济组织的负担，同时也削弱了农民对基层组织的依赖，这就给传统的行政命令、大包大揽以及封闭式的乡村治理模式带来新的挑战。另一方面，城乡融合发展推动了农村劳动力向城市和非农产业转移，农村人口老龄化严重，山区村庄的空心化加剧，如延庆区、怀柔区、门头沟区等山区农村常住人口老龄化率超过50%，延庆区四海镇18个村常住人口在60岁以上的占比达到50%，谁来种田、谁来治理的问题日益突出。同时，城乡接合部地区的村庄人口倒挂现象突出。这对乡村社会治理能力提出了新挑战。

2. 乡村形态多样化。改革开放以来，随着我市城镇化的快速推进，京郊乡村出现了明显的分化。调查统计，我市3920个村大体上分化为三无村、拆迁村、倒挂村、空心村、传统村等类型。三无村是指无农业、无农村、无农民，但有集体经济组织的村庄，这类村庄有56个；拆迁村是指因城镇化建设征地或居住环境改善等因素拆迁或搬迁上楼的村庄，这类村庄有720个；倒挂村是指外来人口多于本村户籍人口的村庄，这类村庄有173个；空心村是指在城镇化进程中大量中青年人口流出村庄进城务工经商或在城镇安家置业，人口稀少、闲置农宅较多的村庄，这类村庄有48个；传统村是指保持和延续传统乡村风貌、村庄形态基本稳定的村庄，这是京郊农村的主体形态，也是实施乡村振兴战略的重点地区，这类村庄有2986个。不同类型的村庄治理面临着不同的侧重点，以往单一的乡村治理模式已经不能适应村庄加剧分化的现实需要。

3.利益结构复杂化。在城镇化和农村改革开放不断深化的过程中，乡村人口流动频繁，农村经济社会从封闭走向开放，农村经济成分、组织形式、就业方式和利益主体日益复杂和多元。一方面，在城乡接合部地区，在三无村、拆迁村、倒挂村聚居了大量的外来人口，外来常住人口已成为村庄人口的重要组成部分。另一方面，农民内部也发生了较大分化，在收入水平、从业领域、成员身份等多方面发生了分化，日益形成了不同的利益群体，形成了错综复杂的利益关系，产生了不同的利益诉求和不同的利益维护方式，使得社会治理任务更加繁重。针对"村内最难管的人群"的调查显示，村干部选择主要集中在外来人口和无业人员，分别占39.3%和25.1%。调研期近两年，39.8%的村有村民上访现象，上访理由为宅基地问题的占32.9%，拆迁问题的占30.8%，经济纠纷的占21.8%，邻里关系的占14.5%。复杂多样的利益结构和乡村矛盾对乡村治理中的利益协调和整合能力提出了新要求。

4.基层组织多元化。随着城市化水平的不断提高，我市农村地区的经济结构、就业结构、消费结构等发生了重大变化。这些变化催生了许多不同类型的新经济组织、社会组织和民间组织，使基层党组织的工作领域由传统领域向非公有制企业、农民专业合作社、农业产业协会、个体工商户以及流动群体等领域拓展，为乡村治理提出了新的挑战。如何对新的组织进行有效治理，如何将新的组织纳入治理体系，实现协同治理，是各级党委政府和村"两委"面临的新课题。

（二）存在的问题

面对新形势新要求，我市乡村治理机制和治理模式还存在一些矛盾和问题，主要有以下五个方面。

1.基层自治存在缺位。调研发现，少数村仍存在"一言堂"现象，村民代表会议（村民会议）走过场，决而不议、议而不决的情况时有发生。有的村存在村务公开流于形式等问题。调查显示，18.7%的村民表示看不懂村务公开内容，23.8%的村民认为村务公开的账目还不够明细。一些村传统的"管控思维""维稳思维"仍旧存在，认为村里无人上访就是治理成功，服务意识、村民参与意识不强。一些村的村民政治文化素质偏低，民主参与、民主议事的能力不强。村民自治的规范化、程序化、精细化方面存在不足。

2. 依法治村比较薄弱。调研发现，乡村人治思维仍然比较突出，基层法治文化建设依然薄弱，有的乡村干部法律意识还不够强。有的村干部独断专行，以权谋私，违规违纪，如在选举过程中，还存在个别干部拉票贿选行为。少数村干部存在"小官巨腐"问题，这会侵蚀乡村治理的根基。还有个别村受黑恶势力控制，存在违法乱纪、有前科的人担任村干部的现象。对上访村民的调查显示，2/3以上表示不会选择司法途径来解决问题，主要原因是不知道怎么打官司、法院解决不了这两个方面。

3. 乡村德治相对滞后。随着农村经济社会结构的转型，一些村原有的人情伦理、道德规范受到冲击，导致村民之间的信任度下降。一些地区出现拜金、赌博、邻里关系紧张、不赡养父母等现象。陈规陋俗仍有市场，存在婚丧大操大办、厚葬薄养、人情攀比、高额彩礼等问题。少数村仍旧存在封建迷信、信神信教现象。不少村仍然存在"闲人"现象。根据相关统计，北京市农业户籍劳动力中约有22万有劳动力但未能就业的"闲人"，除了自身技能教育较低等原因之外，主观上缺乏劳动愿望，"不丢份儿"的思想等也是造成"闲人"现象的重要因素。部分村民靠补偿款吃利息和房租收入生活，不愿意勤劳致富。一些村的村规民约不能与时俱进，长期不进行修订，有的挂在墙上做样子。调查显示，45.1%的村干部和24.1%的村民认为村规民约作用一般或基本没有作用，约3/4的村民认为婚丧嫁娶、生日升学等情况应该摆宴席。

4. "三治"结合还不充分。调研中我们感受到，我市不少村

"三治"结合的体系还没有充分确立起来,自治、法治、德治结合得还不够紧密,有的还明显存在短板和不足。与此同时,"三治"结合的乡村治理体系评估指标也没有确立起来,"三治"结合的体系包含哪些内容、具体指标是什么、如何进行评价和考量,也没有现成的经验可供借鉴和推广。

5.社会力量参与不足。一方面,社会力量参与不足,社会参与的长效机制还没有建立起来,有的地方不重视整合各种社会资源,不注重调动一切积极因素,不善于借助外力,缺乏综合协调的能力。另一方面,农民的主体作用没有充分发挥出来,少数村干部不注重听取群众的意见,不尊重群众的主体地位,重要事项走群众路线不够,倾听群众呼声不足,维护群众利益也不到位,有的甚至侵害群众的利益。

四、健全"三治"结合的乡村治理体系的对策建议

针对存在的上述问题,在健全"三治"结合的乡村治理体系方面应坚持问题导向,从实际出发,在以下四个方面进行积极探索和实践。

(一)坚持党的领导,发挥好党组织的领导核心作用

乡村治理体系的构建必须在党的领导下进行,通过加强党的领导,使乡村治理更加有序、充满活力,沿着正确的方向发展。

1.发挥党建引领作用。加强党组织建设,以提升组织力为重点,突出政治功能。坚持走群众路线,动员和组织群众广泛参与乡村治理。下沉乡村治理的服务触角,降低社会治理的成本,推动乡村治理从管控向服务转变。创新模式,充分借鉴浙江"枫桥经验",强调社会主体的广泛参与,进一步统筹各方资源。加强自身建设,建强班子、选好干部,发挥好广大党员在乡村治理中的中流砥柱作用。

2.创新党组织领导方式。一是创新服务群众方式。以群众需求为出发点,建立健全党组织领导下的服务平台,健全党员为主体的便民服务队伍。满足群众多样化的需求,分级建立党群服务中心,完善部门包村、干部驻村、结对帮扶、双报到、志愿服务等机制,形成常态化的服务机制。二是创新组织设置方式。主动适应工业化、城镇化、信息化、农业现代化发展变化,大力推进各领域党组织的全覆盖,如在产业园区、社会组织、专业合作社中建立党组织。三是创新工作方式。建立运转协调机制,深入推进"街乡吹哨、部门报到"工作,明确职责任务,解决基层治理中缺位、越位和错位的问题。

3.提升领导乡村治理的能力。构建科学的组织动员体系,调动一切因素参与乡村治理,特别是要发挥好农民的主体作用,增强基层党组织组织动员群众的能力。依托党组织,整合公共资源,将多元要素纳入基层治理框架,把社会组织纳入治理体系,增强基层党组织协调利益的能力。有效化解农村社会矛盾,妥善解决社会治理中存在的问题,增强基层党组织化解矛盾的能力。

(二)坚持"三治"结合,构建协同共治的治理格局

正确处理"三治"之间的关系,健全和创新村党组织领导的充满活力的村民自治机制,强化法律地位与作用,努力将农村各项工作纳入法治化轨道,让德治贯穿乡村治理全过程。

1.深化村民自治实践。推进村民自治的制度化、规范化、程序化、精细化建设,在规范民主选举的基础上,加大民主决策、民主监督、民主管理的力度,真正实现村民当家作主。在民主决策上,健全村民议事制度,发挥村民代表会议(村民会议)作用,加强和改进村民自治工作,保障广大群众参与村级事务的决策权。在民主监督上,建立和完善村级重要事项公开公示制度,强化村民监督委员会功能,规范监督内容、权限和程序,保障广大群众真正行使对事关村民利益的项目、资金分配和使用的监督权,提

高村务监督工作水平。在民主管理上，支持和鼓励农民结合本地社会和文化特点自主讨论、协商制定乡规民约，加强自我规范和约束。探索村民利益表达机制，完善信访制度，设立基层联络站或联络员，积极收集民意，反馈群众意见和需求。

2.加强乡村法治建设。坚持法治为本，树立依法治理理念，强化法律在维护农民权益、规范市场运行、农业支持保护、生态环境治理、化解农村社会矛盾等方面的权威地位，加快建设法治乡村。增强基层干部法治观念，将各项工作纳入法治化轨道。深入推进综合行政执法改革向基层延伸，创新监管方式，推动执法队伍整合、执法力量下沉，提高执法能力和水平。建立健全乡村调解、市区仲裁、司法保障的农村土地承包经营纠纷调处机制。加大农村普法力度，提高基层干部和广大农民群众的法治素养。健全农村公共法律服务体系，推广法律援助工作站，加强对农民的法律援助和司法救助。

3.提升乡村德治水平。深入挖掘乡村熟人社会蕴含的道德规范，结合时代要求进行创新，强化道德教化作用，引导农民向上向善、孝老爱亲、重义守信、勤俭持家，培育良好的村风民风。培育弘扬社会主义核心价值观，注重以文化人、以文养德，实施文化惠民工程，繁荣群众精神文化生活。建立健全道德讲堂、文化主题公园、文化礼堂等阵地，引导大家讲道德、守道德。开展"道德模范""最美家庭"等评选活动，发挥身边榜样的示范带动作用。持续推进农村精神文明建设，弘扬中华优秀传统文化和文明风尚，依托村规民约等褒扬善行义举、贬斥失德失范，推进乡村移风易俗。

4.推进"三治"有机结合。借鉴浙江省等地推进乡村治理的基本经验，研究建立乡村治理工作规范，科学制定乡村治理评价指标体系，对村庄进行分类管理，在每一类村庄中探索建立"三治"有效结合的典型模式。定期开展"三治"结合示范村评选活动，通过电视、报刊、网络等形式，大力总结宣传"三治"结合的典型案例、做法，充分发挥先进典型的示范带动作用。

（三）坚持规范引导，调动各方力量参与乡村治理

乡村治理不仅仅是村里的事，而且涉及市、区、乡镇、各部门和社会力量各方面。这就需要我们进一步理顺关系，充分发挥各治理主体的积极性，提升乡村治理能力和水平。

1. 引导社会组织广泛参与。发挥社会组织和社会力量在资金、技术、市场、管理等方面的优势，组织非公组织、社会团体、高校、企业、协会等，通过资源开发、产业培育、市场拓展、村企共建等形式参与治理和帮扶。在参与治理的内容和方式上分门别类、精准施策，将重点放在产业帮扶和劳动力就业上。建立统筹协调机制，加强多元力量整合，强化示范带动，发挥好第一书记的桥梁纽带作用，充分激发社会力量参与社会治理的活力。

2. 发挥好新乡贤的作用。充分发挥乡贤的人缘、地缘优势，将有能力、有威望的退休干部、军转干部、外来务工代表等，通过组建乡贤议事会、乡贤参事会、乡贤理事会等方式，积极引导他们参与乡村治理。坚持民事民办、民事民治，以村民自治和公共服务为主要任务，提高乡贤参与乡村治理的积极性。采取乡贤提议、商议、村民代表决议和"一事一议"等形式开展工作、参与治理，弥补政府治理能力不足和村民自治能力缺失的问题。

3. 理顺各主体之间的关系。明确组织、民政、司法等市级有关部门在"三治"结合乡村治理体系建设中的责任，加强统筹协调，督促有关部门履行职能、各司其职、发挥作用。理顺上下级的权责关系。理顺区与乡镇、乡镇与村之间的关系，赋予乡镇更多治理权。乡镇政府对村民委员会给予指导、监督和帮助，不得干预村民自治。村委会自觉在乡镇党委和村党支部的领导下开展工作。压实各治理主体的责任，坚持守土有责，提高治理效果。

（四）坚持以人民为中心，实现乡村善治的根本目标

在构建"三治"结合的乡村治理体系过程中，应始终坚持以人民为中心，充分尊重和发挥农民的主体地位，切实维护农民利益，构建由农民评判的治理成效机制，实现乡村善治的根本目标。

1.尊重农民的主体地位。乡村治理的主体是农民群众。农民群众是农村治理创新的力量源泉。构建乡村治理体系，应尊重农民的主体地位，了解农民想什么、盼什么、要什么，畅通农民诉求表达渠道，积极为农民群众排忧解难，做到村中事务多跟农民商量，充分重视农民的话语权，以农民的需求为出发点和落脚点。尊重农民的首创精神，为农民群众发挥作用搭建平台、创造条件，从制度上保证农民参与治理，制定治理规则，参与治理决策和执行。提升群众参与治理能力，通过教育、培训、典型引路等措施帮助农民了解规则、熟悉权利，增强思想认识和治理水平。

2.切实维护农民利益。针对我市五类村庄的实际情况，各有侧重地推动农村集体产权制度和农村土地制度改革，切实保护农民利益。针对三无村，确保集体资产的公平合理处置，保障农民带着集体资产参与城市化，维护村集体和村民的集体资产权益。针对拆迁村，切实保护拆迁村民的财产权益，妥善处置集体资产，合理管理和有效使用征地补偿费用。针对倒挂村，深入探索农村集体经营性建设用地入市和集约利用，探索集体建设用地建设租赁住房。针对空心村，深化农村宅基地制度改革，创新宅基地"三权分置"的具体实现形式，核心是尊重农民的自主选择和市场经济规律，赋予和保障农民宅基地和住房的财产权利。针对传统村，深化农村土地承包地"三权分置"改革，保障农民的土地财产权。鼓励村庄大力发展集体经济，创新集体经济管理制度，切实保障集体经济组织成员的民主管理权和集体收益分配权。

3.治理的成效由农民评判。乡村治理是否有效，应该由农民

说了算。改变"自上而下"的由政府主导的绩效考核指标，探索以"农民满意度"为核心、政府部门行政指标为导向的绩效考核指标体系。探索构建自治、法治、德治全方位的农民评价机制。借鉴通州区党建工作"四评"机制，以群众满意为导向，以群众认可为标准，使农民在乡村治理中的主体地位更加彰显。

"足不出村"办政务[*]

——北京怀柔区推进乡村治理创新的探索与实践

推进乡村治理创新是实施乡村振兴战略的重要内容,有效解决政务服务"最后一公里"的问题是坚持和贯彻以人民为中心的发展思想的重要体现。近年来,北京市怀柔区坚持以新时代中国特色社会主义思想为指导,立足于实现人民群众对美好生活的向往,在中央、市委市政府推出"放管服"等各项改革的基础上,结合怀柔区的实际,全面深化改革,创造性推出"足不出村"办政务的改革实践,在有效打通政务服务"最后一公里"、让村民群众享受到更为优良的政务服务方面,取得了明显成效,为首都乡村善治提供了怀柔样本。

一、怀柔"足不出村"办政务的改革背景

(一)落实"放管服"改革的工作要求

近年来,北京市全面贯彻落实党中央、国务院部署,不断把"放管服"改革推向深入,持续转变政府职能、改革优化营商环境,全面推进权责清单"两单融合",持续清理各类证明,进一步清理规范行政审批中介服务,大力推进业务流程再造,编制"一网通办"事项清单,健全完善审批服务标准,全面推行"一窗受

---

[*] 作者为课题组,课题组组长张英洪,课题组成员董少波、李元元、毕珊、刘雯、李婷婷、杜成静,执笔刘雯、张英洪、李婷婷、杜成静。原载《京郊调研》2020年第5期。

理"，以企业和群众需求倒逼政府职能转变。怀柔区按照市委市政府统一部署，实施了"一窗受理"改革，同时结合政务体系改革和地方工作实际，在企业和农村两个重点领域，创造性地开展了"一气呵成"办企业改革和"足不出村"办政务改革。可以说，"足不出村"办政务改革是怀柔区在农村地区落实"放管服"改革要求的重大举措。

（二）关切基层农村群众的生活痛点

怀柔区地处北京最北端，地形狭长，全区总面积为2122.8平方千米，其中山区面积占89%，是全市面积第二大区，也是全市南北跨度最大的区（约为全市南北跨度的一半）。全区14个乡镇，有8个乡镇距离怀柔城区超过20千米，其中最远的喇叭沟门满族乡，距离怀柔城区约90千米。全区12万余农村常住人口散落居住在南北狭长的浅山区、深山区当中，且多为老人、妇女和孤残人士，所需办理的政务多集中在养老保险、医保、社会救助、计生和残联等高频次业务上，日常办理政务不方便就成为他们主要的生活痛点。在这样的背景下，怀柔区积极回应群众关切，全面推出"足不出村"办政务改革，将农村地区作为最紧迫推进"放管服"改革的领域之一。

（三）补齐乡村治理体系的服务短板

加强对农村公共服务的供给是建立健全乡村治理体系的重要内容。2019年6月，中共中央办公厅、国务院办公厅印发《关于加强和改进乡村治理的指导意见》明确提出：要提升乡镇和村为农服务能力。推进"放管服"改革和"最多跑一次"改革向基层延伸，着力增强乡镇统筹协调能力，发挥好乡镇服务、带动乡村作用。大力推进农村社区综合服务设施建设，引导管理服务向农村基层延伸，为农民提供"一门式办理""一站式服务"，构建线上线下相结合的乡村便民服务体系。怀柔区"足不出村"办政务改革就是针对补齐乡村治理体系的服务短板，为农民提供更好的政务服务体验，落实党中央、国务院关于加强和改进乡村治理决策部署的大胆探索和有益尝试。

（四）建设服务型政府的行动自觉

为人民服务不是抽象的，而是具体的。人民群众的利益是由各方面的具体利益、无数的具体小事构成的。建设服务型政府就是要具体体现在为人民办的每件小事上。早在全市统一印发推进政务服务"一网、一门、一次"改革任务前，怀柔区就主动出击，着手开展农村地区政务服务改革调研，做好"一查三会"的基础性工作，为推出涉农事项政务改革做好充足的准备。怀柔区选取平原、半山区、山区等不同类型的镇村作为试点，对农民办事情况进行分类摸底调查，分类梳理出农民亲自办理和允许代办的事项清单；召集主管工作人员开会，了解每个事项流程；召开法律程序研讨会，依法简化和优化办事流程；召开事项确定发布会，逐一确定和对外发布"足不出村"办事清单。这些改革基础性工作的提前考量为怀柔区率先在全市村居层面实现大范围"综窗"办理政务奠定了扎实的基础，也为建设服务型政府找到了一条新路子。

二、怀柔"足不出村"办政务的主要做法

"足不出村"办政务是指政府为了方便村民，通过建立代办或网办的形式，将原来需要到政府行政机构办理的审批事项和公共服务事项的相关服务延伸到村里，使村民在不走出村庄的前提下就能完成有关政务事项的办理。自2018年12月怀柔区推出"足不出村"办政务改革以来，极大地方便了村民办事，实现了政务服务到村到家，打通了政务服务的"最后一公里"。其主要做法如下：

（一）完善三级服务体系，构建政务服务全覆盖的新格局

怀柔区抓住全市大力推进"放管服"改革的机遇，积极整合政务资源，优化政务服务顶层设计，率先在全市完成区、街镇、村居三级政务中心体系构架搭建，创新推动16个镇街、318个村居的"综窗"改革。一是在区级层面，撤并3家政务分中心（残联、司法、质监分中心），形成"1+6"政务服务新格局，"1"即区级政务中心行政审批大厅，实现进驻区级政务中心的39家行政审批部门和7家涉企服务单位的1123个事项"综窗"受理。"6"即6个区级政务服务分中心，共办理466个区级事项。除对场地有特殊要求外，实现区级事项100%进驻区级中心和分中心。二是在街镇级层面，16个街镇政务中心设有59个综合窗口，共有89名窗口人员，可受理街镇级106项政务服务事务。三是在村居级层面，318个村居政务服务站都设置综合窗口，可受理村居级101项政务服务事项。通过构建三级政务中心体系，有效整合了全区政务服务资源，为实现"足不出村"办政务奠定了坚实的基础。

（二）固化三棒接力流程，创新政务服务程序化的新模式

怀柔区围绕"足不出村"办政务改革，优化形成了全区统一的"往返三棒接力"办理流程标准。"第一棒"是村级政务服务站代办员。村级代办员必须为村民提供全程无偿代办服务，做好代办信息采集、材料整理、要件收齐、材料初审、信息核对、提交申请等工作，完成由村跑镇的交接。"第二棒"是街镇政务服务中心办事员。镇级办事员在其所负责事项范围内，对村级代办员报至街镇的申请进行快速处理，需要到区级政务服务中心或分中心办理的事项，由街镇办事员负责代替跑办相关手续，并协调、解决审批过程中存在的困难和问题。"第三棒"是区级政务服务中心或分中心窗口人员。市级窗口人员必须对能够即时办的事项采取即接即办，对需要流转办理的事项按时限要求办理。在办理结束

后,"第三棒"窗口人员要第一时间联系"第二棒"办事员,"第二棒"办事员要及时现场取件,通过通知取或邮件送达"第一棒"村级代办员。村民接到代办员的办结通知后,到村级政务服务站领取相关办结材料。至此,即形成完整的"往返三棒接力"政务办理全过程。互动接力办理的服务模式,由"多次跑"变为"一次办"、由"群众跑"变为"干部跑",切实方便了村民群众。

(三)建立三级服务队伍,形成政务服务网络化的新力量

怀柔区通过政府购买服务、整合各个部门投放在基层的公共服务资源,进一步完善了三级政务服务队伍。一是在区级层面,区级政务服务中心采取政府购买服务的方式,从社会上招聘服务人员,经过统一培训后提供综窗受理、接件、出件等相关政务服务。二是在镇级层面,镇(乡)级政务服务中心利用现有的专业人员队伍,抽调公务员骨干力量开展政务服务工作。三是在村级层面,村级政务服务站统筹整合原散落在各部门管理的劳动保障协管员、残疾人专职委员、养老助残员、计生专干等八类协管员和辅助人员等,使其作为村级代办员,负责代办村民事务。怀柔区每个行政村配备1—5名代办员,其中择优确定文化素质高、电脑操作熟练的人员为网办员,全区已经形成了覆盖16个镇街、318个村(社区),共1508名代办员和896名网办员的队伍。

(四)加强三级培训管理,提升政务服务专业化的新境界

为提高三级政务中心的办事效率,尤其是村级政务服务站的代办效率,怀柔区重点加强了三方面的工作。一是加强了服务队伍的业务指导和培训。2019年,区政务服务中心先后组织了72场、5800余人次的业务培训活动,各乡镇政府先后组织了60场、5100余人次的乡镇和村居政务服务人员的培训。其中,村级代办员培训是重点与难点,为此乡镇特邀各部门政务办理骨干为代办员培训有关表单、收齐要件、材料初审、信息核对、申报上报等业务

要求，确保代办员准确掌握政策规定、业务流程和办理方法；聘请信息化专家为代办员开展"互联网+政务服务"专题讲座，使每位代办员至少掌握2项以上部门业务，实现一专多能直至全能。二是丰富了村级代办服务方式，更好满足村民各种代办需求。村里采取电话邀约、上门服务等方式，全方位服务老、弱、病、残等特殊弱势群体，并努力做到全天候应需应急办理村民的事务，实现24小时"不打烊"。三是规范了政务中心工作，加强了服务人员日常管理。针对区级和街镇级，出台相关管理制度、服务规范和考核办法，加强对区政务服务中心（分中心）、各镇乡街道政务服务中心工作人员的管理考评；针对村级政务服务站，怀柔区先后印发文件，加大对村级政务服务站的规范管理力度，明确乡镇政府、村委会负责做好代办人员日常管理与工作检查，区级部门做好所属相关业务办理结果反馈、规范服务的跟踪督查。村政务服务站实现办理信息全公开，公开代办组长、代办员、网络员的姓名和电话，以及代办事项和代办规范。代办员对办理的待办事项建立台账，记录村民申报的事项名称、申报条件、提交时间等信息，便于工作衔接，做好留痕检查，接受村民监督。

（五）强化五项机制建设，实现政务服务规范化的新水平

为确保"足不出村"办政务的落地生效，怀柔区强化五个机制建设。一是例外事项特批机制。怀柔区成立了"足不出村"事项专项审核工作小组。由区政务服务办、区审改办牵头，各审批部门、各镇街有关领导组成。各审批部门、各镇乡街道对代办事项进行梳理，对不能实施代办的事项提出书面申请，事项审核工作小组审定批准后，方可作为例外事项。二是代办承诺机制。代办业务的办理严格按照国家法律法规和有关规定及各类业务办理规程操作，向农村群众提供服务指南，公开办理程序，各类业务实行限时办结制度，在规定或承诺的时限内办理完毕。三是容缺后补机制。办事人所办事项如具备关键要件，而个别要件因特殊

原因不能当时提交的，窗口可先行受理，完成审批前由办事人补齐、补正材料，即可按常规获得办理结果。四是第三方暗访检查机制。聘请第三方进行监督，对办理情况、服务规范、服务评价等方面进行抽查暗访，确保将"足不出村"办政务落在实处，延伸到每村每户。五是区级督查考核机制。将此项工作作为重点改革任务列入区政府折子工程，并纳入政府绩效考核。责成区政府督查室对此项工作进行专项督查，对在督查检查中发现的"足不出村"办政务推进不到位、不深入的单位和个人进行通报，限期进行整改。

三、怀柔"足不出村"办政务的成效与意义

怀柔区"足不出村"办政务的改革实践，切实实现了三个转变。

1.实现了从"各自办"到"综合办"的转变。"足不出村"办政务是在"放管服"改革和政务体系改革的大背景下推出和实现的。其在社会公众面前所呈现的精简办事程序、减少办事环节、缩短办事时限、实现办事零距离的显著成效，源于政府部门从"各自为政办理"到"综合服务办理"的转变。这也是我国以"整体政府观"深化机构和行政体制改革的直接效果。"整体政府观"强调在政策部门的不同利益主体之间加强合作、传递优秀理念，以人民需要为导向，形成一种协同的工作方式，提供一套无缝隙的服务而不是碎片化的服务。怀柔区通过政务体系改革，按照整体政府理念，倒逼部门衔接管理制度、整合办事流程，让部门的"串联"变成"并联"，推进部门协同作战、集成服务、清晰标准，从而不断优化减少"一窗"设置，压缩办事时限，区级政务中心由原来的3个岛区、45个综合窗口减少为目前的2个岛区、32个综合窗口。镇街政务中心由456个专业窗口减少至59个综合窗口，窗口人员由483人减少到89人。怀柔区创造的"主题办事"模式

更是凸显了"综合办"的优势,即从办事人角度梳理全部办事流程,把各部门的事务全部并联起来,一次告知办事人所需的办理材料,打包形成一气呵成的"主题办事"效果,极大压缩了审批时间,提高了行政效率。

2. 实现了从"随意办"到"规范办"的转变。在开展"足不出村"办政务改革之前,怀柔区虽然也设置了村级政务服务站,要求农村八大员担任代办员,但由于各部门分头管理各员工作,乡镇只管各员人事,因而存在人员责任不明确、管理松散、且缺乏统一工作标准等问题。一些村庄代办较为随意,有的村级政务服务站没有发挥出应有的效果,时常出现村民要办事找不到人或者有人不会办等问题。推出"足不出村"办政务改革以来,全区有效加强了村级代办队伍的管理和培训,健全了工作机制,规范了办事流程,变专业员为综合代办员,激活了村庄自我服务、自我治理的能力。截至2019年6月,全区316个村居服务站,人均代办14件,被村民亲切称为"便民之家"。

3. 实现了从"出村办"到"在村办"的转变。以代办为主、网办帮办为辅的方式,不仅极大地缩短了村民群众的办事距离、办事时间,而且极大地缩短了政府与群众之间的心理距离。以一位居住在喇叭沟门满族乡帽山村村民办理社保卡补换卡的案例为例,该村民只要到村政务服务站的综合受理窗口交齐材料,村级代办员就负责到乡政务服务中心综合窗口进行社保卡的补办。社保卡补办完成后,通知村级代办员前来领取,村级代办员领取后交付村民,实现了该村民足不出村就办好补换卡事项的目标。与此前的办理过程相比,该村民拿到新卡的时间从15天减少到4天,申领材料减少了"北京市社会保障卡业务办理申请表",交通路程往返减少26千米。截至2019年7月底,怀柔区为村民代办事项共有6.7万余件,平均每个村(居)代办200多件,村民累计少跑22.1万千米的路。"足不出村"办政务明显降低了村民的办事成本,极大地增进了村民群众的生活福祉。

怀柔区"足不出村"办政务的改革实践具有重要的现实意义。

1.推动政府职能的自我革命。"足不出村"办政务是怀柔区以方便村民群众办事来倒逼政府减权放权的一场静悄悄的自我革命。这场革命进一步推进了有关政府职能部门的职能优化和调整,将政府的服务对象由"人民"更好地具体为一个个有血有肉有诉求的"村民",对全区乃至全市进一步深化行政体制改革,释放本轮机构改革的红利,加快转变政府职能,建设服务型政府,都具有重要的现实意义。

2.促进干部作风的自我转变。"足不出村"办政务改革是怀柔区彻底扭转群众办事满城跑、反复跑、长期跑的现象,真正践行以人民为中心的发展思想的生动实践。这场实践变管制型政府为服务型政府,变官僚身份为公仆身份,变"政府不动"为"群众不动",是一张怀柔区践行"不忘初心、牢记使命"主题教育活动的生动答卷。怀柔区通过主动回应群众的现实诉求、主动探索改革的重点领域、主动破除改革的重重障碍、主动为群众办实事,践行了为人民服务的根本宗旨,有效促进了怀柔区干部作风的自我转变。

3.加快社会治理的自我完善。"足不出村"办政务改革是怀柔区深入贯彻落实中央和全市关于实施乡村振兴战略的重大举措。这个举措主动破解城乡二元体制藩篱,推进构建城乡融合发展的体制机制和政策体系,将"放管服"改革成果推向乡村领域,让政务改革的阳光普照怀柔的每一片土地,通过向基层放权、下沉政务资源、夯实基层治理机构、规范基层治理队伍,增加农村地区的公共服务供给,将自治、法治、德治有机融合,让农村基层社会治理良性运转起来,不断增强人民群众在改革中的获得感。

四、怀柔"足不出村"办政务的思考与建议

"足不出村"办政务改革是一项综合性、长期性的系统工程,

需要深入推进牵涉政府治理体系和治理能力建设的方方面面，任重而道远。当前，"足不出村"办政务已经将怀柔区农村政务服务从1.0版升级到2.0版。为了使得该项工作开展得更为扎实、有效助力乡村善治体系建设，我们需要对"足不出村"办政务面临的深层次矛盾和问题进行深入思考和解析，并提出有关政策建议。

1. 深入推进"足不出村"办政务改革，需要健全城乡融合发展的体制机制。从已实现的101项村级代办政务事项来看，这些事项是民生领域的社保、计生和残联业务，其中社保业务主要集中在城乡医疗保险、城乡养老保险、更改定点医院等；计生业务集中在流动人口生育服务登记、独生子女一次性奖励等；残联业务集中在助残券申请、残疾人城乡养老保险审核等。村里代办事务尚不涉及经济领域的投资审批、资金奖补和商事办理。这与促进乡村产业振兴、打造最佳的乡村营商环境、全面激发乡村市场活力的要求，仍有一些差距。乡村产业发展基础薄弱，同样需要优良的营商环境来吸引城市的资源要素进入，法治化的营商环境和便利化的政务服务是引导城市工商资本投资兴办乡村产业、鼓励各界人士到乡村创新创业的必要条件。深入推进"足不出村"办政务改革，需要进一步解放思想，破除阻碍城乡要素双向自由流动、平等交换的各项体制弊端，尽快健全城乡融合发展的体制机制，统筹推进城乡社区公共服务供给，使乡村居民像城镇居民一样享有公平而便利的各项优良政务服务和其他公共服务。

2. 深入推进"足不出村"办政务改革，需要进一步加强办理人员队伍建设。怀柔区已经建立了区、街镇、村居三级政务中心体系构架，但是除了区级政务服务人员队伍采取政府购买形式稳定固化外，镇村两级办理人员队伍一般采取兼职的办法，没有解决好其相关待遇问题，因而存在很大的不稳定性。镇级政务服务中心一般挂靠在乡镇党政办公室或人大，没有专门的政务服务机构人员编制，窗口工作人员都是抽调各科室骨干轮流兼任。村级政务服务站的代办员和网办员均由村里各大员义务兼任，工作量增加，待遇却没有增加，更没有相关工作经费保障。一些村庄的代办员去镇里交件，没法解决交通问题，只能更多依赖村干部临时性解决。这种镇村办理人员队伍的临时性和不稳定性，不利于保障"足不出村"办政务改革的长期效果。

3.深入推进"足不出村"办政务改革，需要加强财政投入力度。从2019年3月至6月，怀柔区按照统一标准、试点先行、三级联动的原则，共投入2167万元，完成了16个街镇、316个村居"一窗"改革。从三级体系运转情况看，所投入资金远不能满足镇村的运转需要，镇村两级存在较大的人头经费和工作经费的缺口。尤其是村级服务站，尚缺乏人员激励机制。各大员不仅增加了工作量，需占用大量时间按时按点坐班，还要想办法自己解决交通问题。据调研，一些村级窗口工作人员工作主动性差、疲于应付，影响了窗口服务质量和办事效率，不利于农村政务服务的可持续开展。为村民提供相关政务服务是政府行使公共服务职能的重要体现，应当加强财政投入力度，尤其要加强对乡镇、村居两级的人员和工作经费的投入，切实保障村级政务服务的稳定性和有效性。

4.深入推进"足不出村"办政务改革，需要加快数字政府和数字乡村建设步伐。总体来看，怀柔区数字政府建设的空间还很大，通过数字政府建设打通各部门之间的信息壁垒、提高信息化在农村政务办理方面的应用仍存在较大挑战。全市"互联网+政务服务"仍在统筹推进当中，数据信息全部在市级各部门的专网中，市级层面如果实现不了各部门数据整合共享，区级层面受制于各职能部门分割，更难以实现部门数据整合，做到政务服务"一网通办"。此外，由于北京市数字乡村发展仍在试点推进中，乡村的信息化基础较为薄弱，村庄分散、路程遥远，即使是接入某系统的专网（如社保局专网），也存在较大挑战，由于距离远、费用高，很多村庄不太具备接入专网的条件。因而，"足不出村"办政务要实现"一网通办"，就需要加大市级层面的信息整合力度，加快全市数字乡村建设步伐。

对于下一步深入推进"足不出村"办政务改革，我们提出以下建议：

1.明确改革路径，划分实施阶段。"足不出村"办政务为怀柔区全面深化改革打开了一道通往新时代乡村治理现代化路径的大门。建议进一步明确改革路径、划分实施阶段，将"足不出村"办政务改革全面深入推进。第一阶段是建立以实现"综窗、代办、少跑路"为目标的初级农村政务服务模式，该阶段任务已基本完成。第二阶段是建立以实现"综窗、代办、网办、不跑路"为目标的中级数字政务服务模式，这一阶段的主要改革内容是实现更多的网办功能，让数字多跑路，通过代办与网办的组合，基本实现群众办政务不跑路。第三阶段的目标是实现以"办事不跑路、生活少跑路"为特征的高级数字政务和公共服务模式，这一阶段除了实现"足不出村"办政务，还可以做到少出村享受公共服务，如将水、电、气、通信、公共交通、金融等领域引入"足不出村"办政务的范围，推进"互联网＋培训""互联网＋医疗""互联网＋文化""互联网＋养老"等技术服务，促使各领域公共服务和政务办理全面上线，实现村民办事不跑路、生活少跑路而目标。

2.加大改革力度，提升改革效果。第一，进一步加大权力运行机制改革。建议市区两级进一步加强机构职能优化和调整，加大权力运行机制改革，围绕发挥政府在经济调节、市场监管、社会管理、公共服务、生态环境保护等方面的职能，进一步明确政府权责，处理好政府与市场、政府与社会的关系，坚决管住政府的"有形之手"，推动权力的优化配置，合理减少事前审批，强化事中事后监管，完善依法诚信监管，放活市场和社会，不断激发各市场主体和社会组织的内生动力，实现经济社会高质量协调发展。第二，进一步提升部门统筹运转效率。以实施乡村振兴战略为抓手，以问题导向为切入点，以"主题办事"为牛鼻子，进一步建立部门协同的工作机制、沟通机制和考核机制，打破部门利益的束缚，加大后台协同办理能力。在政务办理协同工作中明确各部门权责清单、工作权重，探索上下联动、整体打分、单独评价的工作考核机制。第三，进一步扩大涉农事项服务范围。建议进一步梳理涉农服务事项，在提升部门统筹运转的基础上，将农业农村部门的各类涉农补贴、涉农奖励、设施农用地备案、工商企业注册、农民专业合作社申请设立登记等经济类政务事项纳入"足不出户"办政务的清单，逐步扩大涉农事项服务范围，为乡村振兴营造更加优良的政务服务环境。第四，进一步加强工作的制度化和规范化建设。针对制约改革的人员管理、工作条件、经费投入等困难和挑战，将村级政务服务站提供的服务事项纳入政府购买服务指导性目录，建立起一支稳定高效的三级政务服务体系队伍。加强"足不出户"办政务事项的规范化、制度化和信息化建设，为进一步实现全区或全市通办、异地办、一次办提供有效范本。第五，进一步加大信息共享利用力度。抓住全市深化"互联网＋政务服务"推进政务服务"一网、一门、一次"改革的机遇，全力推动政府数字化转型，推进数字乡村建设，通过提升全区数据共享程度打通乡村"信息孤岛"之间的联系，解决电子政务基础设施条块割裂的问题，通过流程再造，实现政府部门间的业务协同，形成全区各级政府职能部门核心业务全覆盖、横向纵向全贯通的全方位数字化工作体系。统筹推动城乡信息化融合发展，大幅提升乡村网络设施水平，完善信息终端和服务供给，构建为农综合服务平台，将乡村全面纳入现代信息共享网络体系之中。

3.总结改革经验，扩大改革影响。"足不出村"办政务高度契合当前城乡融合发展和乡村治理需求，其全面推广有利于推进首都乡村治理体系和治理能力现代化。建议借鉴浙江省"最多跑一次"改革的成功经验，进一步完善"足不出村"办政务改革的做法，创新相关体制机制，扩大改革影响，形成可复制、可推广的有益经验，为解决全市乃至全国乡村政务服务矛盾、完善乡村治理体系提供具有先导性和示范性的怀柔方案。

"十四五"时期我国乡村治理的着力点*

改革开放以来,我国工农结构、城乡结构、人口结构、收入结构、环境结构、治理结构等方面发生了重大的结构性变化。"十四五"时期,我国发展进入新阶段,为深入贯彻新发展理念,加快构建新发展格局,在乡村社会治理上,必须进一步强化有效治理的着力点,促进人的全面发展和社会的全面进步。

一、大力推进农村基层党组织建设,积极创新"党建+社会治理"模式

习近平总书记强调:"只有把基层党组织建设强、把基层政权巩固好,中国特色社会主义的根基才能稳固。"[1] 一是要加强和改进党对农村基层工作的全面领导,提高农村基层组织建设质量,为乡村全面振兴提供坚强的政治和组织保证。二是要加强和创新基层社会治理,坚持和完善新时代"枫桥经验"。加强城乡社区建设,强化网格化管理和服务,切实把矛盾化解在基层,维护好社会稳定。三是要积极创新"党建+社会治理"模式,注重发挥基层党组织在网格化服务管理工作中的统领作用,明确网格划分标准、网格队伍组成、网格职能职责和相关工作制度。着力加强"全科网格"建设,由政法委会同组织、民政、应急等部门及各街

---

* 作者为杨安、张英洪、王丽红。删节稿刊于《半月谈》2020年第24期。
[1] 《习近平重要讲话单行本》(2020年合订本),人民出版社2021年版,第134页。

道，将党建、意识形态、综治、消防、卫生健康、食品药品、厕所、垃圾管理等多元网格进行整合，实现一个网格管全盘。四是要继续深化村民自治实践。实现村民自治与村组自治的有机衔接，构建内部协调统一、运行高效有力的新型乡村组织体系，提升乡村组织应对重大疫情、重大灾害、重大风险的基层社会治理效能。五是要加强乡村治理中的数字化、智能化、网络化建设，通过移动手机端创新党建和基层组织建设方式、途径、载体。

二、切实将社会主义核心价值观实践化、日常化

一是要改变对社会主义核心价值观只说不做或者说一套做一套的现象。要改变将社会主义核心价值观单纯宣传化、口号化的做法，切实将社会主义核心价值观付诸实践，见于行动。作为关键少数，各级领导干部应当带头践行社会主义核心价值。二是要加快体现社会主义核心价值观的相关立法工作。民主、自由、平等、公正、法治等社会主义核心价值观也是宪法规定的重要内容，应当加快有关民主、自由、平等、公正、法治的立法工作，将社会主义核心价值观相关内容以及宪法相关规定进一步法律化、制度化、实践化。三是坚持以人民为中心的发展思想，实现依法治理和以德治理相结合，把乡贤文化和社会主义核心价值观融入到乡村社会治理中来，充分挖掘当地的优秀传统文化、优良革命传统，用社会主义先进文化陶冶道德情操。四是要培养和造就既具有中华优秀传统文化修养又具有现代文明素养的现代公民，提高全社会的文明程度。深入实施农村公民道德建设工程，完善乡村青少年理想信念教育齐抓共管机制。完善见义勇为人员奖励和保障政策，创新村、组、街道（社区）道德评议会、善行榜、社区志愿者积分管理制度，弘扬公序良俗。五是加强村规民约、居民公约、行业规章、团体章程等的建设，将广泛认同、操作性强的道德观念、法治文化、乡村社会治理文化及时上升为共同遵守的行为准则。

三、坚持和创新"多予少取放活"的重要方针

在"多予"上，就是要在加强对农业投入的基础上加大对农村和农民的投入。一方面，要在公共产品和公共服务提供上多予。加快实现城乡基本公共服务均等化和便利化。另一方面，要在公平正义的制度供给上多予。要加大各级立法工作，全面清理和废除限制农民、束缚农民、歧视农民的政策法律，为农民自由而全面发展提供公平的法律制度保障。

在"少取"上，就是要在减轻农民负担的基础上，重在农民土地财产权益上少取。首先，要在土地财产上少取，改革完善征地制度，提高农民在土地增值收益中的分配比例，维护和发展农村集体和农民的土地财产权利。其次，要在农民市民化成本上少取，改变一些地方在城市化进程中强制农民和农民集体承担农民市民化成本而推卸政府公共服务职责的不公正现象。最后，要在农民生育等收费方面少取。尽快全面废止计划生育政策和相关法律法规，加快建立鼓励生育以及保护家庭的政策法律体系。

在"放活"上，就是要尊重农民的主体地位，解除束缚农民自由选择和自主发展的体制之绳，赋予和保障农民当家作主的自主权。首先，要放活思想。尊重农村基层和农民群众的首创精神，调动农村基层干部和农民群众生产生活的积极性、主动性、创造性。其次，要在农民户籍身份上放活。尽快废止1958年颁布的《中华人民共和国户口登记条例》，从立法上废除城乡二元户籍制度，建立城乡统一、身份平等的现代户口登记制度，实现农民工及其家庭成员的市民化。再次，要在农民生产生活上放活。坚决改变一些地方随意干涉农民生产经营自主权和生活自主权的行政模式，纠正一些地方禁止农民种养的长官意志和土政策。最后，要放活城乡要素，实现城乡要素自由双向流动和平等交换。

四、正确处理好几个重要关系

一是要处理好城与乡的关系。加快破除城乡二元体制，解决城乡关系不平等、城乡要素流动不畅的体制机制问题，重新认识乡村价值，形成平等、开放、融合的新型城乡关系。二是要处理好贫与富的关系。要加快收入分配制度改革，下决心缩小城乡收入差距和乡村内部收入差距，走共同富裕之路。三是要处理好义与利的关系。树立以义为先的正确义利观，倡导社会公平正义，有效保护农民的财产权利和其他正当利益。四是要处理好官与民的关系。要将党全心全意为人民服务的根本宗旨和以人民为中心的发展思想制度化、具体化、权利化，加快发展社会主义民主政治，加快建设服务型政府，实现由民众对官员的服从向官员对民众的服务转变。五是处理好古与今的关系。在中华传统文化的基础上实现国家现代化，实现中华民族伟大复兴的中国梦，从而创造新的兼容并包的中华文明。六是处理好天与人的关系。切实转变掠夺自然、破坏自然的经济发展方式，改变浪费资源的生产生活方式，坚定走生态文明发展之路。

五、把维护和发展农民权利、促进社会公平正义作为乡村治理的主线

首先，农民作为共和国公民而且是公民中的主体部分，拥有公民身份，应当享有宪法赋予的公民权；其次，农民作为集体经济组织成员，拥有社员身份，应当享受集体经济组织章程规定的成员权；最后，农民作为农村社区居民，拥有村民身份，应当享受村民委员会组织法规定的自治权。保障和实现农民的公民权，就要坚定不移地推进全面依法治国，特别是坚持依宪治国，加强宪法实施，正式启动有关保障和落实公民基本权利和自由的专门立法工作，真正落实宪法规定的公民的基本权利和自由。保障和

实现农村集体经济组织成员权，就是要全面深化集体产权制度改革，加快农村集体经济组织立法工作，全面落实农民在集体经济组织中的财产权利和民主权利。保障和实现农民的自治权，就要进一步加强村民自治法制建设，落实村民对村庄社区公共事务的自治权，保障和实现农民当家作主。

六、将满足农民群众对美好生活的需求制度化、现实化

一是调整精准扶贫政策和国民收入分配格局，建立健全低收入保障制度，缩小城乡居民收入差距，维护社会公平正义。二是加快民生领域的体制改革和制度建设，全面提高农村民生保障水平，真正体现改革发展成果由人民共享。从根本上扭转教育医疗产业化趋势，建立全民免费教育、免费医疗制度，解除农民就学之难、就医之苦。加快提高农民基本养老待遇水平。三是全面废止计划生育政策，建立鼓励生育和家庭保护制度。建议尽快废止《人口与计划生育法》，相应制定《人口与家庭保护法》，全面废止计划生育政策法律，建立鼓励生育和保护家庭的政策体系和制度框架，将全国各级计划生育部门全面转型为健康养老服务保障部门。四是加快民主、法治、公平、正义、安全、环境等方面的立法工作和制度化建设，构建优良的美好生活的制度环境。

七、以坚定不移反对和惩治腐败的力度反对和惩治侵权行为

一是要认真贯彻落实《中华人民共和国民法典》，把有力保护农民群众的人身权利和财产权利作为检验民法典权威的试金石。二是要加大刑法实施力度与修改完善力度，使任何侵犯农民财产权利和人身权利的犯罪行为都受到法律的追究。特别是对于非法强拆民宅、一刀切拆违的有关领导、部门和人员，不但要从全面

从严治党上给予其党纪政纪处分,更要从全面依法治国上追究其刑事责任和民事责任,既要追究对农民违法犯罪的个人责任,也要追究对农民违法犯罪的单位责任。三是努力在全社会营造尊重和保护农民产权人权治权、维护社会公平正义的良好氛围和制度环境。

首都乡村集体经济组织振兴路径研究[*]

广义上讲的乡村集体经济组织，包括生产、流通、金融等各类乡村集体经济合作组织；狭义上的乡村集体经济组织是指以土地集体所有为基础的社区性集体经济组织。本报告所指农村集体经济组织为狭义上的社区性集体经济组织。乡村集体经济组织是乡村振兴的重要组织载体，推进乡村集体经济组织振兴，是实现乡村振兴战略的必然要求和重要内容。

一、首都乡村集体经济组织发展历程与特点

（一）首都乡村集体经济组织发展经历了四个阶段

1.高级农业生产合作社阶段。京郊农村集体经济组织产生于农业合作化运动时期。1951年底京郊农村开始推进农业合作化，到1957年全市（不包含尚未并入北京市的区县）共有高级农业生产合作社428个，入社农户19.3万户，人口80.3万人。

2.人民公社阶段。1962年京郊农村在高级农业生产合作社基础上建立了人民公社。全市共有285个人民公社、3704个生产大队、14818个生产队，65.2万户社员。

3.农工商联合（总）公司阶段。1984年上半年全市基本完成了人民公社政社分开的体制改革，郊区人民公社分设为乡镇党委、乡镇人民政府、乡镇农工商联合总公司三个机构，分别行使党务、

---

[*] 作者曹四发、张英洪、王丽红。原载《调查研究报告》2020年第46期。

行政与经济职能。生产大队改为农工商联合公司，生产队则改称农工商分公司。

4.经济合作社（股份经济合作社）阶段。1991年1月22日，北京市委、市政府印发《关于加强乡村合作社建设，巩固发展农村集体经济的决定》（京发〔1991〕2号），提出村级集体经济组织为村合作社，乡镇集体经济组织为乡合作经济联合社，简称"乡（镇）联社"。当时北京市有293个乡镇经济联合社（同时保留农工商联合总公司的牌子），有村经济合作社4159个（同时保留农工商联合公司的牌子），村合作社内部以原生产队为基础组建分社（农工商分公司）3080个。2000年前后，远郊区实行乡镇机构"三改二"改革，即保留乡镇党委和乡镇政府，撤销农工商联合总公司，在乡镇政府内设置集体资产管理委员会。随着农村集体经济产权制度改革的推进，"乡（镇）联社"的全称逐渐向"乡（镇）股份经济合作联社（或联合社）"转变，部分村合作社和乡（镇）联社被股份经济合作社或集体所有制（股份）合作企业取代。2012年北京市印发《关于进一步建立健全农村集体经济组织全面加强登记管理工作的通知》（京政农发〔2012〕12号），对集体经济组织进行了规范，一些改制后的集体经济组织又重新建立了村合作社和乡（镇）联社。到2019年，全市共有4131个乡村集体经济组织，包括187个乡（镇）联社、3944个村合作社。

（二）92.6%的集体经济组织分布在平原和远郊

在全市14个涉及农村集体经济组织的区中，朝阳区、海淀区、丰台区、石景山区4个区农村集体经济组织占全市农村集体经济组织的8.4%，其中，乡镇集体经济组织共34个，占全市乡镇集体经济组织的18%，村级集体经济组织314个，占全市村级集体经济组织的8%。其余10个区农村集体经济组织共计3783个，占全市农村集体经济组织的91.6%。其中，通州区、顺义区、大兴区、昌平区、房山区5个区农村集体经济组织数量占54.8%，乡镇级集体经济组织数为83个，占全市的44.4%，村级集体经济组织数为2178个，占全市的55.2%；门头沟区、平谷区、怀柔区、密云区、延庆区5个区农村集体经济组织数量占36.8%，乡镇级集体经济组织数合计为70个，占全市的37%，村级集体经济组织数为1452个，占全市的37%。

（三）乡村集体经济组织管理逐步规范化

1.农村集体经济组织财务管理及审计工作进入制度化、规范化阶段。北京市村级集体经济组织普遍实行"村账镇管"，2019年实行村会计委托代理制的达到3856个村，占全市村级集体经济组织的98%。2019年北京市实行财务公开的村有3973个，建立村民主理财小组的村达到3939个。2019年全市成立审计机构14个，共有审计人员1380人，进行审计的集体经济单位达到8625个，其中违纪单位11个，违纪金额129.74万元，受处分2人。村干部任期和离任审计1432件，土地补偿费专项审计277件。

2.集体经济组织登记赋码工作处于全国前列。2016年北京市农村经管部门开始探索对农村集体经济组织进行统一社会信用代码的登记赋码工作。2019年全市91%的集体经济组织在农业农村部门完成登记赋码，4.6%的乡村集体经济组织在市场监管部门登记。在全市完成集体产权制度改革的乡村集体经济组织中，在农业农村部门登记赋码的乡镇集体经济组织有20个，村集体经济组织有3743个；在市场监督管理部门登记的乡镇集体经济组织有7个，村级集体经济组织有182个。

（四）乡村集体经济组织经营的内生动力不足，区域发展差距大

1.乡村集体经济组织经营效益偏低。2019年全市农村集体经济组织账面资产总额为4980亿元，占全市农村集体经济组织和集体企业账目资产总额的59.6%。2019年全市农村集体经济组织总

收入仅为268.2亿元，占全市农村集体经济总收入的67.2%。2019年全市农村集体资产收益率为0.2%，其中，全市农村集体经济组织资产收益率为–0.2%，全市农村集体企业资产收益率为0.8%。从全市农村集体经济组织内部来看，全市乡镇集体经济组织资产收益率为0.1%，全市村级集体经济组织资产收益率为–0.3%。

2. 全市农村集体经济组织缺乏实体产业支撑。北京市农村集体经济组织收入的75%来源于非主营业务收入。具体来看，北京市农村集体经济组织收入的39%来源于其他业务收入，26%来源于营业外收入（其中8%来源于财政补贴收入），10%来源于投资收益，25%来源于主营业务收入。北京市农村集体经济组织主营业务收入全部来源于居民服务、修理和其他服务业收入，而农林牧渔业、工业、建筑业等领域的主营业务收入为0。

3. 全市农村集体经济组织及集体企业经营效益呈现较为突出的不平衡性。从区域来看，2019年朝阳区、海淀区、丰台区、石景山区4个区农村集体经济组织及集体企业资产收益率为0.36%，通州区、顺义区、大兴区、昌平区、房山区5个区的集体经济组织及集体企业资产收益率为0.004%，门头沟区、平谷区、怀柔区、延庆区、密云区5个区农村集体经济组织及集体企业资产收益率为–0.39%。分区来看，2019年大兴区农村集体经济组织及集体企业资产收益率为2.56%，位居全市第一；海淀区农村集体经济组织及集体企业资产收益率为0.9%，位居全市第二；延庆区农村集体经济组织及集体企业资产收益率为0.8%，位居全市第三；密云区农村集体经济组织及集体企业资产收益率为–3.7%，为全市最低。

（五）乡村集体经济组织净资产呈现三个量级，仅34.5%的村级集体经济组织实现分红

2019年北京市乡村集体经济组织净资产为2011.3亿元，占全市集体经济组织和集体企业净资产的76%，其中乡镇级集体经济组织净资产为138.3亿元，占全市乡镇集体经济组织和集体企业净

资产的 26%；村级集体经济组织净资产为 1873 亿元，占全市村级集体经济组织和集体企业净资产的 88.6%。分区域来看，北京市乡村集体经济组织和集体企业的净资产呈现三个量级，朝阳、海淀、丰台、石景山 4 个区农村集体经济组织和集体企业的净资产超过 1500 亿元，通州、顺义、大兴、昌平、房山 5 个区农村集体经济组织和集体企业净资产超过 800 亿元，生态涵养区 5 个区乡村集体经济组织和集体企业净资产不足 240 亿元。2019 年北京市有 1354 个村集体经济组织实现股份分红，占新型农村集体经济组织的 34.5%。股份分红总额 53.7 亿元，131.9 万农民股东获得分红，占成员股东数的 38.9%，人均分红 4068.2 元。

二、加强乡村集体经济组织建设的主要探索

改革开放以来，北京市在深化农村集体经济组织产权制度改革、规范财务管理、登记赋码、完善内部治理和规范产权流转等领域做了许多有益的探索。

（一）推进农村集体经济组织产权制度改革

20 世纪 90 年代初，北京市开始推行以"撤村不撤社、转居不转工、资产变股权、农民当股东"为基本方向的农村集体经济组织产权制度改革，发展股份合作经济。主要经历了四个阶段：一是改革试点探索阶段（1993—2002 年），北京市通过 10 年的试点探索，提出了"撤村不撤社、转居不转工、资产变股权、农民当股东"的改革思路，一般将集体净资产划分为集体股和个人股，集体股占 30% 以上，个人股占 70% 以内。到 2002 年底，北京市完成 24 个村的集体经济产权制度改革。二是扩大改革试点阶段（2003—2007 年），在股权设置上，将人员范围扩大到 16 岁以下的未成年人，并对改革试点工作做了进一步规范。到 2007 年底，北京市完成对 303 个乡村集体经济产权制度改革的任务（村级 299

个、乡级4个），全市30多万农民成为新型集体经济组织的股东。三是全面推广阶段（2008—2013年），农村集体产权改革全面提速。到2013年底，全市3873个单位完成集体经济产权制度改革（村级3854个、乡级19个），村级完成改革的比例达96.9%，全市324万农民成为新型集体经济组织的股东。四是深化改革阶段（2014年以来），北京市重点对未完成的村级集体经济产权制度加大改革力度，有序推进乡镇集体产权制度改革，解决早期改革中集体股占比过高的问题，加强和规范新型集体经济组织的经营管理等。2019年全市3952个单位完成集体经济产权制度改革（村级3925个、乡镇级27个），村级完成比例达到99.3%，335.7万农民当上新型农村集体经济组织的股东，其中乡镇级成员股东为2.48万个，村级成员股东为333.23万个。2019年股金分红总额达到57.8亿元，其中村级达到53.7亿元，乡镇级达到4.1亿元。

（二）规范农村集体经济组织财务管理

20世纪90年代以来，北京市不断探索推进乡村集体经济组织财务管理的制度化和规范化建设，形成了较为完备的集体经济组织财务管理的制度体系。一是加强制度建设，引导乡村集体经济组织财务管理规范化。1993年以来，先后出台《北京市农村集体资产管理条例》《北京市农村集体经济审计条例》，建立了北京市农村集体经济组织财务管理的基本制度框架。2009年北京市印发《北京市村集体经济组织财务规范管理制度（试行）》（农经字〔2009〕16号），提出一套相对比较系统、完整的北京市农村集体财务管理制度体系。二是持续推动"村账托管"，推进乡村集体经济组织财务管理的制度化、精细化。2004年北京市开始探索建立"村账托管"村级集体经济组织财务管理机制，建立了群众监督、会计监督和审计监督的"三级监督"机制，实行了"六项统一"，即统一财务制度、统一票据、统一审核、统一记账、统一公开、统一建档。同时推动实行了村级集体经济组织财务的电算化管理。

2008年北京市进一步规范了农村集体经济组织对征地补偿款的专户管理。三是围绕重点难点问题，持续推动乡村集体经济组织财务管理的规范化。2013年以来，北京市针对加强村务监督、规范集体经济合同、规范村级财务公开、规范新型农村集体经济组织收益分配、清产核资等农村集体经济组织财务管理中的重点难点问题持续发力，推动海淀区于2013年底成立了农村集体资产监督管理委员会，加强村级财务管理的规范化、制度化，推动将农村集体资产股份收益分配权落到实处，以规范化的管理切实保护和实现农村集体经济组织成员权。

（三）加强对农村集体经济组织的登记与赋码管理

北京市加强集体经济组织登记工作经历了四个阶段：一是为适应社会主义市场经济条件下加强集体经济组织规范化管理的需要，自2003年开始，北京市农村经管部门对农村集体经济组织进行登记。2005年北京市要求农村集体经济组织以全部集体资产投资设立的集体企业应到工商部门登记。二是加强新型集体经济组织登记管理。2010年北京市在推进农村集体经济组织产权制度改革的过程中，要求改革后新成立的股份经济合作社，及时到区经管部门办理登记手续；改革后成立企业法人的，及时到工商行政管理部门登记注册。三是为解决农村承包地确权颁证过程中遇到的将集体土地所有权证颁给谁的问题，2012年北京市农村集体产权制度改革后建立新型集体经济组织取代原村合作社、乡（镇）联社的乡村集体经济组织，重新恢复建立了村合作社、乡（镇）联社，并进行了登记备案。四是推进全市农村集体经济组织登记赋码工作。2016年原北京市农村合作经济经营管理办公室开发了北京市农村集体经济组织登记证系统，2016年5月底开始推进北京市农村集体经济组织存量登记证换发工作。2019年1月，按照《农业农村部办公厅关于启用农村集体经济组织登记证有关事项的通知》要求，北京市开始推动全市新型农村集体经济组织登记赋码的换证工作，2020年上半年换证完成率达到51%。

（四）建立健全农村集体经济组织内部治理机制

《中华人民共和国宪法》第十七条规定："集体经济组织实行民主管理，依照法律规定选举和罢免管理人员，决定经营管理的重大问题。"在深化农村集体产权制度改革过程中，北京市不断加强新型集体经济组织内部制度建设，要求各农村集体经济组织按照现代企业制度的要求，建立健全新型集体经济组织的民主管理制度、日常管理制度、现代企业经营机制。2010年以来，北京市推动新型集体经济组织建立健全股东大会或股东代表大会、董（理）事会和监事会等民主管理架构，并督促其按照章程规定，及时召开股东大会或股东代表大会，按时进行董（理）事会和监事会换届选举工作。2017年北京市进一步加强对农村集体经济组织按时换届选举、严格履行选举程序的督导，探索推进农村集体经济组织成员（股东）代表、董（理）事会及监事会换届选举与村"两委"换届选举工作同步进行。

（五）完善农村集体经济组织产权交易管理

2011年北京市制定《关于加强农村集体产权交易监督管理的指导意见》（京农研〔2011〕13号），对农村集体经济组织产权交易的管理原则、产权交易范围、程序以及管理的主体部门责任等作出了具体规定。2010年北京农村产权交易所成立。10年来，北京市农业农村部门围绕贯彻落实市委市政府关于"加快推进要素市场建设"的任务要求，指导北京市农村集体产权流转交易市场建设，设立农村集体产权交易服务机构，搭建起"市、区、乡（镇）、村"四级服务网络体系，逐步构建起全市统一、规范的农村集体产权流转交易市场，充分发挥市场机制作用。截至2020年10月底，北京市农村集体经济组织产权交易项目已累计成交1200多宗，成交金额近156亿元，流转土地面积26.1万亩，租赁房屋面积98.9万平方米，交易项目覆盖全市103个乡镇、672个村。

三、存在的突出问题

（一）地位不明

《中华人民共和国宪法》第十七条规定："集体经济组织在遵守有关法律的前提下，有独立进行经济活动的自主权。"《中华人民共和国民法典》第三章第四节第九十六条规定集体经济组织为特别法人。但是目前尚未制定《集体经济组织法》，集体经济组织特别法人在市场中的地位缺乏专门法律的规定，农村集体经济组织特别法人作为市场主体的权利义务尚不明确。在地方层面，北京市对集体经济组织的地方立法以及相关规章制度的修订和建设也比较滞后，致使集体经济组织的内部治理、外部监管、统筹经营等都缺少明确的法律法规依据，农村集体经济组织在从事贷款、投资、合作经营等市场活动时仍受到诸多限制。

（二）政社不分

北京市城市化进程较快的地区虽已开始探索推进集体经济组织与村"两委"、乡镇政府之间的政社分离工作，例如2019年海淀区温泉、西北旺、苏家坨、上庄等4镇21个村开展了村级组织账务分离工作。但总体上，全市村集体经济组织的资产经营管理工作主要还是由村"两委"成员兼任，集体经济组织与村委会的账户混用，集体经济组织管理体制不顺畅，这在一定程度上制约了集体经济组织的建设和集体经济的发展。一些乡镇集体经济组织没有与乡镇政府分开设立账户，一定程度上限制了乡镇集体经济组织独立开展经营服务功能的发挥。据2016年北京市农研中心课题组的调查，在乡镇级集体经济组织中，实行政社分离账目单独设置、有独立经营活动的只有20个，占11%；建立管理机构、账目单独设置、收益归政府的共有88个，占总数的47%；资产、账目等并入政府财务，难以开展经营活动的有79个，占42%。

（三）功能不全

《中华人民共和国宪法》第八条规定："农村集体经济组织实行家庭承包经营为基础、统分结合的双层经营体制。"改革开放以来，农村家庭承包责任制不断完善，农村集体经济组织"分"的经营体制得以建立和发展，而农村集体经济组织"统"的经营体制并没有相关法律给予明确的规定。在实践中，北京市农村集体经济组织自身在发挥"统"的功能上面临组织建设滞后、统一服务缺位等问题，多数农村集体经济组织没有充分发挥好"统"的功能。由于集体经济组织"统"的功能缺位，在一定程度上削弱了"分"带来的积极作用。此外，有的地方在思想认识上也存在以"统"的名义去削弱乃至取消"分"的误区。

（四）权责不清

农村集体经济组织与村"两委"、乡镇政府的责权划分不明确，导致农村集体经济组织社会公共负担较重。一方面，党支部、村委会与集体经济组织之间职责不清，农村集体经济组织仍然承担着较重的农村基础设施建设、基本公共服务和基层治理等成本。另一方面，乡镇集体经济组织与所办企业之间还存在着不同程度的资产归属和财务关系不清晰的问题，集体经济组织的所有权人地位不清晰，农村集体企业的市场地位不明确，农村集体经济组织的经营体制机制不能完全适应市场经济发展的客观需要。

（五）经营不善

全市农村集体经济组织自身经营水平总体偏低，2019年全市1982个村集体经济组织收不抵支，占村集体经济组织总数的50.3%，较2015年增加了266个村。2019年全市村级集体经济组

织营业利润为 –67.2 亿元，补助收入占村级集体经济组织营业外收入的比重超过 32%。2019 年全市农村集体经营收入低于 10 万元的集体经济薄弱村有 900 个。全市农村集体经济组织负债率处于较高水平，2019 年全市农村集体经济组织资产负债率为 59.6%，其中，乡镇集体经济组织的资产负债率达到 82.5%，村级集体经济组织的资产负债率为 55.3%。

（六）运转不灵

乡村新型集体经济组织的法人治理结构仍然不够完善，封闭产权与开放市场的矛盾仍没有得到有效解决。有的新型集体经济组织法人治理结构运作不够规范、协调，乡（镇）联社和村合作社章程的适应性不高、执行效果不佳，新型集体经济组织内部的民主管理机制不够健全，董事会与经理层人员高度重合，换届工作、信息公开不及时、不规范，"内部人"寻租和"外部人"对集体经济组织事务的不当干预与侵夺等问题始终存在，一些地方的"小官巨贪"现象以及集体资产流失等问题尚未得到制度性的根本解决。

四、思考与建议

（一）在指导思想上，把集体经济组织振兴作为乡村振兴战略的重要着力点

农村集体经济组织是具有中国特色的农村经济组织，是农村集体资产的所有者和管理者，是一类特别法人。北京市委、市政府《关于加强乡村合作社建设，巩固发展集体经济的决定》（京发〔1991〕2 号）明确提出："乡、村合作经济组织在农村经济中居于主导地位，是党和政府联系农民的重要桥梁和纽带，在推进农业现代化，促进农村经济社会协调发展，以及在商品生产中争取和

维护农民权益、带领农民共同致富等方面，具有不可替代的作用。加强乡、村合作经济组织建设，巩固发展集体经济，是各级党委和政府的一项经常性的重要任务。"在新时代全面推进乡村振兴战略中，各级党委和政府应从指导思想上做到对加强农村集体经济组织建设的硬重视而不是软重视，从根本上认识到推动集体经济组织振兴的重大意义。

首先，农村集体经济组织是有效维护和实现农村集体所有制的重要载体。农村集体经济组织是农村基本经济制度和生产经营体制在具体历史条件下的统一。如果没有乡村集体经济组织的规范发展和职能的有效发挥，那么发展壮大集体经济、维护农村集体所有制的优越性都将无从发力。其次，农村集体经济组织是实现农民共同富裕的重要主体。2019年全市农村集体经济组织农户共313万人，从乡村集体经济获得收入189.5亿元，人均所得6053元，占农户所得总额的22.7%。应当进一步引导农村集体经济组织稳步提高股份分红的水平和范围，使每一个集体经济组织成员都能从集体经济组织的建设和发展中获得实实在在的利益。最后，农村集体经济组织是实施乡村振兴战略的重要力量。农村集体经济组织是提高乡村治理效能的重要组织依托，是带领广大成员共同振兴乡村产业、振兴乡村生态、形成新时代文化风尚的重要内因和组织资源。推动乡村组织振兴，必须高度重视乡村集体经济组织的振兴；发展农民合作社，必须高度重视发展乡（镇）联社和村合作社，使社区性合作社与农民专业合作社发展相得益彰。建议及时总结30余年来北京市农村集体经济组织建设和集体经济发展的经验，适应新发展阶段、新发展理念、新发展格局的要求，重新制定《关于加强农村集体经济组织建设，发展壮大新型集体经济的决定》，为新时代首都乡村集体经济组织建设和新型集体经济发展提供有力的政策指导和支持。

（二）在地位作用上，充分发挥集体经济组织"统"的功能

农村集体经济组织实行以家庭承包经营为基础、统分结合的双层经营体制。"统分结合"蕴含农村集体经济组织层面的"统"和农村集体经济组织成员层面的"分"以及将二者有机结合的重大功能。在"分"的层面，主要体现在从包产到户到农村土地承包经营权的长久不变，实现集体经济组织成员以家庭为单位获得承包土地的生产经营自主权，使家庭承包经营成为集体经济组织内部的一个经营层次。在"统"的层面，北京市委、市政府《关于加强乡村合作社建设，巩固发展集体经济的决定》（京发〔1991〕2号）规定："农村集体经济组织承担着生产经营、合作服务、协调管理、资源开发、资产积累等职能，并可受政府委托，完成某些行政任务。"农村集体经济组织具有集体资源开发利用、集体资产经营管理、集体产业发展、为成员提供农业社会化服务等功能。目前，农村集体经济组织除在集体资产管理方面发挥了较为重要的作用以外，其他"统"的功能均存在不同程度的缺位，已经成为制约乡村振兴的重要短板。在巩固和深化农村改革成果的基础上，建议进一步提升农村集体经济组织统筹资源利用、统筹产业发展和统一社员服务的能力。

一是发挥好集体经济组织统筹开发利用集体资源要素的功能。将资源盘活起来，充分利用集体所有的土地资源、生态资源，推动农村集体经营性建设用地集约利用，将闲置的农宅、山场、林地进行统一利用，大力发展新型乡村产业。二是进一步优化集体经济组织对集体资产统一监管的功能。尽快修改完善农村集体资产管理办法，建立健全农村集体资产监管体制机制，加强农村集体资产管理队伍建设，完善农村集体资产管理的审计监督机制。依法利用本社成员集体所有或者国家所有依法由本社集体使用的资产对外投资，提高集体资产的经营管理效率，提高集体资产的收益率。三是加快补齐集体经济组织为成员提供统一服务的短板。

鼓励集体经济组织为成员提供产前产中产后的农资、技术、信息、金融、流通等全方位的生产生活服务。在生产经营领域，农村集体经济组织作为成员家庭提供农业生产社会化服务的核心主体，可以通过整合农民专业合作社、农业机械化服务组织等各类社会化服务主体的方式，也可以通过建立服务实体的方式，为集体经济组织成员提供统一整地、统一供应种子、统一规范使用化肥农药、统一利用高科技设备、统一开展技术培训、统一聘请专业团队进行田间管理、统一信息服务、统一金融服务、统一市场销售服务等的服务。在生活服务领域，允许和鼓励以集体经济组织为主体，承接农村交通、水利、基础设施维护、道路养护、绿化环卫管护等劳务服务和政策工程项目，对外提供劳动中介和输出等有偿服务。允许和鼓励农村集体经济组织通过各种渠道为农户解决金融需求服务。

（三）在工作重点上，将乡（镇）联社建设作为重中之重

加强乡村集体经济组织"统"的功能，即可以在建立乡村集体经济组织民主管理、利益共享机制的基础上，借鉴台湾农会的有益经验，形成以乡（镇）联社为主导、以乡带村的新机制，实现乡村集体资源要素的统筹经营、集体资产的统一管理、集体成员的统一服务。

1. 激活乡（镇）联社的带动作用。在基本思路上建议实行"两个分开，两个打开"。首先，在乡村治理上，在党的统一领导下，实行运行机制的"两个分开"，即乡镇政府、村委会运行机制与合作社发展机制分开、合作社发展上的资产所有权与资产经营权分开。其次，在乡（镇）联社发展机制上，经过产权制度改革以后，及时建立完善与现代产权制度、市场经济体制相适应的法人治理结构，实现经济发展上的董事会、监事会和经营班子各司其职、各负其责。在此基础上，实现"两个打开"，即为农民打开城门、为市民打开村门。以乡村合作社为平台，探索建立城乡要素自由

流动、平等交换的体制机制。通过村社的熟人信用机制、地域价格发现机制和村民自治的合法决策机制，按照自愿、民主、公开、公正和等价交换的原则，建立健全成员进入与退出规范。农民如果自主决定进入城镇当市民，可以将自己在村内的集体经济所有者权益，经自愿申请和村民公议，以双方商定的条件，由村合作社予以兑现，实现顺利退出。市民如果愿意进村当农民，经自愿申请和股东会议同意，以双方商定的条件（包括允许向村合作社认缴股金），作为村合作社成员，享有相应的成员权利，实现事实上的"农转非""非转农"。

2.深化乡镇集体经济组织产权制度改革。在乡镇党委的领导下，通过乡（镇）联社进行全域范围的行业管理和发展统筹，形成组织架构明确、成员可进可退的运行管理机制，推动全面建立"归属清晰、责权明确、保护严格、流转顺畅"的农村集体经济现代产权制度，促进农业供给侧结构性改革和农村发展动能转换。

3.在乡镇党委、政府的领导下，按照"两个分开、三个合作"的思路，推进乡（镇）联社建设。"两个分开"即政治和经济分开、所有权和经营权分开，核心是理顺乡镇党委、政府与乡（镇）联社之间的关系。乡镇党委、政府可以依照党章党纪和国家法律，行使对乡（镇）联社的领导、指导、审计、监督等权力。乡（镇）联社具有独立市场主体的法人地位，乡（镇）联社内部要建立健全法人治理结构，股东大会、董事会、监事会和经营团队分工负责、各司其职。"三个合作"即生产合作、供销合作、信用合作。在乡（镇）联社内设生产合作、供销合作、信用合作、文化旅游、农业教育、成员服务、对外联络等内设部门，实现"三个合作"。

4.形成各级行政企事业部门统筹支持乡（镇）联社的政策机制。所有区级以上部门对"三农"和基层财政项目的资金进行使用和转移支付时，原则上都应落实到乡（镇）联社，由乡（镇）联社统筹执行。使乡（镇）联社成为提供农业科研、职业教育、农产品加工储运和物流等服务的乡村枢纽型组织。建立完善农村金融服务体系，建立完善涉农政策性金融、涉农商业金融（包括保险、投资、担保、基金等）服务体系，并与乡（镇）联社的信用合作（信用部或合作银行）对接。

（四）在体制改革上，大力营造有利于集体经济组织发展的制度环境

1.加快集体经济组织立法工作。在国家层面加快集体经济组织立法的同时，应当尽快研究制定《北京市农村集体经济组织条例》，修改《北京市农村集体资产管理条例》等地方性法规，建立体现扶持及有所差别的涉农税收制度，推进农村集体经济组织依法顺畅地进入市场，推动农村集体产权依法有序交易。

2.完善乡村集体资产管理与监督的体制机制。加强和巩固市、区、乡镇农村的经管专业机构和队伍，借鉴海淀区经验，建立区级集体资产监管委员会，从体制机制上保障农村经管机构进行资产监管的权威性。

3.加快推动政经分离，明晰集体经济组织与村委会的职能关系，将乡村合作社与乡镇政府、村委会分开，使其各司其职，逐步剥离集体经济组织所承担的社区公共管理服务和公益建设职能，使集体经济组织能够向市场主体的方向发展。

4.建立有利于农村集体经济组织发展的财政税收制度。支持农村集体经济组织发展乡村产业，使农村集体经济组织可以同等享受新型农业经营主体的各项优惠政策。支持农村集体经济组织带动农民共同富裕，减免集体股份分红的个人所得税。

5.建立支持集体经济组织发展的金融制度。探索以集体经济组织为主体发展农村合作金融。针对农村集体经济组织在支付结算、现金管理、投资理财、融资信贷等方面的金融服务需求，制定为集体经济组织提供全方面金融服务与支持的制度。

6.建立鼓励优秀人才到农村集体经济组织就业创业的政策制度。建立集体经济组织吸引外部人才的机制，在集体经济组织和

乡村集体企业实行开放式用人制度，加快建立健全职业经理人聘任机制和约束与激励机制，形成科学合理的薪酬制度，推行合同制，吸引人才，促进人力资源向集体经济组织合理流动。

7.推动城乡就业、医疗、养老等社会保障制度接轨，使农村集体经济组织和乡村集体企业中的就业创业人员能够享受到与在国有企业就业创业人员同等的医疗、养老等社会保障待遇。

（五）在内部治理上，切实保障和实现成员的民主权利和财产权利

在全面推进乡村振兴战略中，应当着力推进集体经济组织的民主治理，构建和落实集体经济组织成员与农村集体经济组织之间的利益联结机制，形成共治、共享、共赢的发展局面，充分体现和保障每一个集体经济组织成员的主人翁意识和地位，使集体经济组织成为推动乡村善治的重要组织力量。

一是进一步规范乡村集体经济组织内部治理。参照农业农村部2020年11月发布的《农村集体经济组织示范章程（试行）》，推动农村集体经济组织章程的修改完善与规范执行，确保成员权利得到有效保障，成员意志得到充分体现。加强对乡（镇）联社、村合作社落实章程情况的监督检查，确保乡村集体经济组织落实民主管理制度、经营管理制度、合同管理制度、审计制度等各项农村集体经营与管理制度，确保乡（镇）联社、村合作社章程所确立的股东大会或股东代表大会、董事会、监事会等民主管理架构运行顺畅，真正实现民主管理、规范经营，保障和实现成员的知情权、参与权、决策权、监督权。二是明确集体资源和资产的所有权主体。进一步深化农村集体产权制度改革，严格落实集体资产所有者代表职权，理清乡村集体经济组织与乡镇（村）集体企业之间的关系，实行社企分离，研究制定北京市农村集体资产向农村集体经济组织移交的工作意见，推动乡村合作社与所办企业实行账户单设、财务独立，进一步明确集体所有权人，增强集

体经济组织成员的主人翁意识,确保集体经济组织对集体资源和资产的所有权。三是引导新型农村集体经济组织完善收益分配制度,规范新型集体经济组织的收益分配行为,切实保障农民集体的收益分配权。建立健全农村集体经济组织收益分配制度,指导农村集体经济组织加强财务管理,确保规范有序地开展收益分配。四是严防农村集体资产流失,加强农村集体资产的清产核资、审计监察工作,加强对农村集体经济组织合同的规范和清理,依法惩治"小官巨腐"等侵蚀、掠夺集体资产的违法犯罪行为,真正使农村集体经济组织和成员的财产权利得到有效保护。

第四篇

权利、法治与城市化

征地拆迁、整建制转居与农民财产权*

——北京市大兴区北程庄村调查

改革开放以来，城市化步入快车道。城市的扩张必然导致城郊农村地区的城市化。特别是20世纪90年代以来，特大城市城乡接合部地区的农村，不断被迅猛向外扩张的城市吞并，不少村庄逐步成为城市肌体的一部分。在快速城市化进程中，农村地区的城市化是不可避免的经济社会现象，也是经济社会和城市化发展的必然规律，这本身无可厚非。值得关注和思考的问题在于，在我国特有的城乡两种土地公有制以及城乡二元性的户籍身份制度、社会保障制度、社区管理制度等基本制度结构中，政府主导的征地拆迁城市化模式，是如何对待和处置农民集体财产的，以及农民是如何实现市民化的。换言之，在城市化进程中，农民的财产权利是如何维护和发展的。这是一个重大的社会实践问题，也是一个重大的公共政策问题和事关城乡融合发展的重大理论问题。

正是带着这些问题，2018年我们对北京市大兴区黄村镇北程庄村进行了调查。我们希望通过解剖北程庄村这只"麻雀"，认识和把握城市化进程中维护和发展农民财产权利的现实路径和基本经验，分析其成败得失，思考和探索在保障农民财产权的基础上实现更加公平合理的城乡善治之路。

黄村镇是大兴区委区政府所在地，北程庄村作为黄村镇所属的一个行政村，地处大兴区新城北区，距离大兴区政府6.3千米。该村在2010年3月底前，先后完成了土地全部征占、整建制转居和集体经济组织产权制度改革，已属于无农业、无农村、无农民

---

* 作者为张英洪、刘雯。原载于《北京农业职业学院学报》2019年第2期。

而只有集体经济组织即北程庄村股份经济合作社的三无村。在北京，三无村有两种情况，一种是撤销村委会建制，比如丰台区卢沟桥乡三路居村；另一种是仍然保留村委会建制，比如北程庄村。北程庄村虽然完全没有农业这个产业，没有村庄这个形态，也没有农民这个身份，但至今仍然保留着村委会这块牌子。因征地拆迁，农民上楼，北程庄村村民与其他拆迁村村民混住在郁花园三里社区和康泰园社区，这两个社区均成立了城市社区居委会。

2006年，即在北程庄村进行最后一轮大规模征地拆迁的前一年，该村面积约七八百亩，72户，农业户籍人口259人，农村劳动力183人。村集体经济组织总收入149万元，资产总额为1767.4万元，其中固定资产1231.7万元，流动资产为535.7万元。到2017年，该村集体经济组织总收入659万元，资产总额为8805万元，其中固定资产3710.2万元，流动资产5094.8万元，农民人均所得14300元。该村共有集体经济组织成员265人，其中劳动力140人。

一、土地征收与安置补偿

改革开放以来，北京的城市化发展开始加速，常住人口城镇化率从1978年的55%提高到2017年的86.5%，常住人口从1978年的871.5万人增加到2017年的2170.7万人，农业户籍人口从1978年的382.6万人减少到2017年的227.5万人，乡镇政府个数从1985年的365个减少到2017年181个，村委会个数从1985年的4394个减少到2017年的3920个，城市建成区面积从2002年的1043.5万平方千米扩大到2016年的1419.66平方千米。北京城市空间摊大饼式的急剧扩张，主要是通过政府征用和征收农村集体土地这种征地拆迁模式完成的。

自20世纪80年代以来，北京的征地补偿安置政策经过了三次较大的调整：

第一次是1983年8月29日北京市政府发布实行的《北京市建设征地农转工劳动工资暂行处理办法》。该办法根据1982年5月施行的《国家建设征用土地条例》第一条和第十二条制定。根据《国家建设征用土地条例》，征用耕地（包括菜地）的补偿标准，为该耕地年产值的三至六倍；征用园地、鱼塘、藕塘、苇塘、宅基地、林地、牧场、草原等的补偿标准，由省、自治区、直辖市人民政府制定。征用无收益的土地，不予补偿。征用宅基地的，不付给安置补助费。《北京市建设征地农转工劳动工资暂行处理办法》规定被征地单位符合条件的农转工人员，由用地单位负责安排工作。农转工人员不论安置到集体所有制或全民所有制单位工作，都应执行所在单位同类人员的工资标准、奖励、劳保、福利待遇等制度。

第二次是1993年10月6日北京市政府发布实行《北京市建设征地农转工人员安置办法》。该办法进一步明确了在建设征地中安置农转工人员的相关办法，强化了征地单位的权利义务以及农转工人员的权利义务，对于自谋职业者，给予一次性安置补助费。

第三次是2004年4月29日北京市政府第24次常务会议通过、自2004年7月1日起施行的《北京市建设征地补偿安置办法》(148号令)。该办法有几个明显的特点：一是与前两个办法只规定征地农转工人员安置不同，148号令既规定了征地补偿，也规定了人员安置和社会保险。二是明确征地补偿费实行最低保护标准制度。三是实行逢征必转原则，规定征用农民集体所有土地的，相应的农村村民应当同时转为非农业户口，应当转为非农业户口的农村村民数量，按照被征用的土地数量除以征地前被征地农村集体经济组织或者该村人均土地数量计算。四是实行逢转必保，建立社会保险制度，将转非劳动力纳入城镇社会保险体系。五是明确农村村民转为非农业户口后，不丧失其作为农村集体经济组织成员应当享有的财产权利。

从20世纪90年代末期开始，北程庄村集体土地先后四次被陆续征用或征收。到2007年，该村土地已被全部征收。

发生在1999年前后和2004年的两次征地，分别是因为修建铁路和修建公路的需要而征地，属于小规模的征收耕地，且只征地不转居。该村土地大规模被征收发生在2007年。一次是因京沪铁路建设，征收该村320亩土地，根据《北京市建设征地补偿安置办法》，征地补偿标准统一打包，征地单位按照20万元/亩的标准将征地补偿款支付给村集体；另一次是大兴区新城北区5.75平方千米规划开发建设征地，这次征地共涉及7个村庄，北程庄村属于其中的一个，该村被征收剩余的所有土地即460亩，征地单位按照16万元/亩的标准将征地补偿款支付给集体，同时给村集体2600平方米底商的所有权。2007年北程庄村两次征地补偿款约1.37亿元。北程庄村四次征地基本情况见表1：

表1 北程庄村4次征地基本情况

征地年份	征地事由	征地面积（亩）	征地价格（万元/亩）	农户转居情况
1999（前后）	修建铁路征地	约80	7	没有转居
2004	修建兴旺路、金星西路（属于大兴区区域规划路）征地	近100	13	没有转居
2007	修建京沪铁路征地	320	20	没有转居
2007	大兴区新城北区5.75平方千米开发征地，涉及7个村	460	16（+2600平方米底商）	一次性整建制转居

注：2007年征地时，青苗补偿费标准为2.5万元/亩，大棚补偿费为40元/平方米。此表数据为作者调研整理。

北程庄村的前两次征地，没有改变村庄的基本格局。2007年的两次征地拆迁，使北程庄村完全失去了传统村庄的基本形态和结构，实现了从传统乡村向现代城市社区的历史性嬗变。

2007年北程庄村土地被征占、整体拆迁后，在回迁社区还没有建成之前，征地单位采取按照置换面积进行房租补贴的方式安置农民生活，农民自主租房，每月每平方米补贴租金20元。北程庄村拆迁补偿方案以每户为单位，按照每户宅基地面积75%置换回迁房。此外，还有宅基地的地上物补偿和旧房装修补偿。其中，宅基地的地上物补偿按照房屋重置成新价补偿。一般情况下，回迁的村民每户能置换到4套房（每套房约90平方米）和60多万元的现金补偿。该村置换面积较多的几户，置换了7套房和100余万元的现金补偿。凡是按规定提前签字搬迁的，每户还能获得2万元奖励资金。

2009年6月，北程庄村村民开始回迁到两个已建成的回迁社区公寓。提前搬家的进入郁花园三里社区居住，搬家较晚的进入康泰园社区居住。康泰园社区系在北程庄村原址上建成的城市社区；郁花园三里社区则是7个拆迁村的集中回迁社区，隶属于新成立的高米店街道管辖，共有16栋回迁楼，1865套公寓，居住了5000多人，其中本地户籍人口约2500人，外来人口约2500人。

《北京市建设征地补偿安置办法》对转非劳动力就业作了规定，强调转非劳动力就业坚持征地单位优先招用、劳动者自主择业、政府促进就业的原则。转非劳动力自谋职业的，一次性支付就业补助费给本人。一次性就业补助费不低于下列标准：第一，转非劳动力年满30周岁、不满40周岁的，为征地时本市月最低工资标准的60倍；第二，转非劳动力男年满55周岁、女年满45周岁的，为征地时本市月最低工资标准的48倍，年龄每增加1岁递减1/6，达到国家规定的退休年龄时止；第三，其他转非劳动力为征地时本市月最低工资标准的48倍。该村转非劳动力基本上选择自谋职业，征地之日男不满40岁、女不满30岁的16周岁以上的劳动力，只支付给本人一次性就业补助费，人均约5.6万元。

二、整建制转居和社会保险

《北京市建设征地补偿安置办法》规定，征用农民集体所有土地的，相应的农村村民应当同时转为非农业户口。应当转为非农业户口的农村村民数量，按照被征用土地数量除以征地前被征地农村集体经济组织或者该村人均土地数量计算。2007年北程庄村的土地被全部征收，农业户籍人口全部转为非农业户籍，全村整建制转为城镇居民。该村转非人数共265人。对于不满16周岁的未成年人及16周岁以上正在接受义务教育和学历教育的学生，该办法规定只办理转为非农业户口的手续，不享受本办法规定的转非劳动力安置补偿待遇。

《北京市建设征地补偿安置办法》规定，农村集体经济组织或者村民委员会要对转非劳动力和超转人员办理参加社会保险手续，缴纳社会保险费，自批准征地之月起，转非劳动力应当按照国家和本市规定参加各项社会保险，并按规定缴纳社会保险费。

所谓转非劳动力，是指征地转为非农业户口且在法定劳动年龄范围内具有劳动能力的人员，不包括16周岁以上正在接受义务教育和学历教育的学生。对于转非劳动力补缴的社会保险费主要包括基本养老保险费、基本医疗保险费、失业保险费三种。

在转非劳动力补缴基本养老保险费上，规定男年满41周岁、女年满31周岁的补缴1年基本养老保险费；年龄每增加1岁增补1年基本养老保险费，最多补缴15年。补缴基本养老保险费以依法批准征地时上一年本市职工平均工资的60%为基数，按照28%的比例一次性补缴。补缴后，由社会保险经办机构按照11%的比例一次性为其建立基本养老保险个人账户。例如，该村张俊顺在征地时43周岁，村集体给他补缴了3年基本养老保险。从44岁起，张俊顺每年自费缴纳基本养老保险，到60岁时可享受基本养老金待遇。

在转非劳动力补缴基本医疗保险费上，规定转非劳动力男年满31周岁的补缴1年基本医疗保险费,至年满51周岁前每增加1岁增补1年,最多补缴10年;年满51周岁的补缴11年基本医疗保险费,至退休前每增加1岁增补1年,最多补缴15年。转非劳动力女年满26周岁的补缴1年基本医疗保险费,至年满41周岁前每增加1岁增补1年,最多补缴5年;年满41周岁补缴6年基本医疗保险费,至退休前每增加1岁增补1年,最多补缴10年。补缴基本医疗保险费以依法批准征地时上一年本市职工平均工资的60%为基数,按照12%的比例一次性补缴。补缴后,由社会保险经办机构将其中9%划入统筹基金、1%划入大额医疗互助资金、2%划入个人账户。

在转非劳动力补缴失业保险费上,转非劳动力年满16周岁的补缴1年失业保险费,达到国家规定的退休年龄前,每增加1岁增补1年,最多补缴20年。补缴失业保险费以依法批准征地时上一年本市职工平均工资的60%为基数,按照2%的比例一次性补缴。

所谓超转人员,是指征地转为非农业户口且男年满60周岁、女年满50周岁及其以上年龄超过转工安置年限的人员和经认定完全丧失劳动能力的人员,包括无人赡养的孤寡老人以及法定劳动年龄范围内经有关部门鉴定完全丧失劳动能力且不能进入社会保险体系的病残人员。《北京市建设征地补偿安置办法》规定超转人员安置办法依照市人民政府有关规定执行。2004年6月27日,北京市人民政府办公厅转发市民政局《关于征地超转人员生活和医疗补助若干问题意见的通知》(京政办发〔2004〕41号),自2004年7月1日起执行。该意见对民政部门接收超转人员的生活和医疗补助标准以及相应的支付标准作了如下具体规定:

1.在超转人员生活补助费接收标准上,规定一般超转人员(指有赡养人的超转人员)在当年本市城市最低生活保障至当年本市最低退休费标准的范围内确定标准接收,孤寡老人和病残人员在当年本市城市最低生活保障至当年本市最低基本养老金标准的范围内确定标准接收。转居前已在农村退休的超转人员,退休费高于接收标准的，按照其退休费标准接收。民政部门以当年确定的接收生活补助标准为基数，按照5%的比例环比递增向征地单位收取费用。

2.在超转人员医疗补助费接收标准上，规定一般超转人员按照每人每月120元接收，孤寡老人和病残人员按照每人每月500元接收。同时，按照5%的比例环比递增向征地单位收取费用。

超转人员生活补助费用和医疗费用，由征地单位在征地时按照规定标准和年限（从转居时实际年龄计算至82周岁）核算金额，一次性交付接收管理部门。

对于民政部门接收的超转人员，其生活补助费支付标准是：一般超转人员、孤寡老人和病残人员均按照接收标准支付。对于超转人员的医疗补助费支付标准，规定一般超转人员按照每人每月30元支付医疗补助，年内符合本市基本医疗保险支付规定的医疗费用累计超过360元以上的部分报销50%，全年累计报销最高限额2万元。病残人员医疗费用按照比例报销，即年内符合本市基本医疗保险支付规定的医疗费用3000元（含）以下部分报销80%；超过3000元以上的部分报销90%，全年累计报销最高限额5万元。孤寡老人医疗费用实报实销。

2007年北程庄村征地时，转非人数共265人，其中转非劳动力100多人，超转人员43人。村集体从征地补偿款中支付转非劳动力和超转人员的社会保险费2000多万元，其中超转人员平均每人缴纳生活补助费用和医疗费用达65万元。该村没有经认定完全丧失劳动能力的病残人员，如认定有转非病残人员，其缴纳的社会保险费用会更高。例如，大兴区黄村镇小营村一名患有严重肝腹水的转居人员张书武，因为丧失劳动力，被认定为病残人员，村集体为其向当地民政部门缴纳了200多万元的生活补助费用和医疗补助费用。张书武在征地转居（时年46岁）的3年后（49岁）去世，三年中张书武每年只获得2万多元的生活补助费用和医疗补助费。

三、集体产权改革与收益分配

在城镇化进程中，实行农村集体经济产权制度改革，对乡村集体经济组织进行股份制或股份合作制改造，还权于民，发展股份合作经济，是维护农民财产权利、发展集体经济最现实、最有效的途径。从1992年起，随着城镇化的发展，北京市就开展了农村集体经济产权制度改革试点工作。集体经济产权制度的基本原则是"撤村不撤社、转居不转工、资产变股权、农民当股东"，集体经济产权改革的基础是要界定资产和界定成员，股权设置一般设为集体股和个人股，集体股占30%，个人股占70%。经过20多年的改革实践，到2018年北京已完成98%的村级集体经济产权制度改革任务。

北程庄村于2009年开始实行集体经济产权制度改革，2010年完成集体经济产权改革任务，开始实行按股分红。其基本做法有以下几种：

1.确定改革基准日，开展清产核资工作。北程庄村将2009年4月30日确定为改革基准日，自2009年4月30日至2010年3月30日，开展清产核资工作。截止到2010年3月30日，北程庄村集体资产总额为80734366.04元，其中村集体固定资产总额为50083951.5元，货币资金为30355989.54元，其他资产为294425元。村集体负债总额为2367797.48元，村集体净资产总额为78366568.56元。

2.确定集体经济组织成员身份和股东人数。根据有关规定，北程庄村确定集体经济组织成员即村股份经济合作社股民共265人。其中1956年1月1日至1983年12月31日（1983年后实行家庭联产承包责任制，不再有集体劳动），全村参加集体劳动的人员106人，劳龄总年数1458年。

3.兑现原集体经济组织成员劳龄款。1956年1月1日至1983年12月31日期间，参加集体生产劳动但在改革基准日前，户口已经迁出本村的原集体经济组织成员共81人，对这些原集体经济组织成员计算劳龄款，按现金一次性兑现的办法支付。原集体经济组织成员劳龄总年数582年，按每年365元计算，共支付原集体经济组织成员劳龄款212430元。

4. 明确股权设置和股权权能。该村集体净资产总额78366568.56元减去原集体经济组织成员劳龄款212430元后，所剩余的净资产额78154138.56元作为股权设置的份额。在股份设置中，北程庄村基本上按照集体股占30%、个人股占70%的比例原则设置股权。具体情况是，在78154.14股中，集体股为22357.84股，占28.61%；个人股55796.3股，占71.3%。集体股由村股份经济合作社股东共同拥有，其股份分红用于股份经济合作社事务管理和公益福利等支出。个人股是村股份经济合作社股民所持有的股份。个人股包括基本股和历史劳动贡献股（简称劳龄股）。基本股是在本村征地转居安置前有正式农业户口的集体经济组织成员按人头享有的股份，基本股占97.13%，折合54192.5股，享受基本股的人员共265人，平均每人204.5股；劳龄股是1956年1月1日至1983年12月31日期间年满16岁并曾在村集体参加生产劳动的村民应享有的股份。劳龄股所占的比例为2.87%，折合1603.8股。享受老龄股的人员106人，总劳龄年限为1458年，平均每年1.1股。基本股和劳龄股同股同利。如某人，1950年生，2010年3月30日时年龄为60周岁，16岁（1966年）开始参加集体劳动，截至1983年12月31日，参加集体劳动18年，按照1年1个劳龄股计算，该成员有18股劳龄股和204.5股基本股，共拥有个人股份222.5股。北程庄村股份经济合作社股民持有的集体资产股份，可以继承、内部赠予或内部有偿转让，股民去世后如无人继承，则由村集体收回其股份。

5. 实行按股分红。北程庄村集体每年主要收入有四大块：第一块是2009年北程庄村集体购买的4000平方米底商，买入价为1万元/平方米，每年租金收入300万元。第二块是2007年征地拆迁时，大兴区新城建设征地5.75平方千米中规划有3.2万平方米底商，北程庄村分得2600平方米底商，每年租金收入108万元。第三块是村委会办公楼用于出租，每年租金收入100多万元。第四块是剩余征地补偿款的年利息收入约200万元。2010年，北程庄村完成集体经济组织产权制度改革后，就实行了按股分红。2010年至2014年，北程庄村集体经济组织成员每年的基本股分红金额分别是：10204元、12270元、18405元、20450元、20859元，2015年至2017年每年分红均为22495元。2010—2017年北程庄村集体经济组织成员基本股分红情况，见表2：

表2 2010—2017年北程庄村基本股分红情况

年份	分红总额（万元）	基本股人均分红（元）	基本股股数（股/人）	备注
2010	288	10204	204.5	产权制度已经固化，基本股股数不变
2011	334	12270		
2012	502	18405		
2013	550	20450		
2014	569	20859		
2015	613	22495		
2016	613	22495		
2017	613	22495		

来源：作者调研整理。

四、思考和建议

在城市化进程中，一个传统村庄向城市社区转型，是一个重大的社会结构变迁过程，涉及城乡两种体制的转轨和农民身份的转换，其核心是维护和发展村集体和农民的财产权利，主要有三个方面：一是征地补偿涉及的财产权利，二是建立社会保险涉及的财产权利，三是产权改革后集体经济组织收益分配权利等。作为从传统村庄转型为城市社区的典型案例，北程庄村的乡城转型过程，虽然有许多可取的经验，但值得思考的深层次问题还存在不少，许多公共政策需要调整，制度建设需要加强，治理体系需要完善，治理能力需要提升。

（一）关于征地拆迁及补偿

征地拆迁及补偿问题，是我国城市化进程中最为集中、最为突出的问题，也是涉及农村集体和农民财产权利保护最为尖锐的问题。在推进城镇化中，地方政府普遍采取征地拆迁的办法，低价从农村集体和农民手中强制征收土地，再以高价拍卖给开发商，从中获取巨大的土地增值收入。2007年北程庄村被征收土地460亩，政府以每亩16万元的价格补偿给村集体，却以每亩500万元的价格拍卖给开发商。这种政府征地拆迁的城市化模式，不仅造成村集体和农民土地财产权利的重大损失，损害社会公平正义，引发社会矛盾，而且人为抬高房价，扭曲房地产市场，容易滋生严重的权力寻租等腐败现象。这种高成本的征地拆迁城市化模式存在严重弊端，亟须革除。改革的总体要求是在建设法治中国的目标下，坚持和实现土地集体所有制与土地国有制这两种公有制的平等，维护和发展农村集体和农民的财产权利，实现社会的公平正义，推进治理体系和治理能力现代化。

为此，要从根本上改变现行的征地思维和征地制度。1982年宪法规定城市的土地属于国家所有，农村和城市郊区的土地，除由法律规定属于国家所有的以外，属于集体所有；宅基地和自留地、自留山，也属于集体所有。这是从静态上规定了城市土地属于国有、农村土地属于集体所有。就是说，在1982年这个时间节点上，城市土地属于国有、农村土地属于集体所有。有关部门应当对当时的城市土地以及农村的集体土地的所有权分别进行所有权的确权登记，并进行固化。宪法并没有规定在城市化这个动态过程中集体土地必须转为国有土地。城市化是一个动态的发展过程，在这个过程中，不一定非要对集体土地实行征收使其变为国有土地。所以，我们建议：

一是加快土地方面的立法工作，保障两种土地公有制的平等地位。在城市化进程中，在符合规划的前提下，集体土地与国有土地一样可以开发建设，换言之，在集体土地上同样可以建设城市。同理，国有土地也同样可以从事农业生产经营，比如国有农场、国有林场、都市田园、城市农业等。土地管理要实现法治化、精细化、科学化，要分别对国有土地和集体土地的所有权进行详细的确权登记，集体土地的所有权分别确权登记到相应的集体经济组织名下，国有土地的所有权应当实行各级政府的分级登记，明确由国务院行使以及由地方各级政府行使的所有权领域和范围。

二是区分因公共利益需要的一般公益征收与因城市建设需要的开发建设征收。宪法规定，国家为了公共利益的需要，可以依照法律规定对土地实行征收或征用并给予补偿。就是说，国家为了公共利益的需要，不仅可以对集体土地实行征收或征用，也可以对国有土地实行征收或征用。这种征收就是一般公益征收，应当给予公正补偿。因城市开发建设需要征收农村集体土地的应当列入开发建设征收范围。开发建设征收可以借鉴台湾地区区段征收的经验做法，对纳入城市建设规划区的农村集体土地实行开发建设征收时，在对被征收集体土地进行重新规划整理后，将40%—50%的土地退回给集体土地所有权人（略类似于我国有的地方实行的留地安置），政府将取得的50%—60%的土地中的约2/3用于城市建设需要的公共设施建设，其余约1/3用于公开拍卖出售或出租，其收入用于土地开发和公共设施建设所需。

三是取消土地财政，建立健全土地税制。要改变长期以来政府通过强制从农村集体和农民手中低价征收土地再高价出让从而攫取巨额土地差价的土地财政政策，政府应当从经营土地的赢利角色回归公共利益的公正角色，通过从土地增值收益中依法收取税收从而获得法定收入。因此，加快土地税制改革刻不容缓。

四是要区分对承包地、宅基地、集体建设用地等所有权人的补偿和使用权的补偿，并明确所有权人和使用权人之间的补偿分配比例。在征地中，既要保障土地所有权人获得公正的补偿，也应明确和保障对土地使用权的公正补偿。现行重所有权人补偿、轻使用权人补偿的做法要切实改变过来。

五是加快国家层面土地法律体系的制度供给。特别是要抓紧开展土地法的立法调研以及《中华人民共和国土地管理法》的修改等法制建设工作；全面修订《北京市建设征地补偿安置办法》《北京市集体土地房屋拆迁管理办法》等地方法规。要切实改变立法利益部门化、部门利益法制化的状况，改变由原国土部门主导土地立法的部门化倾向，发挥全国人大及其常委会以及地方各级人大及其常委会在立法中的主导作用，扭转立法滞后、立法失衡的局面，在法治中国的大背景下加强土地法律法规方面的制度建设。改革以来，北京市大致每10年修订一次有关征地补偿安置的地方法规。148号令至今已经实行了17年，不少条款已不合时宜，迫切需要重新修改。同时要加快土地征收安置补偿等法规的立法调研和修改工作。城市化进程中的法律法规滞后是一个非常突出的治理问题。

（二）关于农民身份转换和社会保障

20世纪50年代我国建立的城乡二元体制，是以城乡二元户籍制度为核心的。在城乡二元户籍制度未改革的情况下，推进城市化进程，就存在城郊农村土地被征收时相应的农村居民转为城镇居民即农业户籍人口转为城镇户籍人口的政策安排合理性。改革以来，北京市因城市化征地实行农转居政策，并将转居农民纳入城镇社会保险体系，其保险费由村集体和农民缴纳，主要从征地补偿费中扣除。同时，在城乡二元结构中，长期以来，国家只为城镇居民建立社会保障制度，而没有为农民建立社会保障制度。

随着改革的深入，传统的城乡二元户籍制度不断得到突破，覆盖城乡的社会保障制度也不断建立。在户籍制度改革方面，2014年7月国务院发布《关于进一步推进户籍制度改革的意见》，明确规定取消农业户口和非农业户口划分，统一登记为居民户口。2016年9月，北京市政府发布《关于进一步推进户籍制度改革的实施意见》，同样规定取消农业户口和非农业户口划分，统一登记为居民户口。在社会保障制度建设方面，2002年11月党的十六大以后，在统筹城乡发展的理念下，国家开始逐步建立覆盖农民的社会保障体系。2010年10月28日，第十一届全国人民代表大会常务委员会第十七次会议通过了我国首部社会保险法《中华人民共和国社会保险法》，自2011年7月1日起施行。该法将农民纳入社会保险之中，规定国家建立基本养老保险、基本医疗保险、工伤保险、失业保险、生育保险等社会保险制度，保障公民在年老、疾病、工伤、失业、生育等情况下依法从国家和社会获得物质帮助的权利。进入21世纪后，北京市也已陆续出台了针对农民的"新农保"、"新农合"、农村低保等社会保障政策，不断推进社会保障政策制度的城乡一体化。从2015年7月起，北京市城乡低保标准实现了并轨，城乡居民低保标准统一为每月710元；自2018年1月起，北京市城乡低保标准调整为家庭月人均1000元，城乡低收入家庭认定标准调整为家庭月人均2000元。自2009年1月1日起北京市实行《北京市城乡居民养老保险办法》，自2018年1月1日起北京市实行《北京市城乡居民基本医疗保险办法》，城乡居民养老保险、城乡居民基本医疗保险实现了完全并轨。为此，我们建议：

一是落实户籍制度改革成果，全面取消农转居政策。2016年以后，北京市已经明确宣布取消农业户籍和非农业户籍的划分，统一登记为居民户口。而一些地方至今仍然在僵化地实行农转居政策。农转居政策的前提是还存在农业户籍与非农业户籍的划分，但在取消农业户籍和非农业户籍划分的改革后，农转居就完全失去了继续存在的政策前提。一些地方之所以还在继续实行农转居政策，说明户籍制度改革的成果尚未真正落地，各部门之间的政策缺乏应有的衔接统一，存在各自为政的现象，也暴露了一些部门不能与时俱进调整政策的官僚主义懈怠作风。

二是尽快废止《北京市建设征地补偿安置办法》中有关征地农转居的政策规定。在城乡二元体制没有破除的情况下，"逢征必转"的政策曾经发挥过积极作用。但随着城乡一体的户籍制度改革的突破，城乡二元体制下的"逢征必转"已经不合时宜。有关部门要加强立法修改的调查研究，克服不作为或慢作为的现象，与时俱进地加强法制建设，主动增强制度供给能力。北京市人大及其常委会要依法履职，增强地方立法的主动性、针对性、有效性和科学性，切实改变有关"三农"立法严重滞后的局面。

三是全面废止征地转非劳动力缴纳社会保险的政策规定。在国家和北京市没有为农民建立社会保障的情况下，实行"征地必保"政策具有积极的意义，但在已经普遍建立城乡统一的社会保障制度的新形势下，实行"征地必保"政策就已经失去了政策法律依据。尤其令人诧异的是，现行的征地社会保险政策，完全由村集体从征地补偿款中缴纳巨额的社会保险费用，而政府在为农民提供社会保险这个公共产品上没有体现应有的基本职责。这实质上是政府在履行公共产品供给上的缺位，是对村集体和农民财产权利的巨额攫取。这种征地社会保险政策具有极大的不合理性，农民群众意见较大。享有基本的社会保险，是宪法赋予每个公民的基本权利，是各级政府应当履行的基本职责，这与征地无关。不管是否征收农民的土地，农民都应当平等享有基本的社会保障权利。建议全面废止《北京市建设征地补偿安置办法》中有关社会保险的规定。凡是依法征地的，政府只需对被征地单位和个人进行公正的财产补偿，要将征地补偿与社会保险完全脱钩。

（三）关于集体所有制和集体经济组织

集体所有制是我国两种公有制之一。坚持集体所有制，是政治正确性的重要体现。但在政治原则和政治立场上强调坚持集体所有制，与在现实生活中特别是在城市化进程中能否真正坚持集体所有制，并不是一回事。集体经济组织是集体所有制的权利行使主体，是广大农村最为普遍的农民组织。在社会主义市场经济条件下，如何坚持集体所有制、规范和发展集体经济组织、维护集体经济组织权益、落实集体经济组织的特别法人地位，是一个十分紧迫的现实课题。中央一再强调，不管怎么改，都不能把农村土地集体所有制改垮了，不能把耕地改少了，不能把粮食生产能力改弱了，不能把农民利益损害了。我们在调查中发现，对农村集体所有制冲击最大的是政府主导的征地城市化模式。现行的征地城市化模式，强制征收集体土地并将之变性为国有土地，这实质上是消灭了土地集体所有制，而集体经济组织也在城市化进程中面临生死裂变。我们建议：

一是实行集体土地与国有土地同样可以开发建设城市的政策制度。要改变现行的征地城市化模式，不再实行以土地国有制吞并土地集体所有制的征地方式。1982年宪法对城乡土地性质的规定，可以理解为一个静态的时间节点上的土地所有权形态。随着城市的不断发展，要允许城市中既有国有土地，也有集体土地。就是说，集体土地同样可以合规合法地开发建设城市。现在一些地方正在实行的农村集体建设用地建设入市试点，就为集体土地合法进入城市开发建设提供了先行探索。在新型城镇化过程中，要赋予集体经济组织依法合规自主利用集体土地进行开发建设的权利，集体土地使用权与国有土地使用权一样可以依法转让。这是在城市化进程中坚持土地集体所有制的充分体现。在城市化进程中要真正坚持土地的集体所有制，就必须改变传统的征地城市化模式。

二是深化集体经济组织产权制度改革。推进农村集体经济组织产权制度改革，是城市化进程中维护和发展农民财产权利的现实途径和有效方式。北京虽然已经完成了98%的村级集体经济组织产权制度改革的任务，但仍然存在不少需要继续深化改革的深层次问题。例如，在集体股上，凡是已经撤村建居或只剩下村委会牌子的三无村，应当对集体股进行再次量化给股东的二次改革。在股权权能上，应当在现有个人股享有继承、内部转让的基础上，赋予其有偿退出、抵押、担保等权能。在产权格局上，要改变集体产权的封闭性，实现集体产权的开放性，以适应市场经济发展的需要。如果没有集体产权的开放，乡村振兴和集体经济发展都将面临不可克服的产权封闭性的重大制约。在内部经营管理上，要进一步健全新型集体经济组织的法人治理结构，保障股东的民主参与权和收益分配权。

三是创新农村合作经济经营管理方式。在快速城市化进程中，出现了三无村或只有村委会牌子的空壳村，历史上以土地为纽带的集体经济组织转变为以资产为纽带的集体经济组织，以前由农民组成的集体经济组织也因农民转为城市居民而转变为由市民组成的集体经济组织，相应的农村集体经济组织就转变为城市集体经济组织，等等。这种新的重大变化对各级农村经管部门提出了全新的要求，迫切需要各级农村经管部门转变观念，增强市场化、精细化、民主化、法治化等管理观念和服务方式，更加注重对城乡集体资产的监督管理，更加注重对城乡股份合作经济组织的指导服务，更加注重对集体经济组织成员即股东民主权利和财产权利的维护保障，等等。

（四）关于撤村设居

自从20世纪50年代建立集体所有制、形成集体资产以来，北京市针对农村集体资产的处置大体经历了三个阶段。

第一阶段是1956年至1985年，实行"撤队交村、撤村交乡"

的自行处理政策。这个阶段没有制定明确的集体资产处置政策，一般情况是将撤制村队的财产交上级集体经济组织统一使用。

第二阶段是1985年至1999年，实行"主要资产上交、部分资产分配"的政策。1985年9月30日，北京市委农工委、市政府农办转发市农村合作经济经营管理站《关于征地撤队后集体资产的处置意见》（京农〔1985〕69号），该意见规定土地全部被征用的地方，社员转为居民，大队、生产队建制即相应撤销。征地撤队的集体资产处理政策主要内容是：第一，集体的固定资产（包括变价、折价款）和历年的公积金余额，以及占地补偿费，全部上缴给所属村或乡合作经济组织，作为公共基金，不准分给社员；第二，集体的生产费基金、公益金、生活基金和低值易耗品、库存物资和畜禽折款，以及国库券等，归原队社员合理分配；第三，青苗补偿费，本队种植的树木补偿费，以及不属于固定资产的土地附着物的补偿费，可以纳入社员分配；第四，属于社员自留地和承包地的青苗补偿费、自有树木补偿费、自有房屋折价补偿费，全部归所有者所得；第五，社员入社股金如数退还；第六，一个队部分土地被征用、部分社员转为居民的，可参照上述可分配资金的分配原则处理，一次了结。

第三阶段是1999年至今，实行股份合作制改造及相关处置等政策。1999年12月27日，北京市政府办公厅颁布《北京市撤制村队集体资产处置办法》（京政办〔1999〕92号），对撤制村、队集体资产的处置分两种情况进行：一种情况是集体资产数额较大的撤制村、队，要进行股份合作制改造，发展股份合作经济。在集体经济组织改制中，将集体净资产划分为集体股和个人股，集体股一般不低于30%，其他作为个人股量化到个人。另一种情况是集体资产数额较小，或者没有条件发展股份合作制经济的村、队，其集体资产的处置办法主要是：第一，固定资产（包括变价、折价款）和历年的公积金（发展基金）余额，以及占地补偿费，全部交由所属村或乡镇合作经济组织管理。待村或乡镇合作经济组织撤制时再处置；第二，公益金、福利基金和低值易耗品、库存物资、畜禽的折款以及国库券等，兑现给集体经济组织成员；第三，青苗补偿费，村队种植的树木补偿费和不属于固定资产的土地等附着物的补偿费，可以兑现给集体经济组织成员；第四，撤制村、队集体经济组织成员最初的入社股金，可按15倍左右的比例返还。

城市化发展，使大量的农村地区转变为城市地区，相应的农村村委会建制被撤销，城市社区居委会迅速增加。从1984年到2017年，北京市乡镇个数从365个减少到181个，减少了184个；村委会个数从4398个减少到3920个，减少了478个；城市社区居委会从2888个增加到3140个，增加了252个。撤村设居事关农村集体和农民的财产权利，事关城市化的公平正义，事关治理体系和治理能力现代化，兹事体大。我们建议：一是尽快修改《北京市撤制村队集体资产处置办法》，完善撤制乡村集体资产处置办法。要适应新的发展形势，进一步修改完善撤制村集体资产处置办法，更好地维护和发展农民的财产权利；同时应当明确规定撤制乡镇的集体资产处置办法。二是要及时撤销三无村或空壳村的村委会建制。北程庄村完全符合撤销村委会建制的条件，但至今仍然保留村委会的牌子，各级财政每年还需拨付这种有名无实的空壳村日常管理经费。据北京市"三农普"调查，2016年全市保留村委会牌子的无农业、无村庄、无农民的所谓空壳村尚有103个。有关部门应当与时俱进，履职尽责，担当起撤村设居的基本职责。三是各级政府应当全面承担起撤村后设立新的城市社区居委会的公共管理和公共服务职责，将新设立的居委会管理服务经费全面纳入财政预算予以保障，切实减轻集体经济组织承担的社区居委会管理服务负担。

撤村建居、农民财产权与新型集体经济[*]

——北京市丰台区卢沟桥乡三路居村调查

一、引言

改革 40 多年来，随着城市化的快速发展，城市以吞噬农村的方式不断扩张。北京摊大饼式的城市向外扩张模式，使城郊地区的大量农村快速消失。北京市常住人口城镇化率从 1978 年的 55% 提高到 2017 年的 86.5%，城市建成区面积从 1990 年的 339.4 平方千米扩大到 2016 年的 1419.7 平方千米。在这个城乡经济社会结构历史性转型变迁的背后，是农民财产权利和身份的巨大变化。在快速的城市化进程中，北京近郊出现了一批无农业、无农村、无农民的三无村。这种因城市化冲击导致的三无村存在两种形态：一种是虽然没有农业、没有农村、没有农民，但仍然保留村委会牌子的空壳村，如北京市大兴区黄村镇北程庄村；另一种是已经整建制撤村转居的村。这样的村庄尚无全面统计，但我们可以从下面的统计数据中大致判断城乡基层建制的消长变化。从 1984 年到 2017 年，北京市乡镇个数从 365 个减少到 181 个，减少了 184 个；村委会个数从 4398 个减少到 3920 个，减少了 478 个；城市社区居委会从 2888 个增加到 3140 个，增加了 252 个。因城市化而消失的村庄，其农村集体的土地是如何失去的？集体资产是如何处置的？农转居过程中村集体和农民支付了多大的身份转换成

---

[*] 作者为张英洪、王丽红。原载于《北京农业职业学院学报》2019 年第 6 期。

本？集体经济又是如何发展的？总之，一句话，农民在城市化进程中的财产权利是如何维护和发展的？正是带着这些问题，最近，我们对已于2012年撤村建居的北京市丰台区卢沟桥乡三路居村进行了详细调查。

三路居村位于北京市西南二环与西南三环之间的丽泽路中段，隶属于北京市丰台区卢沟桥乡，下辖三路居、孟家桥、骆驼湾、凤凰嘴4个自然村，村域面积约1610多亩，其中国有划拨地约80亩，集体土地约1531亩，村域东至菜户营西街、南至万泉寺公园、西至金中都西路、北至三路居路。在撤村建居前的2011年10月31日，三路居村辖区内共有常住人口2762人，其中农业户籍人口1853人，非农业户籍人口909人；全村总户数1211户，其中农业户952户，非农业户259户。全村超转人员552人，其中农业人口547人，非农业人口5人；全村劳动力1155人，其中农业人口1077人，非农业人口78人；全村劳动力中在职人员654人，领取生活费人员181人，服役1人，待岗316人，服刑3人。2012年，三路居村完成撤村建居工作，村委会建制被撤销，相应成立了金鹏天润社区，仍隶属于卢沟桥乡政府（卢沟桥地区办事处）管辖。

二、城市开发建设与集体土地国有化

我国宪法规定实行社会主义公有制，即全民所有制和劳动群众集体所有制；城市的土地属于国家所有，农村和城市郊区的土地属于集体所有；国家为了公共利益的需要，可以依照法律规定对土地实行征收或者征用并给予补偿。《中华人民共和国土地管理法》规定："任何单位和个人进行建设，需要使用土地的，必须依法申请使用国有土地。"由于立法建设的滞后，至今没有对公共利益进行法律界定。在现实中，不管是因公共利益还是城市开发建设等需要使用集体土地的,都实行国家征地政策,即政府征收集体土地后,将其变性为国有土地,然后进行开发建设。

改革以来,北京市先后三次制定了征地补偿安置政策:第一次是1983年8月29日北京市政府发布实行的《北京市建设征地农转工劳动工资暂行处理办法》,第二次是1993年10月6日北京市政府发布实行的《北京市建设征地农转工人员安置办法》,第三次是2004年4月29日北京市政府常务会议通过、自2004年7月1日起施行至今的《北京市建设征地补偿安置办法》(148号令)。148号令明确规定实行"逢征必转""逢转必保"的政策,就是凡是征收农民土地的,就要根据规定将农民转为城镇居民,同时将农民纳入城镇社会保险体系之中。

三路居村演变为三无村,直接源于城市化建设征用和征收该村土地。从1998年丽泽路道路建设开始,三路居村土地就开始被征用。特别是2005年以后,随着丽泽金融商务区[①]的发展,三路居村土地全部被纳入北京丽泽金融商务区规划范围。截至2016年底,该村集体土地已经基本被征收,尚剩余近30亩集体土地仍然归集体经济组织所有,并按原用途使用管理,将来如需建设,按程序办理集体土地征收手续。1998年以来三路居村征地及人员安置情况,见表3:

---

① 北京丽泽金融商务区地处北京西二、西三环路之间,以丽泽路为主线,东起菜户营桥,西至丽泽桥,南起丰草河,北至红莲南路。北京丽泽金融商务区是北京市和丰台区重点发展的新兴金融功能区。2008年,北京市委、市政府出台《关于促进首都金融业发展的意见》,将北京丽泽金融商务区纳入首都"一主一副三新四后台"的金融业总体布局。2011年,北京市"十二五"规划中将丽泽定位为首都"六高四新"产业发展格局中的"四新"之一。2013年,丽泽金融商务区成为首批国家智慧城市试点,同年列入北京市第一批绿色生态示范区。

表3 三路居村征地及人员安置情况表（1998—2016年）

年份	征地用途	面积（亩）	补偿情况	安置人员（人）
1998	丽泽路道路用地	132.68	678.32元/亩，共9万元	744
2002	建设三路居回迁楼、东管头电站、三路居控规企业建设和丽泽路南侧绿化等项目	90.6	—	200
2002	加油站项目	2.538	—	—
2003	菜户营西街117号住宅项目	11.1075	15755.12元/亩，共17.5万元	—
2005	丽泽商务中心项目	21.38	80万元/亩，共1710.4万元	27（超转16）
2008	利群住宅合作社干警宿舍楼	0.41655	共100万元	—
2009	丽泽商务区B6-B7地块一级开发	413.91	160万元/亩，共66225.6万元	545（超转138）
2010	丽泽商务区B4-B5地块一级开发	24.86	160万元/亩，共3977.6万元	35
2011	丽泽商务区B9-B11地块一级开发	221.3	160万元/亩，共35408万元	312（超转88）
2011	丽泽商务区B9-B11征地	2.991	160万元/亩，共478.56万元	—
2015	丽泽商务区北区B区地块一级开发	187.46	160万元/亩，共29993.6万元	284（超转79）

续表

年份	征地用途	面积（亩）	补偿情况	安置人员（人）
2016	丽泽商务区北区A地块（征收）	1.69	278万元/亩（土地补偿费130万元/亩，安置补助148万元/亩），共469.82万元	—
2016	丽泽商务区北区B地块（征收）	191.56	278万元/亩（土地补偿费130万元/亩，安置补助148万元/亩），共53253.68万元	—
2016	丽泽商务区北区B1地块（征收）	288.42	278万元/亩（土地补偿费130万元/亩，安置补助148万元/亩），共80180.76万元	—
2016	丽泽商务区北区C地块（拟征收，尚未具体签订征收协议）	28.49	278万元/亩（土地补偿费130万元/亩，安置补助148万元/亩），共7920.22万元	49（劳动力33，超转16）
合计		1619.403	279744.74万元	2196

来源：作者调查整理。

在将近20年的时间里，三路居村的土地98.2%被征收。从土地征收原因来看，基本上是因为城市开发建设需要而征地。从征地补偿标准来看，从1998征地时每亩678.32元，增加到2016年每亩278万元。政府对征收土地进行简单的一级开发后，通过实行招拍挂将已变性的国有土地使用权出让给开发商，以获取可观的土地出让收入。例如，2007年，北京金鹏公司通过自挂、自拍、自筹、自建的方式开发建设金唐国际金融大厦9405.56平方米（14.1亩），缴纳土地出让金1157.25万元，平均每亩82万元，平均每平方米1230.39元，其中丽泽商务中心项目包括三路居集体土地。2012年，北京金鹏公司与丰台区其他集体经济组织合作，通过土地招拍挂取得丽泽商务区C9项目二级开发建设权，涉及土地面积5397.65平方米（8.1亩），土地出让金为3.9亿元，平均每亩487.5万元，平均每平方米土地出让价格为7225.4元。2015年，北京金鹏公司通过土地招拍挂取得丽泽商务区D10项目二级开发建设权，涉及土地面积199794.86平方米（约30亩），土地出让金为25.1亿元，平均每亩836.6万元，平均每平方米1.256万元。

2003年以前，三路居村被乡政府和开发商征用了集体土地236.9255亩，其中有93.138亩没有给予任何补偿，1998年丽泽道路建设征用三路居村集体土地132.68亩，补偿标准仅为678.32元/亩。

三、拆迁上楼、整建制转居与农民市民化

传统的北京农民一般居住在比较松散或较紧凑的平房院落里。在城市化进程中，被征地村庄中农民的宅基地同时被征收，平房被拆除，村民被集中统一安置住进楼房里。根据148号令，转为城镇居民的农民缴纳社会保险费后，享受城镇居民社会保险待遇；

村委会建制撤销后，建立城市社区居委会。在征地的城市化进程中，农民的市民化路径主要是通过拆迁上楼实现居住方式大转变、农转居实现身份社保大转换、撤村建居实现社区治理大转型后完成的。1998年至2016年，在三路居村土地征用和征收过程中，共安置农民2196人。

（一）拆迁上楼：居住方式大转变

2003年8月1日起施行的《北京市集体土地房屋拆迁管理办法》（北京市人民政府令第124号），规定因国家建设征用集体土地或者因农村建设占用集体土地拆迁房屋的，需要对被拆迁人进行补偿、安置。对于宅基地上的房屋拆迁，可以实行货币补偿或者房屋安置，有条件的地区也可以另行审批宅基地。拆迁宅基地上的房屋补偿款按照被拆除房屋的重置成新价和宅基地的区位补偿价确定。拆迁补偿中认定的宅基地面积应当经过合法批准，且不超过控制标准。北京市国土资源和房屋管理局发布的《北京市宅基地房屋拆迁补偿规则》（京国土房管征〔2003〕606号）明确房屋拆迁补偿价由宅基地区位补偿价、被拆迁房屋重置成新价构成，计算公式为：房屋拆迁补偿价＝宅基地区位补偿价×宅基地面积＋被拆迁房屋重置成新价。

随着城市化建设的推进，三路居村农民陆续搬迁上楼。总体来看，该村较大规模的农民上楼有6次：第一次是1998年丽泽路修建征用该村土地，涉及871户人口，安置农民上楼744人。第二次是2002年东管头电站、企业建设、丽泽路南侧绿化等项目，安置农民上楼200人。第三次是2009年丽泽商务区B6—B7地块一级开发，安置农民上楼545人，其中超转人员138人。四是2011年丽泽商务区B9—B11地块一级开发，安置农民上楼312人，其中超转人员88人。第五次是2015年丽泽商务区北区B区地块一级开发，安置农民上楼284人，其中超转人员79人。第六次是2016年丽泽商务区北区C地块一级开发，安置农民上楼49人。

三路居村各时期搬迁上楼的具体补偿安置政策有所不同。以2013年丽泽金融商务区北区项目用地范围内宅基地房屋搬迁为例，根据《北京丽泽金融商务区北区农民宅基地房屋搬迁补偿安置办法》，拆迁补偿安置方式分为货币补偿和房屋购置两种，以拆迁户为单位，只能选择一种补偿安置方式。货币补偿方式对被搬迁的房屋及设备、装修、附属物补偿，以评估公司的评估结果为准，宅基地面积补偿参照《北京市集体土地房屋拆迁管理办法》及《丰台区人民政府关于〈北京市集体土地房屋拆迁管理办法〉的实施意见》的规定进行补偿，补偿标准按搬迁日起评估公司市场评估结果为准。房屋安置方式下的补偿款包括被拆迁房屋及设备、装修、附属物补偿款以评估公司的评估结果为准。计算公式：宅基地面积补偿款＝宅基地面积补偿单价×认定宅基地面积。宅基地面积单价为每平方米9000元。

认购房屋安置面积的标准为人均建筑面积46平方米（超计划生育人员36平方米），每一个被搬迁户内的被安置人口指标合并计算。由于所购成套房屋户型原因，实际购房面积超过本被搬迁户购房指标的部分，被搬迁人有两个选择：一是每个被搬迁农户不得超过60平方米上限，超出指标建筑面积30平方米以外的部分，在优惠售房价格基础上上浮20%。二是人均不得超过17平方米上限，超出指标建筑面积30平方米以外至上限的部分，在优惠房价的基础上上浮20%。

购房安置补助费执行标准：补助针对经认定的被安置人口，补助标准为每平方米5526.8元，补助控制标准为人均46平方米（超计划生育人员36平方米）。具体计算方法为：认定的宅基地面积乘以折算价,所得补偿款除以优惠售房价。折算后,人均不足46平方米的被拆迁户,分别按以下标准发放购房安置补助费:一是折算后人均面积不足30平方米的被拆迁户,对于家庭中的农业户口人员以及在本地农村集体经济组织中历经国家征地农转居人员和享受专业技术人员专家政策的人员,按照每平方米5200元标准补足30平方米后,再按每平方米6500元标准,每个人给予16平方米补助;家庭中其他人员直接按每平方米6500元的标准对每人给予16平方米的补助。二是折算后人均面积超过30平方米但不足46平方米的拆迁户,按每平方米6500元标准补足人均46平方米。三是被拆迁户的人均认定宅基地面积大于30平方米的,对于超出部分,按照每平方米720元进行补助,但人均最多补助16平方米。四是对无正式住房户的补助,以户为单位,按照每平方米3300元的标准获得30平方米的"困难户搬迁安置补助费",按照每平方米6500元的标准,对每人给予16平方米的补助。

定向供应北京丽泽金融商务区北区搬迁安置房分为四个项目,优惠售房价分别为:菜户营西路的菜户营定向安置房项目每平方米6500元,规划A02地块的A02定向安置房项目每平方米6500元,位于程庄路的彩虹家园(期房)每平方米6100元,郭庄子的春风雅筑项目(现房)每平方米6100元。

在搬迁奖励方面,主要分为提前签约奖和提前搬家奖。搬迁启动后20日内签约并按照协议时间搬迁腾退宅基地及房屋的搬迁人,按照认定宅基地面积给予每平方米2000元的奖励;在搬迁启动后21—30日内(含),签订搬迁补偿协议并按协议规定时间搬迁并腾出宅基地和房屋的,按照认定宅基地面积给予每平方米1000元的奖励;提前搬家奖励为每户5000元。各项补助政策主要包括:搬家补助费每平方米40元,电话移机费每部235元,空调移机费每台300元,有线电视迁移费每个终端300元,综合补助费每人12000元,一次性停产停业综合补助费按照实际营业面积给予每平方米1500元的补助。残疾、低保、大病补助,对有残疾证明人员每证给予3万元补助;对持有民政部门颁发的低保证明的,每证给予3万元补助;大病补助费针对符合中国保险行业协会制定的《重大疾病保险的疾病定义使用规范》中规定的25种大病人员,持北京市三级甲等医院出具的证明的,按人一次性补助5万元。周转补助,一次性发放周转补助5个月,补助标准按照安置人口每人每月1000元的标准发放周转补助费,并按每人每月500元的标准发放交通补助费。期房补助费,按选购安置房居室户型,按一居室5.5万元、两居室8万元、三居室10.5万元的标准给予一次性期房补助。

(二)整建制农转居:身份社保大转换

20世纪50年代,我国建立了城乡二元的户籍制度,将城乡居民划分为农业户籍人口与非农业户籍人口。在此制度框架中,国家实行"农转非"政策,给极少数符合条件的人员办理"农转非"手续。改革以来,随着城市化的发展,实行征地农转居即农民土地被征收后按政策转为城镇居民,这是特大城市征收城郊农村集体土地后安置失地农民的一项重要政策。2004年7月1日施行的《北京市建设征地补偿安置办法》确立了"逢征必转""逢转必保"的原则,规定征用农民集体所有土地的,相应的农村村民应当同时转为非农业户口。同时,为有关农转居人员建立社会保险。

在148号令颁布前的2002年12月1日,北京市石景山区总共15535名农业户籍人口一次性转为城镇居民,这是北京市一个行政区全部农业人口实行整建制农转居的典型案例。在148号令颁布后的 2010—2012 年，北京市对城乡接合部 50 个重点村进行大规模集中改造建设，并全部实行整建制转居。期间，北京市政府印发《关于城乡接合部地区 50 个重点村整建制农转居有关工作的意见》(京政发〔2011〕55 号)，对农转居工作进行了部署安排。按照 148 号令，50 个村应转居 31999 人，转居缴纳社会保障费用约 96 亿元，人均约 30 万元。加上历史遗留已转居但未加入城镇职工社会保险人员 28313 人，转居缴纳社会保险总费用 307.3 亿元，人均约 23.89 万元。

在农转居人员参加社会保险方面。《北京市建设征地补偿安置办法》规定，自批准征地之月起，转非劳动力应当按照国家和本市规定参加各项社会保险，并按规定缴纳社会保险费。转非劳动力是指征地转为非农业户口且在法定劳动年龄范围内具有劳动能力的人员，不包括 16 周岁以上正在接受义务教育和学历教育的学生。转非劳动力补缴的社会保险费，由征地单位从征地补偿费中直接拨付到其所在区、县社会保险经办机构。北京市劳动和社会保障局印发《北京市整建制农转居人员参加社会保险试行办法》(京劳社养发〔2004〕122 号)，对征地农转居劳动力参加城镇社会保险作了具体规定，基本要求是以本市上一年职工月平均工资的 40% 作为缴费基数，基本养老保险缴费累计要满 15 年，不满 15 年的需根据不同年龄、按不同比例一次性补缴基本养老保险费。参加基本医疗保险的农转居人员达到国家规定的退休年龄时，基本医疗保险累计缴费年限男不满 25 年、女不满 20 年的，同样需要根据不同年龄实缴基本医疗保险费。北京市整建制农转居人员参加城镇社会保险规定情况，见表 4：

表 4 北京市整建制农转居人员参加社会保险规定情况

规定 险种	缴费基数及比例		缴费年限	补缴规定	
	个人	集体		补缴原因	补缴办法
基本养老保险	以上一年本人月平均工资为缴费基数，按照 8% 的比例缴纳	按全部农转居人员月缴费工资基数之和的 20% 缴纳	符合国家规定的退休年龄（男年满 60 周岁，女年满 50 周岁），缴纳基本养老保险费累计满 15 年	缴纳基本养老保险费累计不满 15 年	男年满 41 周岁、女年满 31 周岁的，应当补缴 1 年基本养老保险费；此后，年龄每增加 1 岁增补 1 年基本养老保险费，但最多补缴 15 年。以农转居人员办理参加社会保险手续时，上一年本市职工平均工资 60% 为基数，按 28%（集体经济组织 20%，农转居人员 8%）的比例一次性补缴

275

续表

规定 险种	缴费基数及比例 个人	缴费基数及比例 集体	缴费年限	补缴规定 补缴原因	补缴规定 补缴办法
基本医疗保险费和大额医疗互助资金	个人以上一年本人月平均工资为缴费基数,按照2%比例缴纳基本医疗保险费,按每月3元缴纳大额医疗互助资金	集体经济组织按全部农转居人员月缴费工资基数之和的9%缴纳基本医疗保险费,按1%缴纳大额医疗互助资金	—	参加基本医疗保险的农转居人员达到国家规定的退休年龄时,基本医疗保险累计缴费年限男不满25年、女不满20年的	1.农转居人员男年满31周岁的补缴1年基本医疗保险,此后至年满51周岁前每增加1岁增补1年,年满51周岁的补缴11年基本医疗保险费,至退休前每增加1岁增补1年,最多补缴10年;年满41周岁的补缴1年基本医疗保险费,最多补缴15年。2.农转居人员女年满26周岁的补缴1年基本医疗保险费,此后至年满41周岁前每增加1岁增补1年,年满41周岁的补缴6年基本医疗保险费,至退休前每增加1岁增补1年,最多补缴10年。补缴基本医疗保险费,以其办理参加社会保险手续时上一年本市职工平均工资60%为基数,按12%的比例(集体经济组织10%,其中9%划入统筹基金、1%划入大额医疗互助资金,农转居人员2%,1%划入大额医疗互助资金、2%划入个人账户)一次性补缴

276

续表

规定\险种	缴费基数及比例 个人	缴费基数及比例 集体	缴费年限	补缴规定 补缴原因	补缴规定 补缴办法
失业保险	以上一年本人月平均工资为缴费基数，按照0.5%的比例缴纳	集体经济组织按全部农转居人员月缴费工资基数之和的1.5%缴纳	—	—	—
工伤保险	农转居人员个人不缴纳工伤保险费	集体经济组织以全部农转居人员个人上一年本人月平均工资之和为基数，按照本市工伤保险差别费率的规定缴纳	—	—	—

注：农转居人员无法确定本人上一年月平均工资的，以上一年本市职工月平均工资为基数缴纳基本养老保险费、基本医疗保险费和大额医疗互助资金、失业保险费、工伤保险费。

表源：根据《北京市建制农转居人员参加社会保险试行办法》整理。

277

2012年，三路居村在撤村建居过程中，确认全村农业户籍人口960户1857人。全村超转人员547人；全村劳动力1155人，其中农业人口1077人，非农业人口78人。

根据丰公人管字〔2014〕59号文件，三路居村已转居人口共1850人，尚有7人未转居。① 根据农转居人员参加城镇社会保险有关规定，由村集体统一从征地补偿款中一次性趸缴社会保险费给丰台区社会保险部门。据三路居村整建制撤村建居村劳动力社保费用测算，三路居村农转居劳动力1552人共需缴纳社会保险费8049.3万元，人均51864元，见表5。2012年4月13日，北京市政府对丰台区政府《关于卢沟桥乡三路居村整建制农转居安置有关事宜的请示》作出批示，同意三路居村1062名整建制农转居劳动力以2011年缴费基数补缴社会保险，相关工作按照《北京市整建制农转居人员参加社会保险试行办法》（京劳社养发〔2004〕122号）规定执行。最低缴费基数为市政府批准之日（2012年4月13日）上一年市职工平均工资的60%。

表5 三路居村转居劳动力一次性趸缴社会保险情况

险种 人员性别	趸缴养老保险 男（41—59岁） 女（31—49岁） 趸缴人数（人）	趸缴金额（元）	趸缴养老保险 男（31—59岁） 女（26—49岁） 趸缴人数（人）	趸缴金额（元）	合计金额（元）
男	292	22573555.20	425	15230073.60	37803628.80
女	390	33775660.80	445	8913585.60	42689246.40
合计	682	56349216.00	870	24143659.20	80492875.20

来源：作者调查整理。

---

① 截至2018年8月，该村仍有2户7位农民由于不满意拆迁补偿没有上楼、转非。

在超转人员生活补助费用和医疗费用方面。《北京市建设征地补偿安置办法》规定，对于征地转为非农业户口且男年满60周岁、女年满50周岁及以上的人员和经认定完全丧失劳动能力的超转人员的安置办法，依照市人民政府有关规定执行。2004年6月27日，北京市人民政府办公厅转发市民政局《关于征地超转人员生活和医疗补助若干问题意见的通知》（京政办发〔2004〕41号），规定超转人员生活补助费用和医疗费用，由征地单位在征地时按照规定标准和年限（从转居时实际年龄计算至82周岁）核算金额，一次性交付民政部门接收管理，资金纳入区县财政专户，实行收支两条线管理。超转人员需缴纳的生活补助费用标准和医疗补助费标准，以及相应享受的生活补助待遇标准和医疗补助待遇标准，见表6：

表6 北京市征地超转人员生活和医疗补助情况

接收、支付标准 \ 补助标准	生活补助费标准		医疗补助费标准	
	一般超转人员	孤寡老人和病残人员	一般超转人员	孤寡老人和病残人员
接收标准（超转人员缴费标准）	在当年本市城市最低生活保障至当年本市最低退养费标准的范围内确定标准接收。以当年确定的接收生活补助标准为基数，按照5%的比例环比递增向征地单位收取费用	在当年本市城市最低生活保障至当年本市最低基本养老金标准的范围内确定标准接收。以当年确定的接收生活补助标准为基数，按照5%的比例环比递增向征地单位收取费用	按照每人每月120元接收。同时，按照5%的比例环比递增向征地单位收取费用	按照每人每月500元接收。同时，按照5%的比例环比递增向征地单位收取费用

续表

接收、支付标准 \ 补助标准	生活补助费标准		医疗补助费标准	
	一般超转人员	孤寡老人和病残人员	一般超转人员	孤寡老人和病残人员
支付标准（超转人员待遇标准）	按照接收标准支付。今后如需标准调整，一般超转人员按照本市最低退养费标准的调整比例调整	按照接收标准支付。今后如需标准调整，孤寡老人和病残人员按照本市最低基本养老金标准的调整比例调整	按照每人每月30元支付医疗补助，年内符合本市基本医疗保险支付规定的医疗费用累计超过360元以上的部分报销50%，全年累计报销最高限额2万元	病残人员医疗费用按照比例报销：年内符合本市基本医疗保险支付规定的医疗费用3000元（含）以下部分报销80%；超过3000元以上的部分报销90%，全年累计报销最高限额5万元。孤寡老人医疗费用实报实销

注：一般超转人员是指有赡养人的超转人员。
来源：根据《关于征地超转人员生活和医疗补助若干问题意见的通知》（京政办发〔2004〕41号）整理。

在撤村建居过程中，三路居村认定的超转人员共有528人（其中82岁以上19人），据测算，需一次性趸缴超转费用3.83亿元，人均72万多元。三路居村超转人员超转费用测算情况，见表7：

表7 三路居村超转人员超转费用测算表

人员性别	人数（人）	超转费用（万元）
男	95	6841.9
女	433	31407.7
合计	528	38249.6

来源：作者调查整理。

由于需一次性缴纳的超转人员费用巨大，根据区乡有关超转人员可以只转户口、不委托民政部门接收管理超转人员的精神，三路居村对超转人员实行自我管理服务，于2012年7月制定了《北京金鹏天润置业投资管理公司超转人员管理办法》，设立了专门机构负责超转人员养老、医疗及福利费用的管理工作。在三路居村集体经济组织中退休的超转人员，养老金的发放标准为：退休时三路居村民政科核准为正副职干部的，正职干部每月1600元，副职干部每月1500元；职工每月1300元。养老金标准随北京市最低级别养老金标准的调整而调整。医疗补助费及医疗费用报销比例为超转人员每人每月领取医疗补助30元，一般超转人员在一个报销年度内符合本市医疗报销支付规定的医疗费用累计超过360元以上的部分由金鹏天润公司报销80%，每人全年医疗报销最高累计金额不超过12万元，其中门诊为2万元，住院费为10万元。涉及重大疾病的超转人员，按照在一个报销年度内符合本市级别医疗报销支付规定的医疗费用累计超过360元以上的部分由金鹏天润公司报销80%，每人全年医疗报销最高累计金额不超过20万元，其中门诊为10万元，住院费为10万元。医疗补贴为超转人员在一个报销年度内所发生的门诊和住院费用累计报销在3000元以内的，由金鹏天润公司给予本人1000元的医疗补贴。福利标准为五一劳动节每人500元，中秋节和国庆节每人每次800元，春节每人1000元。据金鹏天润公司介绍，该公司为超转人员缴纳全部保费，办理了"一老医保卡"，每年用于居民工资、退休金、福利、保险、医疗报销等方面的费用为6000余万元。

（三）撤村建居：社区治理大转型

撤村建居，就是撤销农村的村民委员会建制，建立城市的社区居民委员会。在我国城乡二元性的社区管理体制中，农村基层建立村民委员会，实行农村管理体制，城市基层建立居民委员会，实行城市社区管理体制。进入21世纪后，北京丰台区农村城市化发展明显较快，城乡两种管理体制的矛盾比较突出。2004年，丰台区委、区政府制定了《关于改革城乡二元管理体制推进城乡协调发展的意见》（京丰发〔2004〕35号），着力推进城市化进程中的撤村建居工作，并选择卢沟桥乡精图村、南苑乡成寿寺村作为整建制撤村建居试点，到2005年9月和11月，这两个村的行政建制分别撤销，相应地建立了社区居委会。

在卢沟桥乡精图村、南苑乡成寿寺村整建制撤村建居试点的基础上，2010年3月，丰台区委办、区政府办发布《丰台区整建制撤村建居工作方案》（京丰办发〔2010〕13号），对整建制撤村建居工作作了进一步明确和规范。该方案规定了整建制撤村建居的主要条件：一是集体经济组织完成改制，资产处置全部完成；二是人均农用地少于0.2亩，或农用地总面积低于50亩，没有基本农田；三是村集体经济组织具有一定的经济实力；四是80%以上的农民搬迁上楼。因重点工程建设或其他原因需要整建制撤村建居的，经所在乡镇政府同意也可以提出申请。

整建制撤村建居审批程序有五个环节：一是符合整建制撤村建居的行政村（改制村），在征求村民代表同意的基础上，由所在乡镇政府向区整建制撤村建居工作领导小组提出启动整建制撤村建居工作的申请；二是区整建制撤村建居工作领导小组对整建制撤村建居申请进行审核；三是申请整建制撤村建居的行政村（改制村）召开村民大会或村民代表大会，对整建制撤村进行讨论决定，大会讨论情况由村委会向乡镇政府报告；四是乡镇政府正式向区政府提出撤销村委会的申请，区政府对撤村申请进行批复；五是撤村后，符合设立社区条件的由街道（地区）办事处提出设立社区的申请，报区政府批准成立新社区。

2011年3月16日，中共卢沟桥乡委员会印发《关于深化产权制度改革推动撤村建居工作的意见》（丰卢发〔2011〕11号），决定于2011年底前完成大井、六里桥两个村的撤村建居工作，同时启动西局、周庄子、小瓦窑、东管头、菜户营、马连道、三路居、万泉寺、大瓦窑、岳各庄10个村的撤村建居工作。

2010年9月8日，三路居村召开整建制撤村建居工作"两委"

会议，同年 12 月 14 日召开了村民代表大会和股东代表大会，表决通过了启动三路居整建制撤村建居工作的决议。三路居村经过 2 年多的撤村建居工作，于 2012 年 12 月 31 日正式选举产生了金鹏天润社区第一届社区居民委员会，标志着三路居撤村建居工作的完成。撤村建居后的金鹏天润社区的党组织为中共丰台区卢沟桥地区金鹏天润社区委员会，行政组织为丰台区卢沟桥地区办事处金鹏天润社区居民委员会，集体经济组织为北京金鹏天润置业投资管理公司，其产权归全体股民所有，该公司的外部监管暂由区经管站负责。三路居村撤村建居工作过程，见表 8：

表 8 三路居村撤村建居工作过程

时间	工作内容	相关文件
2010 年 9 月 8 日	筹备工作：召开整建制撤村建居工作的"两委"会	《丰台区委、区政府关于改革城乡二元管理体制推进城乡协调发展的意见》《丰台区整建制撤村建居工作方案》《中共卢沟桥乡委员会关于深化产权制度改革推动撤村建居工作的意见》
2010 年 12 月 14 日	筹备工作：召开了村民代表大会和股东代表大会	
2010 年 12 月 14 日—2011 年 8 月	1. 基础性工作：理清村内人口、土地、资产、社保。用时 6 个月，完成了全村所有农业户口和股东的登记造册、核实及确认工作，所有企业财务审计和资产评估工作，土地测量、核实工作，以及劳动力社保费交测算工作	—
	2. 制定政策：研讨制定撤村建居工作方案及村民安置办法。6 次邀请区、乡有关职能部门，50 余次征求各个层面的代表意见	撤村建居方案、村民安置办法、超转人员管理办法、待业管理人员管理办法

续表

时间	工作内容	相关文件
2011年8月26日、2011年11月16日	根据民主程序,先后召开村民代表大会和股东代表大会	通过了三路居村整建制撤村建居人口统计时间节点及政策、三路居村村民认定、整建制撤村建居村民社会保险政策、北京金鹏天润置业投资管理公司自然人股东人数及其权益、设立北京金鹏天润资产管理公司、北京金鹏天润互助基金会、设立北京金鹏天润股份有限公司集企业重组等13项决议
2011年11月—12月16日	入户征求意见,947户农民同意撤村并签字,撤村签字率达到98.54%	—
2011年12月—2012年10月	撤村建居批复历程。2011年12月7日报卢沟桥乡党委、乡政府;2011年12月12日得到乡党委、政府的批复;2012年2月9日取得区政府的批复;2012年4月18日取得市政府的批复。2012年8月9日取得区民政局"关于卢沟桥地区办事处设立社区居委会"的批复;2012年10月11日取得中共卢沟桥地区工委"关于同意成立金鹏天润社区党委"的批复	—

续表

时间	工作内容	相关文件
2012年5月—7月	根据北京市人民政府的批复要求，开始办理农转非户籍变更前的准备工作，完成户籍变更工作	—
2012年12月31日	正式选举产生金鹏天润社区第一届社区居民委员会，设立了党组织、行政组织和经济组织	—

来源：作者调查整理。

四、集体资产处置、产权改革与新型集体经济

处理集体资产、推进集体经济组织产权制度改革，发展以股份合作制为主要形式的新型集体经济，是城市化进程中维护和发展农村集体以及农民财产权利的重大举措。

（一）北京市农村集体资产处置与产权改革

我国农村集体所有制建立于20世纪50年代。在集体资产处置上，长期以来没有制定出台规范统一的政策制度。1956—1985年，北京市对农村集体资产的处置实行"撤队交村、撤村交乡"的政策。1985年9月30日，北京市委农工委、市政府农办转发市农村合作经济经营管理站《关于征地撤队后集体资产的处置意见》（京农〔1985〕69号），对集体资产处置的基本精神是"主要资产上交、部分资产分配"的政策。

1999年12月27日，北京市政府办公厅颁布《北京市撤制村队集体资产处置办法》（京政办〔1999〕92号），对撤制村、队集体资产的处置作了明确的规定，主要分为两种情况：一是对于集

体资产数额较大的撤制村、队，要求进行股份合作制改造，发展股份合作经济，将集体净资产划分为集体股和个人股，集体股一般不低于30%，其他作为个人股量化到个人。二是对于集体资产数额较小，或者没有条件发展股份合作制经济的村、队，其集体资产的处置办法主要是固定资产、历年的公积金（发展基金）余额以及占地补偿费，全部交由所属村或乡镇合作经济组织管理，公益金、福利基金和低值易耗品、库存物资、畜禽的折款以及国库券、青苗补偿费等兑现给集体经济组织成员，最初的入社股金按15倍左右的比例返还。

在城市化进程中，简单地处置集体资产，造成了集体资产的严重流失和农民利益的重大损失。自20世纪90年代初，北京市在借鉴广州、上海等地农村集体经济组织产权改革做法的基础上，开始推行以"撤村不撤社、转居不转工、资产变股权、农民当股东"为基本方向的农村集体经济产权制度改革，发展股份合作经济。

20世纪90年代后，北京市农村集体资产处置与集体经济产权制度改革是紧密结合在一起的。北京市农村集体经济产权制度改革经过了四个主要阶段。

第一阶段：1993—2002年的改革试点探索阶段。1992年11月，北京市农工委、北京市政府农办发布了《关于进行农村股份合作制试点的意见》（京农发〔1992〕16号）等文件，对开展农村股份合作制改革试点工作提出明确的意见。1993年，丰台区南苑乡东罗园村在全市率先开展村级股份合作制改革试点工作，将少部分集体净资产量化给本村成年劳动力，股东对股份只享有收益权，没有所有权，不允许继承转让。之后又相继在一些村开展试点工作，并借鉴了上海、广东和浙江等地开展农村集体经济产权制度改革的做法。经过试点探索，提出了"撤村不撤社、转居不转工、资产变股权、农民当股东"的改革思路，一般将集体净资产划分为集体股和个人股，集体股占30%以上，个人股占70%以内。经过10年的改革试点探索，到2002年底，北京市完成24个村的集体经济产权制度改革。

第二阶段：2003—2007年的扩大改革试点阶段。经过10年的改革试点探索，北京市积累了农村集体经济产权制度改革的基本经验，自2003年起，开始扩大改革试点范围。在试点范围上，提出"近郊全面推开、远郊扩大试点"的方针。在股权设置上，将人员范围扩大到16岁以下的未成年人，并对改革试点相关工作作了进一步的规范。到2007年底，北京市完成303个乡村集体经济产权制度改革任务（其中村级299个，乡级4个），全市有30多万农民成为新型集体经济组织的股东。

第三阶段：2008—2013年的全面推广阶段。从2008年起，北京市在前期十多年改革试点的基础上，结合集体林权改革，全面铺开了农村集体经济产权制度改革工作，使农村集体产权改革全面提速。到2013年底，全市累计完成集体经济产权制度改革的单位达到3873个（其中村级3654个，乡级19个），村级完成改革的比例达96.9%，有324万农民当上了新型集体经济组织的股东。

第四阶段：2014年以来的深化改革阶段。2014年以来，北京市主要在深化农村集体产权制度改革上做文章，具体体现在加大对尚未完成的少数情况比较复杂的村级集体经济产权制度改革力度，有序推进乡镇级集体产权制度改革，解决早期改革时集体股占比过高的问题，加强和规范新型集体经济组织的经营管理等。到2017年底，全市累计完成集体经济产权制度改革的单位达到3920个（其中村级3899个，乡镇级21个），村级完成比例达到98%，331万农民当上新型农村集体经济组织的股东。

（二）三路居村先后两次集体产权制度改革

三路居村分别于2005年和2010年开展了两次集体产权制度改革，实现了传统集体经济向新型集体经济的跨越。

第一次集体产权制度改革之前，根据第三方资产评估，三路居村农工商联合公司总资产为9902.13万元，负债为4619.9万元，净资产即所有者权益为5282.23万元。2005年3月7日，三路居村开始推进集体经济产权制度改革。在这次改制过程中，从净资产中提取原始股金20万元退还给原入社人员，760.38万元用于处置给亡故、转居转工、外嫁女等人员，预提不可预见费用264.11万元，三项合计1044.49万元，占改革前三路居村集体经济组织所有者权益的20%。三路居村所有者权益剩余4237.74万元，作为新型集体经济组织北京金鹏天润公司的注册资本金，其中，集体股为1271.32万元，占24%，个人股为2966.42万元，占56%。在个人股中，基本股为593.28万元，普通股为2373.14万元，以农龄为依据量化给集体经济组织成员。

2005年12月28日，三路居村农工商联合公司改制为北京金鹏天润置业投资管理公司，在工商部门登记注册，公司性质为股份合作制企业，注册资金4237.74万元。股权结构为集体股1271.32万元，占30%，持股人为三路居村集体资产管理委员会；个人股2966.42万元，占70%，个人股东1851人。截止到2011年3月31日，北京金鹏天润置业投资管理公司集体总资产达到72605万元，其中，货币资产13782万元，固定资产3791万元，长期投资资产46253万元；总负债32377万元，净资产40229万元，下辖18个分公司、9个子公司、1个参股公司。

三路居村在整建制撤村转居过程中，集体土地已经基本被征收或被规划，预期土地资源将全部转变为货币资产。为了解决集体资产量化和重组问题，三路居村于2010年底开展了第二次集体产权制度改革。其主要做法有五个方面：一是取消集体股，将之全部量化给股东个人。按照《中共卢沟桥乡委员会关于深化产权制度改革推动撤村建居工作的意见》（丰卢发〔2011〕11号）中有关"三个增加、三个减少"的原则（即增加个人股比例、减少集体股比例，增加基本股比例、减少劳动贡献股比例，增加按股分红的比例、减少传统分配的比例）规定，三路居村将30%的集体股全部量化给个人，继续保留金鹏天润公司作为股东行使权利和分红的组织平台，注销了部分下属机构及企业。二是拉平股权比例的差距，让全体村民股东有机会享有相同比例的股权，同股同权。以现有股权最高比例为标准，允许低于该标准的村民股东出资购买股权比例的差额部分，按照2005年改革时审计确认后的净资产额计算每股价值，购买后全体股民股东基本持有相同的股份比例，村民股东的出资额作为金鹏公司增加注册资本的来源，同时办理增资工商登记手续。三是将金鹏公司大部分优质资产实行重组，投资设立符合《公司法》和《证券法》规定的金唐天润股份有限公司。四是由金唐天润股份有限公司通过全资、控股和参股等形式，并购重组金鹏公司未注销的下属企业，成立以金唐天润股份有限公司为母公司的金鹏天润集团。五是设立金鹏天润集体资产管理公司，管理集体资产。在撤村建居过渡期内，资产管理公司对村委会账上的征地补偿款及剩余的土地等集体资产进行管理和使用，并处理遗留债务和不良资产，使资产保值增值，用于解决村民福利保障资金，并为金鹏天润集团发展提供后备资金。同时也便于设置土地征用或集体资产变现后的自动转换机制。

（三）三路居村的新型集体经济

经过先后两次集体经济组织产权制度改革后，三路居的集体经济已由传统的产权模糊的集体经济转型为产权清晰的新型集体经济。

1.在治理结构上，第二次改制后的三路居集体经济组织的组织架构为金鹏天润置业投资管理公司（简称金鹏公司）下辖金唐天润置业发展集团（简称金唐集团），金唐集团以金唐天润置业发展有限公司（简称金唐公司）为母公司，下辖各子公司，包括地产科技、金融物业、文化教育和综合服务四个模块，下辖29个子公司（见图1）。金鹏公司作为集体资产所有权主体的代表，是全体股东行使权利、投资控股及分红的平台。金鹏公司的法人治理

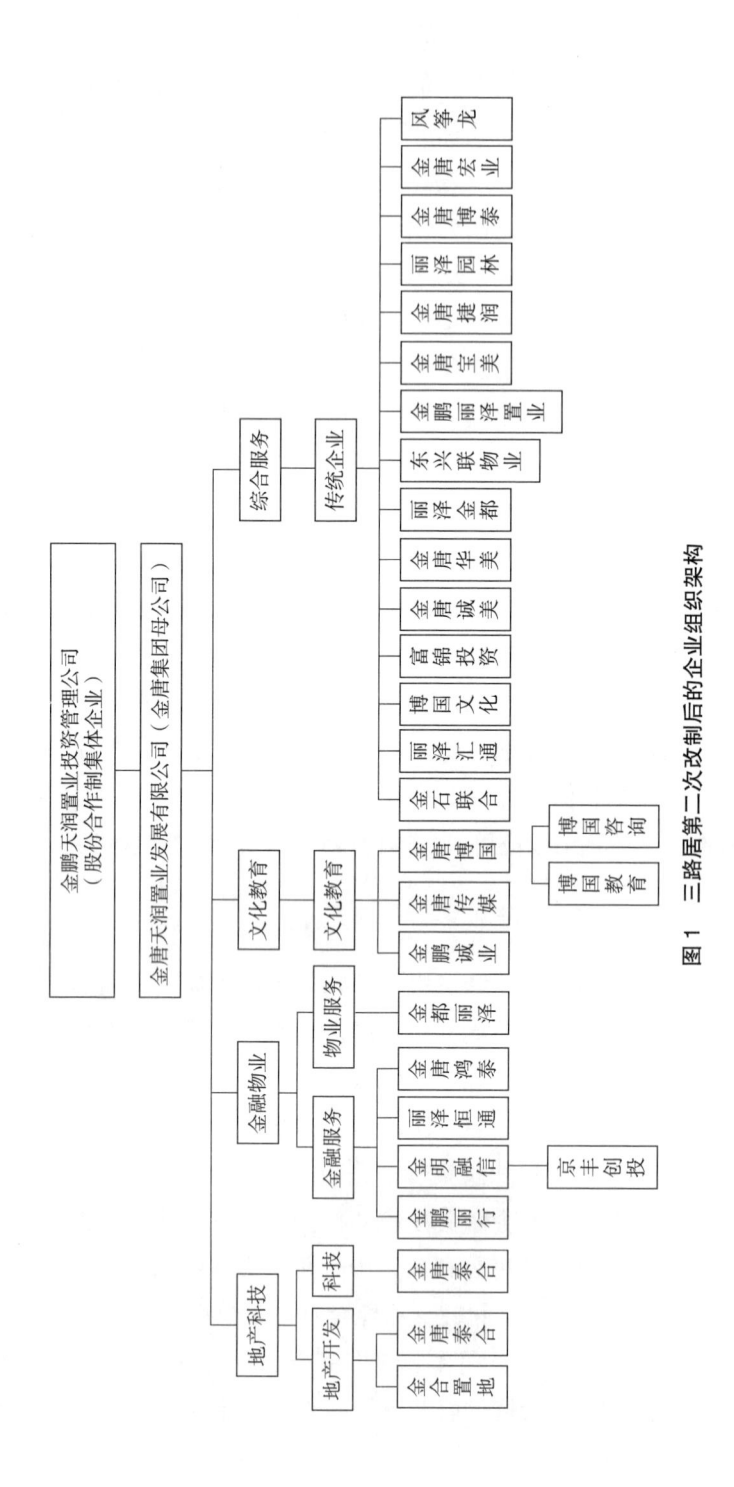

图 1 三路居第二次改制后的企业组织架构

结构包括职工股东代表大会、董事会、监事会、经理层等。其中，职工股东代表大会是公司最高权力机构，股东代表由股东推荐选举产生。金鹏公司机构设置包括党委会、集体资产管理委员会、重大投资风险防控委员会、超转、退休人员管理委员会、办公室、绩效考核处、计财处、企业领导管理处、工会、法务处。金鹏公司的注册资本为4237.74万元，来源于股东自筹。金鹏公司的股东为原三路居农工商联合公司集体共有股，股东为尹志强等1844名集体经济组织成员。金唐天润置业发展有限公司作为金鹏集团的母公司，是实际的经营主体，全面参与市场经营与竞争，按照现代企业运行机制，建立现代企业法人治理结构，实行完全的市场化管理。金唐公司的治理结构为股东、董事会、监事会和经理层。金鹏公司是金唐天润置业发展有限公司的唯一股东，出资额为1亿元。金唐公司不设立股东会，股东作出决定时，采取书面形式，股东签字后由金唐公司存档。金唐公司董事会成员有5人，由股东任命。董事每届任期3年，任期届满，可以连任。董事长为公司法人代表。目前，金鹏公司和金唐公司的法人均为原三路居村书记尹志强。

2.在集体资产管理上，三路居村集体资产的内部管理分为两个部分：一是金鹏公司设有集体资产管理委员会，二是金唐集团设立了资产管理中心。金鹏公司集体资产管理委员会属于领导机构，主要负责集体经济组织成员股权管理，包括股权转让与继承，完成遗留土地征地补偿事务、处理应付未付的部分补偿款，处理遗留债权等。金唐公司资产管理中心属于日常办公机构，主要负责对金唐集团公司资产的运营、管理和监督。

总体来看，金鹏公司及所辖的金唐集团在集体资产管理上具有五个特点：一是制度建设系统化。通过集体经济的股份合作制改革，创新了集体经济组织所有权与经营权相分离的制度安排。加强了内控制度建设，逐步形成了内控制度体系。制定了人力资源管理规章制度。二是股权管理固态化。集体经济组织在股份合作制改革中规定普通股属于股东个人所有，可以继承，在公司同意的情况下，可以将其按股份原值转让给公司，但不得退股。股权不增设，新生人口只能通过继承的方式获得股权。三是资产管理制度化。完善了各项管理制度，细化了流程和各种台账，加强了资产管理培训。对存量资产实行动态管理，使资产管理进一步规范化和常态化。将合同管理与资产管理结合起来，注重研究合同效益与资产的量化关系，以及效益的持续性。注重监管合同的履约情况，实行流程化、制度化、规范化和法治化管理。在对外投资管理方面，加强对投资项目信息的跟进，及时掌握投资项目的整体情况，注重对资金使用情况及风险隐患的监督。在证照管理方面，严格按照审批流程使用各种证照。四是内控管理信息化。2017年金唐集团正式执行《北京金唐天润置业发展集团制度汇编》《北京金唐天润置业发展集团内控管理手册》，启动集团OA办公自动化系统，实现了集体内控管理信息化。五是审计监督常态化。在经营管理审计和内部审计范围内的合同签约前和结算审计中，对已审项目出现的问题提出相应的审计意见，并监督整改；对金鹏公司和金唐公司的经营管理情况开展就地审计；对金鹏公司和金唐公司的人力成本及办公等费用方面开展专项审计。通过审计达到集团风险防控、规范经营、合法合规、提高效益等方面的目标。

3. 在集体资产经营上，三路居村新型集体经济组织抓住丽泽商务区发展的机遇，把握首都城市化进程和农村改革发展的脉搏，深入推进农村集体经济产权制度改革，成为参与到丽泽商务区建设的市场主体，推动集体资产经营从传统的瓦片经济即房屋出租向地产开发、物业服务、金融、教育、科技等更加符合北京城市发展和首都功能定位的产业转型发展。同时，三路居村新型集体经济组织在发展过程中，建立了人才激励机制。在改制过程中，三路居村要求金唐公司全体高管自费购买股份公司的少量股份，优化了股权结构，同时也打破了集体经济的封闭性，激励高管参与经营管理,按照责权利高度一致的原则,激活了创新发展的内在动力。目前,金唐集团形成了以房地产业为主,现代商业、现代服务业、金融业为辅的多元经济产业格局。目前集团下辖全资、控股、参股的分公司和子公司共29家,涵盖了地产、科技、教育、金融、物业、环卫、园林绿化、建材等多个行业。房地产业为金唐集团的支柱产业,2005年以来,完成项目开发面积69万平方米,包括自主开发建设的"金唐国际金融大厦"项目,丰台区政府授权的14万平方米"保障房"项目,乡级统筹联营联建的C9公建项目,与其他民企、国企、央企合作开发的丽泽商务区D10、D07—D08重点地产项目,对外投资购置潘家园、世界公园及酒店物业项目等,获得了自持物业30万平方米,实现了年收益3亿元,配套产业收益约为5000万元。2005年到2012年间,三路居村总收入由4697万元增加到9905万元,年平均增长11.2%,总资产由9902万元增加到128745万元,年平均增长44.3%。截至2017年12月底,金鹏天润集团的资产总收入为2.9亿元,资产总额已由2005年的1亿元增加到160亿元,增长了160倍;村民人均收入由8286元增加到15476元,年均增长9.3%。人均年收入由2005年的1.4万元增加到6.8万元,翻了5倍,福利待遇翻了3倍。

4. 在社区公共服务上,目前金鹏天润社区的公共服务仍由集体经济组织承担,2017年金唐集团承担的金鹏社区水费、电费、环境整治、公共卫生及相关人员费用达297万元,其中还有一部分费用因与集团其他相关业务费用联系紧密未计算到集体经济组织负担中。

5. 在股东分红上,金鹏公司章程规定"每年第一季度向股东分配上一年度的股红"。但在实际操作中,金鹏公司主要是为原三路居村集体经济组织成员分配福利,尚未进行过股份分红。福利分配主要是在劳动节、国庆节、中秋节和春节四个节日发放3000元的现金福利。

五、思考与建议

三路居村的城市化转型案例向我们揭示的最核心问题，是在城市化进程中如何维护和发展农村集体和农民的财产权利。发源于20世纪80年代的以股份合作制为主要方式的农村集体经济产权制度改革，是处于城市化发展前沿地区的广大农村基层干部和农民群众应对城市化冲击的伟大创造，在很大程度上维护和发展了农村集体和农民的财产权利。但值得我们深思的是，来自农村基层和农民群众的伟大创造，仍然受制于长期形成的思想观念和政策制度的制约，农村集体和农民财产权利的维护和发展面临许多问题，迫切需要我们从推进国家治理体系和治理能力现代化的高度转变观念，深化改革，着力加强体现城乡一体、公平正义的制度建设。

（一）关于农村土地，关键是要坚持和实现集体所有制与国有制的平等地位

我国现行宪法规定，城市的土地属于国家所有，农村和城市郊区的土地属于集体所有。国家为了公共利益的需要，可以依照法律规定对土地实行征收或者征用并给予补偿。由于国家对公共利益缺乏明确界定，在实际生活中，不管是因公共利益需要还是城市开发建设需要集体土地，都一律实行土地征收。现行的征地模式，就是征收集体土地，将之变性为国有土地，从而使集体土地不断减少、国有土地不断扩张。中央一再强调，不管怎么改，都不能把农村土地集体所有制改垮了。但现行的征地模式，不仅是将土地集体所有制改垮了，而且是将土地的集体所有制改没了。如果想真正坚持土地集体所有制，就必须从根本上改变现行的征地观念、改革现行的征地制度。我们不能仅仅从政治上和意识形态上高调地宣称集体所有制的重要性，而必须从制度安排上体现集体所有制和国有制这两种公有制的平等地位。

1. 修改宪法，取消土地征收的规定。征收是国家利用垄断性强制权力对私有财产所有权的变更行为。我国实行土地公有制，并不存在土地私有制。在现实生活中，土地所有权的改变又只存在唯一一种情况，那就是土地的集体所有制改变为土地的国有制，而根本不存在土地国有制改变为集体所有制的问题，也不存在改变为其他土地所有制的问题。土地征收涉及土地所有权的改变，而土地征用只涉及土地使用权的改变。现行的土地征收制度，实质上就是消灭土地的集体所有制，扩大土地的国有制，这不符合坚持两种公有制的平等宪法地位原则，不符合坚持土地集体所有制的政治原则，也不利于维护农村集体和农民的土地财产权利。2004年宪法修正案将宪法第十条第三款中有关对土地实行"征用"修改为对土地实行"征收或者征用"，这个修改其实存在重大法理偏差，应当立足于我国土地公有制的基本国情，对宪法进行重新修改，取消对土地实行征收的规定。

2. 明确国家为了公共利益的需要，可以对国有土地或集体土地实行征用并给予公正补偿。国家应立法明确界定公共利益范围。因公共利益的需要可以对国有土地或者集体土地的使用权进行征用，但不改变两种土地的所有制性质并要给予公正补偿。对于全民所有的国有土地，应当明确建立从中央政府到地方各级政府的分级所有权制度，推动国有土地所有权的分级确权登记。涉及全国范围的河流、草原、森林等土地，由中央政府行使所有权；其他有关土地根据实际情况可分别由各级地方政府行使所有权。国家因公共利益需要，不仅可以征用集体土地，也可以征用国有土地。征用国有土地，就是收回国有土地的使用权，应当对国有土地使用权人给予使用权征用后的合理补偿；征用集体土地，必须明确只是征用了一段时间的集体土地使用权，而土地的集体所有制并没有改变，同时必须对被征用集体土地的所有权人以及使用权人给予公正的补偿。需要强调的是，集体土地的所有权人不能借口土地是集体的而独享土地征用补偿费，应当区分和明确农村集体土地所有权和使用权的补偿及比例。

3. 因城市开发建设和其他经营性事业发展等非公共利益需要使用集体土地的，一律根据市场原则实行土地租赁或土地出租，建立健全农村集体建设用地平等入市制度。第一，凡是农村集体经济组织以外的组织和个人因建设需要开发使用集体土地的，应按照市场契约原则，实行土地出租和土地租赁制度，由农村集体经济组织将土地出租给使用方使用。第二，凡是农村集体经济组织自身需要建设使用集体土地的，则实行集体建设用地与国有建设用地平等入市的制度，依法依规进行土地自主开发建设。尽快废止《中华人民共和国土地管理法》第四十三条"任何单位和个人进行建设，需要使用土地的，必须依法申请使用国有土地"的规定。这是对土地集体所有制的消灭性规定，不符合坚持集体所有制的基本政治要求。现在正在开展的集体经营性建设用地入市试点，需要进一步解放思想，理清思路，加大改革力度，尽快实现两种公有土地权利的完全平等。应当从国家层面制定土地法，全面修改土地管理法，加强集体土地出租以及集体建设用地入市等法规的制定工作。

4. 废除土地财政，健全土地税制。地方政府依靠先征收集体土地、再出让国有土地使用权来创造财政收入的模式，严重破坏了土地集体所有制的稳定性，极大地扭曲了政府的公共定位和行为，使地方政府沦落为一手从农村集体和农民手中低价征收集体土地、一手将征收来的集体土地高价拍卖出去从而牟取暴利的投机商角色。这是地方政府不能践行执政党为人民服务宗旨、不能坚持依法行政、不能维护社会公平正义、不能保护农村集体和农民财产权利而习惯于以强征强拆手段侵犯农村集体和农民财产权利、导致社会严重失序的重要财税体制根源。2017年，全国国有土地使用权出让收入达52059亿元，同比增长40.7%，其中，北京市土地出让收入为2796亿元，同比增长228%，居全国第一位。必须从现代国家构建的高度，摆正地方政府的公共职责定位，明确规定政府只能从合法税收中获取收入，坚决废除持续20多年的土地财政，同时加快土地税制改革，建立健全地价税、土地增值税、土地交易税、物业税、房产税等土地税制，全面建立起现代文明国家通行的财税制度，这是实现国家治理体系和治理能力现代化的必然要求。

（二）关于农转居和社会保障，核心是要保障和实现城乡居民的同等待遇

在城市化进程中，农民的城市化转型涉及城乡户籍制度和城乡社会保障制度两个基本的政策体系转换问题。在户籍制度改革上，因征地拆迁等原因而实行的农业户籍人口转为非农业户籍人口即征地农转居政策，在20世纪50年代建立起来的城乡二元户籍制度框架中曾有一定的现实意义。但随着户籍制度改革的深入，特别是2014年7月国务院发布《关于进一步推进户籍制度改革的意见》以及2016年9月北京市政府发布《关于进一步推进户籍制度改革的实施意见》明确规定取消农业户口和非农业户口划分、统一登记为居民户口后，农转居就失去了最基本的法理依据和现实条件。但北京市一些地方仍然按照《北京市建设征地补偿安置办法》中有关"逢征必转"的规定，继续推行征地农转居政策，这就显得极不合时宜，呈现出户籍制度改革与征地制度改革相互脱节的两张皮现象，也使公安部门负责的户籍制度改革与农口部门负责的农转居政策相互矛盾和冲突。在社会保障制度上，地方政府将转居农民纳入城镇社会保障体系时，规定农村集体和农民缴纳巨额社会保障费用且政府并未承担社会保障成本，这种政策制度安排具有极大的不合理性。具体做法是：

1.必须立即停止实行征地农转居政策。必须全面修改《北京市建设征地补偿安置办法》，废除有关"逢征必转"的规定，确保国务院和北京市有关户籍制度改革的政策落到实处，切实改变户籍政策实施中的部门脱节和政策打架现象。不管是否征地，原来

所有的农业户籍人口都一律统一登记为居民户口。城乡户籍制度并轨后，农民户口登记的改变，并不改变其集体经济组织成员身份及其所享有的集体经济组织的各项权益。此外，由于国务院和北京市政府发布的户籍制度改革的意见属于政府规范性文件，其效力等级不及法规。建议全国人大常委会根据改革发展的新形势，尽快从立法程序上废止1958年1月9日全国人民代表大会常务委员会第91次会议通过的《中华人民共和国户口登记条例》，重新制定旨在保障城乡居民户籍身份平等和迁徙自由权的户口登记法，彻底废除持续60多年的城乡二元户籍制度，全面建立城乡一体的户口登记制度。

2. 彻底改变转居农民加入城镇社会保障体系需一次性趸缴社会保险等巨额费用的规定。在传统城乡二元结构中制定的《北京市建设征地补偿安置办法》《北京市整建制农转居人员参加社会保险试行办法》《关于征地超转人员生活和医疗补助若干问题意见》等政策文件，带有很强的城乡二元思维，在政策上进一步强化了城乡二元社会保障制度，推卸了政府为农民提供社会保障的重大责任，同时以将农民加入城镇社会保险体系之名，变相攫取了农村集体和农民的巨额征地补偿费，农村干部和农民群众对此意见很大，必须予以根本性的改革。三路居村根据丰台区政府和卢沟桥乡政府有关规定，没有将农转居人员中的超转人员移交给民政部门接收管理，而实行本集体经济组织自我保障服务的模式。这种做法从政策执行上来看，是下级政府未按上级政策文件执行搞变通，具有明显的不合规性，却具有相当的合理性。长期以来，在城乡二元社会保障框架中，政府没有为农民建立社会保障制度，这是政府对农民的历史欠债。享有平等的社会保障权利，是宪法规定公民的基本权利，也是政府应尽的基本职责。应当尽快取消《北京市建设征地补偿安置办法》中有关社会保险的规定，废止《北京市整建制农转居人员参加社会保险试行办法》和《关于征地超转人员生活和医疗补助若干问题意见》。要将征地补偿与社会保障脱钩，征地只需对被征地人进行公正合理的财产补偿。社会保障是每个公民都应当享有的基本权利。农民作为公民，不管其地是否被征用，都应当享有平等的社会保障权利。应当加快实现城乡基本公共服务均等化，取消和废止各种类型和差别化、碎片式的社会保障政策体系，全面构建城乡居民统一而平等的免费医疗、免费教育等制度，大幅度提高农村居民养老保障水平，建立现代城乡居民普惠型的社会福利制度。

3. 政府要负责承担起补齐农民社会保障待遇水平差距的基本职责。长期以来，农民被排除在国家社会保障体系之外，这是政府对农民的历史欠债。进入21世纪后，国家逐步建立起农村的社会保障制度。但城乡之间社会保障待遇水平的差距还比较大。在城市化进程中，获取巨额土地出让收入的地方政府，其正确的做法应当是加大对农村社会保障的财政投入，全额予以补齐城乡社会保障待遇水平的差距，这既是政府对历史欠债的应有补偿，也是政府真正支持"三农"工作的重要体现，更是政府强化服务职能的内在要求。现在执行的让农村集体经济组织和农民全部承担补缴城乡社会保障制度待遇差距费用的政策，严重推卸了政府责任，加重了农村集体经济组织和农民的负担，应当予以彻底纠正。要以城乡居民大致享有均等的基本公共服务为目标，优化财政支出结构，降低行政成本，提高民生支出比例，重点是政府要全面补齐农村居民社会保障水平的差距。

（三）关于撤村建居和公共服务，重点是要强化和落实政府的公共职责

在城市化进程中，城郊地区部分农村城市化是不可避免的经济社会发展规律。据北京市"三农普"数据，2016年在北京市3925个村委会中，无农民的村有169个，无农业的村有461个，无耕地的村有924个，无农业、无农村、无农民但仅保留了村委会牌子的空壳村有103个，常住人口不足户籍人口50%或闲置农

宅超过30%的空心村有338个，外来人口多于本村户籍人口的倒挂村有498个，其他传统村落有1432个。由此可见，城市化已经使不少村庄发生了明显的分化，与此相适合的公共政策应当及时相应跟上。撤村建居是城市化的必然产物，也是适应农村城市化转型的重要选择。撤村建居事关农村集体经济组织和农民的财产权利，事关农民参与社区公共事务民主管理的权利，也事关政府公共产品和公共服务的供给与保障。但至今从国家到地方层面都没有制定撤村建居的有关法律法规，各地在撤村建居工作中的随意性较大，有的已经完全具备撤村建居条件的村却没有开展任何撤村建居工作；有的撤村建居后，政府却没有为新建立的居委会提供统一规范的基本公共产品和公共服务，仍然由原来的村委会或农村集体经济组织承担社区居委会公共治理成本等，这种状况实质上是政府的严重缺位，必须尽快纠正过来。

1.加快制定撤村建居专门法规，对撤村建居工作进行统一规范。在快速城市化进程中，对撤村建居进行统一的指导与规范十分必要。2012年3月29日，北京市民政局、北京市委农村工作委员会等6部门印发《关于推进城乡社区自治组织全覆盖的指导意见》（京民基发〔2012〕108号），其中提到撤销村民委员会建制的条件：村民全部转为居民；村集体土地已经被征占；村集体资产处置完毕，或者已经完成村集体经济产权制度改革，成立新的集体经济组织；转制村民全部纳入城镇社会保障体系。该意见规定撤村建居基本程序是由街道办事处、乡镇政府（地区办事处）提出，经村民会议讨论同意，报区县政府批准。该文件虽然明确了撤村建居的基本条件，但全市已有不少符合撤村建居条件的村却没有开展撤村建居工作。例如北京市"三农普"统计的103个无农业、无农村、无农民的空壳村，就完全具备撤村建居条件，却没有开展撤村建居工作。全市撤村建居工作缺乏顶层制度设计，严重滞后于城市化发展的现实需要。上述意见作为部门文件，其效力也较低。国家有关部门以及省区市级层面都应当制定专门的撤村建居法规，进一步明确和规范撤村建居的条件、程序以及相关管理服务等问题，强化政府提供公共产品和服务的基本职责，有序推进撤村建居工作。

2. 切实保障农村集体经济组织和农民的财产权益。撤村建居的核心问题是公平合理地处置集体资产，维护和发展农村集体经济组织和农民的财产权益。各级党委和政府应当将保障和实现农民的财产权利作为重大责任，加强产权制度建设和产权保障工作。1999年12月实施的《北京市撤制村队集体资产处置办法》（京政办〔1999〕92号）对撤制村、队集体的资产作了规定，在一定程度上维护了农村集体经济组织和农民的财产权益，但也存在不少缺陷，亟须修改。例如，应将撤制村、队的名称更改为撤制村、组；取消集体股不低于30%的规定，降低集体股所占比例或取消集体股；赋予集体经济组织成员对集体资产股份享有占有、收益、有偿退出、抵押、担保、继承等更加充分的权能；对征收或征用土地的补偿费，应区分对土地所有权的补偿和对土地使用权人的补偿，明确各自的补偿比例。一般来说，对承包土地的补偿费，所有权人和承包使用权人的分配比例为15∶85，对宅基地的补偿费，所有权人和使用权人的分配比例为10∶90；明确和保障农民在撤制村、队集体资产处置中的知情权、表达权、参与权、决策权、监督权。

3. 强化政府在提供城乡社区公共产品和公共服务上的基本职责。在城市化进程中，一些完全符合整建制撤村建居条件的村之所以继续保留村委会建制而没有建立相应的城市社区居委会，一个重要原因在于政府仍然习惯于在城乡二元结构中开展工作，在公共产品和公共服务上重城市、轻农村的施政惯性没有得到根本扭转，缺乏承担新建立的城市社区公共产品和公共服务供给的动力与意愿。在已经撤销村委会建制、建立城市社区居民委员会后，政府却不能与时俱进地承担起社区公共产品和公共服务供给保障责任。政府在公共产品和公共服务供给上的严重滞后和缺位，造成撤村后新建立的城市社区的公共产品和公共服务仍然由集体经济组织承担的普遍现象。政府未能积极履行公共服务供给职责的状况一定要纠正过来。各级党委和政府应当将撤村建居所新增加的公共产品和公共服务支出纳入年度工作计划，列入财政预算并予以制度化保障，切实减轻集体经济组织承担的社区公共产品和公共服务供给的负担。

（四）关于集体经济组织和集体经济，目标是要加快构建市场化法治化的发展环境和现代治理体系

农村集体经济组织和集体经济是我国农村特有的组织形式和经济形态。农村集体经济组织属于经济组织，但又不是一般的经济组织。2017年10月1日施行的《民法总则》将农村集体经济组织规定为特别法人，区别于营利法人和非营利法人。农村集体经济组织可以划分为农村集体产权改革之前的传统集体经济组织和农村集体产权改革以后的新型集体经济组织，二者之间的最大区别在于传统集体经济组织强调劳动者的劳动联合，否定劳动者的资本联合，劳动者的个人产权不清晰，而新型集体经济组织既承认劳动者的劳动联合，也承认劳动者的资本联合，并通过集体产权制度改革明晰了个人产权，实现按股分红。农村集体经济也可以划分为农村集体产权改革之前的传统集体经济和农村集体产权改革以后的新型集体经济，二者之间的最大区别在于传统集体经济是在计划经济体制下的封闭性经济，只强调集体利益而否认个人产权，而新型集体经济是在市场条件下的开放式经济，既强调集体公共利益，也重视个人产权利益。对于农村集体经济组织和集体经济，既不能唱高调迷信之，也不能一概否定之，而应当通过不断深化改革、加强制度建设，营造农村集体经济组织和集体经济发展的市场化法治化环境和现代治理体系，维护和发展农民的财产权利和民主治理权利。

1.要充分认识和保障农民的公民权、成员权和自治权。第一，

农民作为中华人民共和国公民，享有国家宪法规定和保障的公民权，各级党委和政府应当充分保障宪法赋予公民的基本权利和自由。公民权具有开放性特征，农民无论身居农村还是迁入城镇，都应当平等享有基本公民权利。第二，农民作为集体经济组织成员，享有成员权，主要包括财产权利和民主权利两大类，财产权利是指农民享有集体经济组织的财产所有权、股权、集体收益分配权等权利，民主权利是指农民享有对集体经济组织的知情权、参与权、表达权、监督权、决策权等权利。成员权具有封闭性特征，只有具有农村集体经济组织成员身份的人才拥有成员权。第三，农民作为社区成员，享有自治权，即享有对社区公共事务进行管理的权利，包括知情权、参与权、表达权、监督权、决策权。自治权具有从封闭性向开放性转变的特性。在村庄人口流动不明显的地方，自治权具有封闭性特征，即自治权只面向当地户籍村民，而当村庄在城市化冲击下出现明显的人口流动时，自治权就应当赋予包括外来流动人口在内的所有社区常住人口，这样自治权就具有了开放的特性。随着城市化的发展，当传统村庄转型为现代城市社区后，农村居民的自治权相应地转变为城市社区的自治权。尊重、保障和实现农民的公民权、成员权和自治权，是推进乡村治理体系和治理能力现代化的根本要求。

2. 要及时转变农业农村工作的方式和重点。快速的城市化发展，对传统农村的社会结构产生了重要的冲击，各级党委和政府的农业农村工作方式和工作重点也应当与时俱进地实现转变。像三路居这种无农业、无农村、无农民而已实现城市化转型的"村"，已经从以土地为纽带的集体所有制转变为以资产为纽带的集体所有制，加强集体资产的监督管理，维护好股东的正当权益，应当成为农业农村工作的重中之重。而更为深层次的问题是，已经实现城市化的撤村建居"村"，其农村集体经济组织事实上已转变为城镇集体经济组织，对这类由农村集体经济组织转变为城镇集体经济组织的，到底是该继续由农业农村工作部门管理相关事务，还是转交给城镇有关部门管理和服务更为合理？如果仍由农业农村工作部门进行管理和服务，就需要相应地创新管理服务的基本方式。三路居村自改制以来，集体资产增长迅速，2017年三路居"村"集体资产总额高达160亿元，相当于北京市平谷区和怀柔区两个区集体资产的总和，是密云区农村集体资产的2.6倍。三路居"村"除了每年给股东发放约3000元的福利外，至今未按章程规定实行年度分红。面对如此庞大的集体资产，如何加强集体资产监管？如何防止集体资产被内部少数人控制和利用？如何加强新型集体经济组织内部的规范化经营管理？如何有效维护股东的收益分配权和民主管理权？这些都是各级党委和政府相关部门应当高度重视并切实加以解决的重大现实问题。

3.实现集体经济组织和集体经济封闭性与开放性的统一。传统的集体经济组织和集体经济都具有明显封闭性的特征，但在计划经济体制下，人口流动相对静止，集体经济组织和集体经济发展的时间还不长，集体经济组织和集体经济封闭性发展的后果并没有充分体现出来。但在市场经济条件下，随着城市化的发展，以及历经60多年的发展演变，集体经济组织和集体经济的封闭性问题已经比较明显地突出出来了。既要维护农村集体经济组织及其成员的正当权益，又要实现集体经济的市场化转型升级发展，这是两个必须予以考量的重大问题。侧重于维护农村集体经济组织及其成员权益的人士倾向于保持农村集体经济组织和集体经济的封闭性，而侧重于发展市场经济的人士却倾向于推进农村集体经济组织和集体经济的开放性。其实这两种诉求都具有合理性，关键是要找到二者相结合的有效途径和方式。

三路居"村"似乎提供了使二者实现结合的一条有效路径，那就是通过集体产权制度改革，建立新型集体经济组织即股份合作制集体企业——金鹏天润置业投资管理公司，保持了集体经济组织成员的封闭性，同时，在金鹏天润置业投资管理公司这个封闭性集体经济组织下设立完全面向市场的开放性的金唐天润置业发展有限公司（金唐集团母公司）。这种组织架构创新，实现了集体经济组织和集体经济封闭性与开放性的统一，具有一定的创新意义。

　　但是，面对进入市场、实行现代企业经营管理的下属公司，集体经济组织如何有效进行管理监督并有效维护股东权益，是一个重大的现实问题。同时，随着时间的推移，集体经济组织成员将逐步自然消亡，如果股东只有继承权和内部转让权，那将出现集体经济组织成员的不断萎缩和成员分布的空间广阔性，实现股权的开放性仍将是必须予以考量的长期选项。应当按照特别法人的定位，从国家和地方层面，加快城乡集体经济组织的立法工作，从法律上明确界定和规范集体经济组织的治理结构和权利义务关系，规范和保障集体经济组织的市场主体地位，维护和促进集体经济组织成员参与集体经济组织管理、发展集体经济的民主权利，建立健全有利于集体经济组织规范化运作、集体经济发展壮大的政策制度框架，形成有效维护和发展农民参与集体经济组织管理的现代民主治理体系，为实现乡村治理体系和治理能力现代化提供有力的支撑。

北京市撤村建居调查与思考 *

撤村建居是城市化进程中的重大现实问题，涉及村民群众的切身利益，事关城乡基层治理的结构转型。改革开放以来，随着城市化的快速发展，北京市城市规划区内以及城乡接合部地区的大量村庄被城市化，一些村庄土地被征占，村民被转为城镇居民，传统村庄被拆迁，出现了一大批无农业、无农民、无农村的三无村。但由于全市尚缺乏撤村建居的统一政策制度安排，致使撤村建居工作明显滞后于城市化进程，各地撤村建居政策不一，做法各异，村集体和村民群众的正当利益得不到有效保障和维护，出现了不少有名无实的空壳村、村居并存的"混合村"，给城乡社区治理带来了严重挑战。为切实有效开展撤村建居工作，与时俱进推进新型城市化进程，分类推进乡村振兴战略，实现城市化村庄的转型发展，提升首都超大城市基层治理现代化水平，2019年底，北京市民政局、北京市农村经济研究中心组织联合调查组，对全市撤村建居基本情况进行了摸底调查，并深入到大兴、通州、顺义、朝阳等区，与有关部门以及乡镇和村干部进行座谈交流，形成了调研报告。

一、北京市撤村建居基本情况

改革开放以来，特别是 20 世纪 90 年代以来，北京市的城

---

* 参与调研的成员有杨宝山、甘国再、唐晓明、王钊、杜婷、康岳魏。原载《北京调研》2020 年第 2 期。

市化进程明显加快，2018年北京市常住人口城镇率从1990年的73.48%提高到86.5%，略低于上海；建成区面积从1990年的339.4平方千米扩大到1485平方千米，超过上海，位居全国第一。城市化的快速发展，使京郊乡镇及村委会数量急剧下降，相应的城市居委会个数迅速增加。从1984年到2019年，全市乡镇从365个减少到181个，减少了184个；村委会从4398个减少到3891个，减少了507个；城市居委会从2888个增加到3231个，增加了343个。据北京市"三农普"数据，2016年在全市3925个村中，无农业、无农村、无农民仅保留村委会牌子的村有103个。另据北京市农村经济研究中心2018年百村千户调查数据，全市无农业、无农民、无农业的三无村有56个。

我们通过调查发现，从2017年底到2019年底，全市3891个村（含平谷区熊儿寨乡东长峪村，该村原村民大部分已经失去联系多年，但还有部分林地等村集体资产）先后撤了42个村，其中，朝阳区10个、海淀区21个、丰台区7个，还有密云区2003年撤的4个村（该区在2019年村委会换届选举前一直没有注销）。从本次全市摸底汇总数据看，全市共有261个村需要撤销村委会建制，其中，大兴区因新机场建设有65个、顺义区有59个、房山区有43个、通州区因城市副中心建设有35个、朝阳区有5个、海淀区有6个、丰台区有14个、门头沟区有10个、昌平区有3个、平谷区有1个、怀柔区有11个、延庆区有9个。这些村是2019年底可以撤销村委会建制的城市化村庄，但撤村面临许多复杂的情况，需要高度重视，慎重对待，有序推进。

二、撤村建居存在的主要问题

撤村建居是一项综合性、系统性、复杂性的重大改革工程，涉及面比较广，存在的问题比较多。从调查的情况来看，主要有以下几个方面的问题：

（一）撤村建居条件有待完善

2012年3月29日，北京市民政局、北京市委农村工作委员会等6个部门联合印发《关于推进城乡社区自治组织全覆盖的指导意见》（京民基发〔2012〕108号），规定了撤销村委会建制的四个条件：一是村民全部转为居民；二是村集体土地被征占；三是集体资产处置完毕，或者已经完成集体经济产权制度改革，成立新的集体经济组织；四是转居村民全部纳入城镇社会保障体系。这一规定对当时完全符合条件的村实现撤村建居发挥了积极作用，但对于基本符合或者总体上符合却并未完全符合条件的村实行撤村建居则造成了一些障碍，比如有的村大部分土地被征后，只剩下一些边角地没有被征用，有的村大部分村民已转为城镇居民而只有极少数村民未转为城镇居民，依此规定则不能撤村建居，从而抑制了撤村建居进程，由此造成许多应该撤销而没有撤销、只保留村委会牌子的空壳村、三无村。

（二）户籍改革等政策未落地

2014年7月国务院发布的《关于进一步推进户籍制度改革的意见》以及2016年9月北京市政府发布的《关于进一步推进户籍制度改革的实施意见》，都明确规定取消农业户口和非农业户口划分，统一登记为居民户口。依据新的户籍政策，不能再实行征地农转非的旧政策了。但各地至今仍然惯性地实行征地农转非政策。一些因城市化建设拆迁上楼的村，因为有极少数村民没有转变户籍身份而不能完成撤村建居工作。同时，有的村民还担心撤村建居后将失去原来享有的农村集体资产权益，因而不愿意撤村。有的村则由实行村居并行体制，在一个村庄范围内，既有村委会，又有居委会。

（三）集体资产处置存在问题

有的村人口不多，集体资产数额也较小，没有条件发展股份合作制经济，在拆迁上楼后，征地补偿费等只能交给村或乡镇集体经济组织作为公共资金，不准分给村民。村干部和村民担心如果撤销村委会建制，他们更加享受不到征地补偿费等集体资产权益了。有的村欠债尚未还清；有的村尚未收回对外放债；有的村与乡镇之间存在债务纠纷；有的村集体资产登记在村委会账上，如撤村将资产转移过户到集体经济组织名下，则涉及需缴纳契税、印花税等税费问题等，这些都使一些村干部和村民对撤村建居心存顾虑。

（四）社保费用趸缴极不合理

2004年7月1日起施行的《北京市建设征地补偿安置办法》（148号令）规定实行"逢征必保"政策，规定将被征地的农民转为城镇居民并将之纳入城镇社会保险体系，由村集体趸缴巨额的社会保险费用。村干部和村民普遍反映这一政策极不合理。例如，大兴区黄村镇北程庄村2007年征地时，农转非人数为265人，其中转非劳动力100多人，超转人员43人，村集体从征地补偿款中支付了2000多万元的转非劳动力和超转人员的社会保险费用，其中超转人员平均每人缴纳生活补助费和医疗费用65万元。丰台区卢沟桥乡三路居村在2012年的撤村建居中，认定的超转人员共有528人（其中82岁以上19人），据测算，需一次性趸缴超转费用3.83亿元，人均72万多元。我们在这次调研座谈中了解到，顺义区仁和镇平各庄村为一名超转妇女缴纳了775万元的惊人超转费用，而该超转人员每月只领到2000多元的生活和医疗补助。

（五）历史遗留问题亟待解决

有的村长期以来存在各种各样、五花八门的历史遗留问题，这些遗留问题成为撤村建居的难题。比如有的村虽已拆迁上楼，绝大部分村民也已转居，但居住的回迁楼却没有拿到住房产权证；有的村经批准在集体建设用地上建的自住楼也没有产权证。这些村的干部和村民提出如不解决房屋产权问题，就不愿意撤村建居。

（六）民生福利事务缺乏衔接

郊区各村基本都有各种名目的村级福利，村民担心撤村建居后就会丧失已有的福利待遇。有的村民对超转人员看病实行社区首诊制意见较大，现行政策规定超转人员转诊必须先到社区卫生院开具证明，这给看急病、重病的超转人员带来了很大的麻烦。对超转人员的冬季供暖待遇也没有任何保障。有的村干部担心撤村建居后原有的工资福利待遇可能降低或丧失。还有一些涉及村务和村民生产生活的具体事务需要使用村委会公章才能办理，如撤村建居后，有些事务办理只认村委会公章而不认居委会公章，这就给村民群众带来极大的不便。撤村以前，农村集体经济组织有关事务归乡镇有关部门管理，但撤村建居后农村集体经济组织有关事务到底是归原来乡镇管理还是归新的街道管理，这个问题并不明确，等等。

（七）建居公共管理服务滞后

有的村撤销并建立居委会后，其公共管理服务却没有纳入公共财政保障体系，仍然由原来的村集体经济组织承担居委会的公共管理和服务成本，这明显推卸了政府提供公共产品服务的供给职责，明显加重了村集体经济组织及其成员的负担，使撤村建居后的原村干部群众意见较大。撤村后如何保障村民就业，保障上楼后的村民生活来源以及撤村后安置楼房的建筑质量和消防安全等民生问题，都需要引起高度重视。

三、推进撤村建居的必要性和重要性

撤村建居是城市化进程中的必然要求，有序推进撤村建居工作，有利于维护和发展村民切身利益，有利于化解城市化过程中的风险与矛盾,有利于提高首都超大城市治理的综合能力和水平。

(一)推进撤村建居是适应城市化高质量发展的迫切需要

改革开放以来,北京市快速的城市化进程,将大量的农村地区和农村人口卷入到城市化的浪潮中来,特别是在城市规划区和城乡接合部地区,出现了一大批农村土地被征占、农业产业消失、农民职业和身份转变、村庄结构形态完全改变,但仍然保留村委会建制的有名无实的村,这种不城不乡、亦城亦乡的非正常状况,大大降低了城市化发展的质量,也阻碍了乡村社会向城市社会的转型发展。在新时代要实现城市化的高质量发展,必须与时俱进地推进撤村建居工作,使已经城市化了的村庄名正言顺地成为城市社区的有机组成部分。

(二)推进撤村建居是分类实施乡村振兴的必然要求

由于城市化带来的巨大冲击,传统定型的乡村发生了明显的分化。实施乡村振兴战略,必须针对不同类型的村庄,实施不同的公共政策。对于城市规划区和城乡接合部地区已经拆迁上楼的三无村或者城市化村庄,不应采取普通村庄的乡村振兴模式,而必须提高实施乡村振兴战略的精准性,实事求是地推进撤村建居进程,实现其完全的城市化转型。但由于撤村建居工作的严重滞后,有关部门仍然按照普通村庄的定位进行新农村建设的投入和美丽乡村的整治行动,造成了公共产品投入的扭曲和财政资金的巨大浪费。

(三)推进撤村建居是促进城乡基层善治的重大举措

农村社区与城市社区具有不同的要素禀赋、产业结构、空间形态和现实需求,针对城乡社区的不同问题,只有把准脉、开对处方,才能对症下药。由于一些已符合撤村建居条件的村没有相应地撤销村委会建制,这些虽已经城市化的空壳村却仍然在执行农村的相关政策。比如，有的村已经实行了整建制转居，村民身份已经转变为城镇居民身份，却按《中华人民共和国村民委员会组织法》的规定开展村委会换届选举；有的空壳村则长期没有开展村委会的选举。有的空壳村反映，根据农村有关管理要求，他们每年还会收到上级拨付的用于保障村委会正常运转的数十万元经费，但事实上由于村委会已经基本停止运行，因而没法做到专款专用，为完成任务只好每年重复装修已废弃不用的原村委会办公楼。诸如此类问题，完全是城乡基层治理扭曲变形的重要表现，也是官僚主义引发形式主义、形式主义助长官僚主义的重要表现。名不正则言不顺，言不顺则事不成。只有实事求是、与时俱进地推进撤村建居工作，为符合撤村条件的空壳村"摘帽"、为具备建居条件的城市社区"戴帽"，才能提高北京市城乡基层治理的现代化水平，真正实现首都城乡基层善治的目标。

四、思考和建议

撤村建居是一项综合性、全局性、系统性的重大改革工程，也是一项惠及广大村民群众的民生工程，牵一毛而动全身，涉及方方面面，既需要加强统一领导，统筹协调，集中发力；也需要全面深化改革，转变思想观念，加强制度建设。具体来说，我们提出如下几个方面的政策建议。

（一）加强市级层面顶层设计，制定撤村建居统一政策

自从城市化启动以来，就存在撤村建居的客观需要。但长期以来，对于城市化发展导致撤村建居这一重大改革议程和实践的工作，却一直缺乏市级层面的顶层设计，既无全市撤村建居工作的指导意见，也无撤村建居方面的地方性法规。这就造成了各地在撤村建居工作上缺乏统一规范，也不利于撤村建居工作的常态化开展的问题，由此积累了不少矛盾，产生了各种应当撤村却没

有撤村的空壳村、应当理顺而没有理顺的村居混杂村等现象。

一是建议尽快制定全市撤村建居指导意见或全市撤村指导意见，明确撤村的指导思想、基本原则、撤村条件和程序、工作要求等，还可制定全市撤村建居地方性法规，将撤村建居工作全面纳入规范化、制度化轨道。

二是由于撤村建居工作跨越城乡两方面，贯穿市、区、乡镇（街道）、村居四级，涉及组织、民政、农业农村、公安、财政、规划和自然资源、人力社保、税务等诸多职能部门，事关村民群众的切身利益与社会的和谐稳定，必须加强统一领导，强化统筹协调，形成工作合力。

（二）适应改革发展新形势，及时优化调整撤村条件

随着改革发展的不断推进，2012年市民政局、市农工委等6部门联合印发的《关于推进城乡社区自治组织全覆盖的指导意见》（京民基发〔2012〕108号）确定撤销村委会建制的四个条件，其中有的已发生了重大变化，需要与时俱进地进行调整与完善。

一是关于村民全部转为居民的问题。一方面，这是规定行政村整建制农转居（农转非）的情况才能撤村，但在现实中还有不少村存在绝大部分村民已经转非，却有极少数村民因种种原因没有转非，按此条件则不能撤村的情况。另一方面，在城乡二元户籍制度尚未改革的情况下将之作为撤村的必备条件是合适的，但在已经改革城乡二元户籍制度后就不符合政策了。2014年7月国务院发布《关于进一步推进户籍制度改革的意见》以及2016年9月北京市政府发布《关于进一步推进户籍制度改革的实施意见》都明确规定取消农业户口和非农业户口的划分，统一登记为居民户口。就是说城乡居民已经没有农业户口和非农业户口的区分，都是居民户口，不再存在"农转非"的问题了（当然也不存在非转农的问题）。

二是关于村集体土地被征占的问题。一方面，由于各种原因，

有的村土地并没有被全部征占，而留下一些边边角角的零星土地；有的村因政府推行平原造林政策，土地被租用种树，但并没有改变土地集体所有制的性质。这些情况都导致这些村不符合撤村条件。另一方面，于2020年1月1日施行的新修改的土地管理法对征地制度进行了重大改革，该法改变了过去农村土地必须经过征收为国有才能进入市场的规定，允许农村集体经营性建设用地在符合规划等条件下可以通过出让、出租等方式进入市场。就是说已城市化的村并不需要土地被全部或部分征收后才能撤村。

三是关于集体资产处置完毕以及成立新的集体经济组织的问题。有的村因复杂的历史原因，存在少量集体资产没法处置，有的债权债务一时难以清理；有的村人口稀少，集体资产数额不多，没有条件或没有必要成立新的集体经济组织的问题。

四是关于转居村民全部纳入城镇社会保障体系的问题。这个条件是与土地被全部征占、村民整建制转非条件相统一的，但正如上文所指出的那样，因种种原因总有一些村的土地没有全部被征占，还有一些村的村民没有全部转非，这就导致相关的村民难以全部纳入城镇社会保障体系。

根据这次调查的情况，我们认为可以将撤村条件区分为前置条件和后置条件，撤村的前置条件是指撤村前就已具备或满足撤村的前提条件。撤村的前置条件应该是：在城镇规划范围内，农村土地中的大部分已经被征收或征用，村民大部分已经拆迁上楼居住，村内产业已经非农化。就是说，在城市化进程中，城市周边和城乡接合部地区的村庄形态已经城市化、村民生产方式和生活方式已经城市化，这就具备了撤村的前置条件。至于其他因行政区划调整而撤并村庄的问题可以另行讨论。

撤村的后置条件是指拟启动撤村工作后应当遵守和承诺保障的必要条件。撤村的后置条件：一是完成集体经济产权制度改革，集体资产得到妥善处置，建立新的集体经济组织。二是根据村民拆迁上楼等居住地的变化情况，有关部门应当及时更改户口登记的相关内容。三是实行城乡社会保障制度并轨，补齐原农村居民与城镇居民在社会保障待遇上的差距。四是按照村民委员会组织法的规定，履行撤村的民主和法律程序。五是妥善处理撤村建居中干部群众普遍关心的民生问题，使撤制村民有更多的获得感。

（三）确保户改政策落地，全面停止实行征地农转非

一是148号令的有关规定已经严重滞后，应当废止。2004年7月1日施行的《北京市建设征地补偿安置办法》（148号令）确立了"逢征必转"的原则，该办法第十九条规定："征用农民集体所有土地的，相应的农村村民应当同时转为非农业户口。应当转为非农业户口的农村村民数量，按照被征用的土地数量除以征地前被征地农村集体经济组织或者该村人均土地数量计算。应当转为非农业户口的农村村民人口年龄结构应当与该农村集体经济组织的人口年龄结构一致。"这个征地农转非（农转居）的规定在城乡二元户籍制度没有改变的情况下有其合理性和必要性。但是10年后的2014年7月24日，国务院印发的《关于进一步推进户籍制度改革的意见》（国发〔2014〕25号）第九条规定："建立城乡统一的户口登记制度。取消农业户口与非农业户口性质区分和由此衍生的蓝印户口等户口类型，统一登记为居民户口，体现户籍制度的人口登记管理功能。建立与统一城乡户口登记制度相适应的教育、卫生计生、就业、社保、住房、土地及人口统计制度。"2016年9月8日北京市人民政府印发的《关于进一步推进户籍制度改革的实施意见》（京政发〔2016〕43号）第七条规定："建立城乡统一的户口登记制度。取消农业户口与非农业户口性质区分，统一登记为居民户口，体现户籍制度的人口登记管理功能。建立与统一城乡户口登记制度相适应的教育、卫生计生、就业、社保、住房、土地及人口统计制度。"148号令中的"逢征必转"与上述户籍制度改革政策已完全不相适应。

二是建议停止实行征地农转非政策。新的户口制度实行后，

就不应该再实行农转非政策了。但时至今日,各地仍然依据148号令执行征地农转非政策,这说明新的户口改革政策还没有落地,有关部门还没有及时修改旧的政策制度,造成了政策矛盾、政策打架、政策滞后等问题。有关部门必须加快修改与国务院和市政府户口改革政策不一致的旧规定,确保户籍制度改革政策落地,让广大农民享受到户籍制度改革的成果。建议全面停止实行已完全不合时宜、不合政策、不受欢迎的征地农转非政策,在撤村条件中取消农转非的规定。

(四)深化集体产权制度改革,强化集体经济组织建设

因城市化快速发展提出的挑战,北京市自20世纪90年代初就开展了农村集体经济产权制度改革,至今已完成约98%的村级集体产权制度改革任务,总体上走在全国前列。但仍然有部分村没有开展集体经济产权制度改革,绝大多数乡镇没有启动集体经济产权制度改革,已经开展集体经济产权制度改革的村也存在需要继续深化改革的问题,比如有的已开展集体经济产权制度改革的村,只是完成了清产核资、确定了成员身份、明确了资产份额,但并没有实行股份合作制。在集体资产处置上也存在一些问题,有的村集体资产处置不合理,有的村债权债务纠纷难以解决;有的村完成集体经济组织产权制度改革后没有建立健全完善的集体经济组织,有的集体经济组织没有建立健全法人治理结构,有的没有开展正常化、规范化、程序化的经营管理,等等。

1999年12月27日北京市政府办公厅颁布《北京市撤制村队集体资产处置办法》(京政办〔1999〕92号),对撤制村队集体资产的处置分两种情况进行:一是对集体资产数额较大的撤制村队,要进行股份合作制改造,发展股份合作经济。二是对集体资产数额较小,或者没有发展股份合作制经济的村队,其集体资产处置原则是将固定资产折价款、历年公积金、占地补偿费,交村或镇集体经济组织管理,待村或镇集体经济组织撤制时再处理;将青

苗补偿费、地上附着物补偿费，公益金、福利基金和低值易耗品、库存物资、畜禽的折款以及国库券等，兑现给集体经济组织成员。

我们认为，对于撤制村，一是要在总体上坚持"撤村不撤社"的原则，加强集体经济组织建设，健全法人治理结构，拓展和完善集体经济组织的服务功能，维护和发展村民的集体收益分配权。二是对于个别情况特殊而不具备发展股份合作制经济条件的村，可以在撤村的同时，撤销村集体经济组织，按照有关民主程序，将全部集体资产兑现给集体经济组织成员。

（五）尽快修订148号令，彻底改变"逢征必保"的政策体系

《北京市建设征地补偿安置办法》建立了"逢征必保"的政策。依此规定，有关部门制定了《北京市整建制农转居人员参加社会保险试行办法》《关于征地超转人员生活和医疗补助若干问题意见》等政策文件。这个"逢征必保"政策的本意是将撤村建居的村民纳入城镇社会保障体系，但在实际运作中，转居村民加入城镇社会体系需一次性趸缴巨额的社会保障等费用，这个政策完全按照城镇社会保障制度的设计要求农村村民一次性缴纳社会保险费用，而忽视了农村社会保障的特殊性和农民的贡献性。这个因转居参保而必须趸缴巨额社会保障等费用的政策做法已遭到村干部和村民群众的普遍质疑。事实上，农民作为公民，不管其土地是否被征收或征用，都应平等享有宪法赋予的社会保障权利。近些年来，国家和北京市都建立了城乡统一的社会保障制度。为此，我们建议：

一是尽快全面修订或废止《北京市建设征地补偿安置办法》。该办法是在传统的城乡二元体制尚未破除的情况下制定的，其中的一些规定带有明显的城乡二元思维和特征。随着新的土地管理法实施，北京市也应当重新制定土地管理法的实施条例或办法，新制定的条例或办法应当作为地方性法规由市人大常委会制定。

二是废止《北京市建设征地补偿安置办法》以及《北京市整

建制农转居人员参加社会保险试行办法》《关于征地超转人员生活和医疗补助若干问题意见》等围绕"逢征必保"建立起的系列社会保障政策。一方面，这种征地社保政策没有正视几十年来农民对国家的重大贡献，没有体现以城带乡、以工哺农的政策导向，反而将本应由政府承担的为农民建立社会保障的历史欠债的责任全部推卸给村集体和农民。我们建议应当明确国家、集体、农民在社会保障上的职责和承担比例，并且应当向有利于农民的方向上倾斜。另一方面，近些年来，北京市已经建立了城乡居民统一的社会保障制度，通过征地为农民建立社会保障的政策已经过时。比如，2009年1月1日起施行的《北京市城乡居民养老保险办法》（京政发〔2008〕49号）对城乡居民的基本养老保险进行了整合与统一。自2018年1月1日实施的《北京市城乡居民基本医疗保险办法》（京政办〔2017〕29号），对城乡居民的基本医疗保险进行了统一，实现了基本医疗保险制度的城乡一体化。该办法实施后，《北京市人民政府关于印发北京市城镇居民基本医疗保险办法的通知》（京政发〔2010〕38号）和《北京市人民政府办公厅转发市政府体改办等部门关于建立新型农村合作医疗制度实施意见的通知》（京政办发〔2003〕31号）已同时废止。

三是政府应当承担补齐农村居民社保与城镇居民社保在缴费和待遇上的差距责任。目前北京市农村居民基本参加了城乡居民基本医疗保险和城乡居民基本养老保险，撤村建居不必再根据148号令执行"征地必保"政策。一方面，撤村建居的村民可以选择参加既有的城乡居民基本医疗保险和基本养老保险，有关部门不必作强制性规定。另一方面，撤村建居后如果村民参保缴费标准低于城镇居民缴费标准，应当由政府、村集体、村民按一定比例缴纳相关差额费用，改变由村集体缴纳巨额社保费用的政策，强化政府的社保责任。建议市区两级政府从土地出让收入、村集体从土地补偿费中支付需补齐的社保费用，同时逐步提高撤村居民的社会保险待遇水平。

（六）强化政府公共职责，协同推进撤村与建居工作

撤村与建居是城市化进程中基层社区实现结构转型的前后相扣的两个重要环节，应当统筹推进这一工作。

一是有的撤制村因人口较多、就地上楼，可以单独建立居委会；有的村因人口较少，实行异地上楼居住政策，则可以与其他数个撤迁村共同组建新的居委会。新建的居委会要加强统筹规划，进行合理布局。特别要重视提高拆迁上楼村的房屋建筑质量，改善新建社区的宜居环境。

二是在建立新的居委会的过程中，要进一步凸显政府的公共管理和公共服务职责，将新建居委会的公共管理和公共服务费用纳入财政预算，全面改变一些地方仍由村集体经济组织承担新建立的居委会公共管理和服务成本的现象。

三是对于一些撤村但没有撤社的农村集体经济组织，事实上也转身为城镇集体经济组织，其所属街道应建立指导集体经济组织相关工作的机构，确保撤村后的集体经济组织能够规范健康发展。要高度重视撤村后的新居民的就业问题，应当将撤村后的新居民纳入城镇就业保障体系。

推进法治城市化的思考与建议*

美国法学家埃德加·博登海默说过:"法律是人类最大的发明,别的发明使人类学会了驾驭自然,而法律让人类学会了如何驾驭自己。"2014年10月,党的十八届四中全会通过的《中共中央关于全面推进依法治国若干重大问题的决定》,对建设法治中国进行了全面的部署安排。2014年12月,中国共产党北京市第十一届委员会第六次全体会议审议通过了《中共北京市委关于贯彻落实党的十八届四中全会精神 全面推进法治建设的意见》,提出要建设法治中国首善之区的目标。《汉书·儒林传序》云:"故教化之行也,建首善,自京师始。"所谓首善之区,就是社会治理最好的地方。《中共北京市委关于贯彻落实党的十八届四中全会精神 全面推进法治建设的意见》对建设法治中国首善之区作了全面部署,内容十分丰富,任务相当繁重。在全面依法治国的背景下,必须加快法治政府建设,将城市化纳入法治的轨道,以法治思维和法治方式推进城市化,在城市化进程中规范和约束公共权力,尊重和保障公民权利,维护和促进社会公平正义与文明进步。法治城市化是新型城市化的基本特征和重要内容,也是国家治理现代化的根本要求和重要体现。背离法治的城市化,既谈不上新型城市化,也谈不上国家治理现代化。

一、把政府和领导带头守法作为头等大事

人类走向文明经过了三次跨越式的飞跃,第一次飞跃是人类

---

* 此系本人主持和执笔的《北京市法治城市化研究报告》的最后一部分。

实现对自然界凶猛野兽的驯服，从而使人类在丛林法则的残酷竞争中生存下来。第二次飞跃是人类实现对社会共同体成员中的普罗大众即老百姓的驯服，从而使人类社会建立了基本的公共秩序。第三次飞跃是人类实现对社会共同体成员中的关键少数即当权者的驯服。只有实现对当权者的驯服，人类社会才能跨越贪权作恶的人性陷阱，跳出官民对立的历史性怪圈。在法治中国建设中，核心任务是实现对公共权力的驯服。中央明确提出"将权力关进制度的笼子里"，开启了中国迈向现代政治文明的新征程。

在城市化进程中，严重的社会问题是政府不守法，甚至带头违法。建设法治中国首善之区，必须抓住两个关键，一是在全社会中要抓住各级政府带头守法这个关键领域，二是在全体党员干部中要抓住各级领导干部带头守法这个关键少数。将权力关进制度的笼子里，就是要让政府守法，建设法治政府。没有法治政府，就不可能有法治城市化。推进法治城市化，必须建设法治政府。建设法治政府的难点和重点就在于各级政府和各级领导要带头守法。

古人说过："治国者必先受制于法。"我国自古就有"以吏为师"的传统。孔子说过："政者，正也。子帅以正，孰敢不正？"按照孔子的说法，我们完全可以说，只要政府和领导带头守法了，谁还不愿意守法呢？孔子还说过："君子之德风，小人之德草，草上之风必偃。"就是说：政府和领导好比风，百姓好像草，只要风吹草，草必顺风倒。只要政府和领导守法践行法治，老百姓必然上行下效，社会的治理必然能实现孔子所说的"子欲善而民善矣"的目标。国务院原副总理、全国人大常委会原副委员长田纪云在《田纪云文集》中写道："决不可把法治只看作治民的工具，是用来对付老百姓的，只想让老百姓守法，自己却可以不受法律的约束，甚至任意胡为。依法治国重在依法治权、依法治官，而不是治老百姓。"只要政府和领导带头转变人治观念，树立法治意识，弘扬法治精神，主动以法治思维和法治方式推动工作，全社会的法治意识就会明显增强。建设法治中国的难点在政府和领导，关键在政府和领导。必须把政府和领导带头守法作为法治中国首善之区建设的头等大事，进行部署安排。

一是要加强对各级党员干部的法治培训。各级党校、行政学院要把对领导干部的法治培训教育作为重要内容。要将法治纳入国民教育体系，培养全体国民的法治素养。

二是要加强有关城市化方面的立法工作，按照法治原则修订已有的法律法规。重点是要全面修订《北京市建设征地补偿安置办法》（2004年北京市人民政府第148号令），改革现行征地制度，坚持只有因公共利益需要才能征地的原则，其他因经营性建设需要土地的，要通过市场协商渠道租用农民土地，将农民集体建设用地入市试点成果上升到可推广的政策制度。取消凡征必转的规定，停止办理农转居。户籍制度改革后已取消农业户籍与非农业户籍的划分，农民也是居民，不必办理农民转居民的手续。着力推进城乡基本公共服务均等化，实现城镇常住人口基本公共服务全覆盖。建议借鉴台湾地区的经验，加强城中村改造方面的地方立法，制定城中村改造条例或办法，将城中村改造纳入法治轨道，使城中村改造有法可依，实现政府、社会与城乡居民的共赢。

三是要处理好政府与市场、政府与社会的关系。要划分政府、市场、社会的边界，特别是要改变政府过度侵占市场、干预市场、侵占社会、干预社会的局面，从制度上明确政府、市场、社会的活动范围与责任，把该由市场办的事还给市场，该由社会办的事还给社会，政府全力做好法定职责范围内的公共事务。一方面要建立健全城乡统一的土地市场，改变长期以来政府以行政方式配置土地资源的状况，真正将党的十八届三中全会确定的让市场在资源配置中发挥决定性作用的重大原则应用于城乡土地领域。另一方面要支持和促进社会组织的全面发展，激发社会的活力。

四是要及时纠正和严格处理基层政府和领导干部的违法犯罪行为。对城市化进程中基层政府和领导干部侵害企业、农村集体经济组织、城乡居民财产权利和人身权利的违法犯罪行为,要坚决予以纠正并严格追究相应的法律责任。动员千遍不如问责一次,要像强力反腐败一样地反侵权,使政府各部门和领导干部不敢侵权、不能侵权、不想侵权。

二、理性认识和对待权力与资本

权力与资本是影响城市化公正发展以及左右城乡居民命运的两种超级力量。在对待权力与资本上,我们还存在许多认识上和实践上的误区,从而使城市化发展面临许多矛盾和问题。在城市化进程中,如果我们不能正确地认识和对待权力,就可能造成社会的无序与混乱,损害公民的基本权利与自由。

在如何对待权力上,有三种基本的认识和态度:一是消灭权力的无政府主义的观点,二是迷信权力的国家主义观点,三是驯服权力的现代法治主义观点。既然公共权力既不能消灭,也不能迷信,那么唯一现实和理性的选择,就是驯服权力,建设现代法治国家。罗素曾说过,除非权力能被驯服,否则世界是没有希望的。中央明确提出要把权力关进制度的笼子里。城市化的一个重要方面,就是要处理好维权与维稳的关系。2014年1月7日,习近平总书记在中央政法工作会议上的重要讲话中明确指出:"维权是维稳的基础,维稳的实质是维权。"这是正确处理维稳与维权关系的科学论断,必须成为各级各部门做好维稳和维权工作的根本遵循。北京在建设法治中国首善之区的过程中,必须贯彻落实习近平总书记的法治思想,在做好维稳和维权关系上作出表率、成为标杆。暴力维稳思维和方式,实质上是公权力的任性与滥用,它在漠视和损害公民权利和公平正义中,最终走向了自己的反面,事实上成为导致社会不稳定的根本因素。在驯服公共权力上,迫切需要树立现代政治文明理念,培育和营造现代民主法治的政治文化和政治生态,加强制度建设。党的十八大以来,中央强力反腐，推进全面从严治党，一大批侵害老百姓基本权利的腐败分子落马，为实现把权力关进制度的笼子里的治理目标取得了新的重大进展。下一步，应当按照全面从严治党与全面依法治国的要求，加强以政治文明建设为取向的现代国家制度建设，将公共权力全面纳入法治的轨道，实现良法善治。

在如何对待资本上，也有三种基本的认识和态度：一是消灭资本，这就是传统共产主义的理论学说。马克思的《资本论》对原始资本主义进行了最彻底的批判。20世纪50年代我国根据马克思主义理论进行社会主义改造，公权力与人民群众结盟，彻底消灭了资本主义。客观地说，将资本消灭了，当然就不存在资本主义的种种弊端了。但问题是，没有资本的社会，虽然免除了资本的祸害，却陷入了极权主义的深渊，导致了社会的普遍贫困和对公权力的普遍迷信。二是崇拜资本，放纵资本的横行。这就造成了原始资本主义的泛滥成灾。改革开放以来，特别是20世纪90年代以来，我们从消灭资本的极端走向崇拜资本的极端，一些地方政府不择手段地招商引资，做大做强GDP，实现了公权力与资本的结盟，地方公权力不是为人民服务，而是为资本服务，致使权贵资本主义大行其道，民众则饱受资本横行和权力滥用之苦。三是驾驭资本。既然资本不能消灭，同时也不能崇拜和放纵它，那么现实的理性选择就是在法治的框架内，驾驭资本，节制资本，发掘资本在经济社会发展中的积极作用，同时抑制资本的危害。对于资本的贪婪，马克思有非常深刻的分析："一旦有适当的利润，资本就胆大起来。如果有10%的利润，它就保证到处被使用；有20%的利润，它就活跃起来；有50%的利润，它就铤而走险；为了100%的利润，它就敢践踏一切人间法律；有300%的利润，它就敢犯任何罪行，甚至冒绞首的危险。"[①]我们既要看到市场经济对计划经济的取代与超越，也要看到市场经济发展过程中所

---

① [德]马克思：《资本论》第一卷，人民出版社1975年版，第829页。

产生的新问题与新矛盾。应当借鉴《资本论》对资本的批判精神，加强对资本的驾驭，着力建设"法治的市场经济"。

1. 要坚持政府的公共性和中立性定位。政府是代表全社会利益的公共机构，必须坚持依法行政，在各个组织和个人之间要保持中立性和公平性，不能偏袒任何组织与个人，以防止损害社会公义。在城市化过程中，由于土地财政的存在，政府与资本具有联手掠夺农民土地并从中获得巨额利益的强大动力，从而损害政府本身应当具有的自主性与公平性。必须处理好政府与资本、政府与民众的关系，政府要在资本与民众关系上保持公正，依法维护资本与民众的基本权益，特别是要剪断官商勾结的利益链条，防止资本依赖政府撑腰损害民众基本权益的现象。

2. 取消土地财政，建立健全土地税制。在土地财政中，政府成为从土地中获取巨额利益的谋利型当事人，这严重扭曲了政府的职能和定位。要从根本上改变政府一手征地、一手卖地的不当做法，取消土地财政，建立健全土地税制，规定政府只能通过法定税收获得财政收入，而不能通过经营土地谋利。

3. 全面加强制度建设，将权力与资本纳入法治运行的轨道，加强对权力与资本的制约和监督。不受制约的权力，必然导致腐败；不受约束的资本，必然贪婪无底线。如任由权力任性和资本放纵，民众的权益和社会的公序良俗都将遭受严重侵害。要围绕制约权力、驾驭资本的主线，加强各个层级的法治建设和道德文化建设。

三、做好户籍制度改革后的农民权利保障

城乡统一的户籍制度改革后，最现实的问题是：我们将怎样识别农民？如何维护和发展农民权利？这是需要进一步厘清和回答的现实问题。

1. 要区分身份和职业。现在推进户籍制度改革，取消农业户

口和非农业户口的划分，指的是取消了农民的户籍身份，而不是取消了农业这种职业。只要存在农业这种产业，就会有从事农业这种职业的农民。在现代社会，由于分工越来越细，社会可以有千差万别的不同职业，但每个人都拥有共同的身份，那就是共和国的公民。户籍制度改革后，不是没有农民了，而是不再有农业户口了。作为职业的农民，他们与其他所有社会阶层一样，都应当享有宪法和法律赋予的平等的公民权利和自由尊严。

2. 要弄清三种不同形态的农民。户籍制度改革后，我国事实上存在三种不同形态的农民：第一种是作为集体经济组织的成员，拥有土地承包经营权的农民，可以称之为土地承包型农民，这是取得农村土地承包经营权资格的原初农民。土地承包型的原初农民都是拥有农业户口身份的农民。第二种是随着承包权与经营权的分离，通过流转承包土地而从事农业生产经营的农民，可称之为土地流转型农民。土地流转型农民主要从土地承包型农民手中流转土地进行农业生产经营活动。近些年来，一些非农业户口的人通过土地流转加入了农业生产大军，成为新农人。第三种是为农业生产的产前、产中、产后各环节提供社会化服务的人员，这些人员中有传统农业户口的农民，也有非传统农业户口的人员，但他们都属于农业这个大产业的从业人员，暂且称之为社会服务型农民。据有的专家研究，美国农业人口占全国人口的2%，而为农业服务的人口占全国人口的比重却高达17%—20%，平均一个农民有8—10人为其服务。随着我国农业现代化的推进和第一、第二、第三产业的融合发展，为农业提供各种社会化服务的从业人员将不断增加。这三种从事农业生产和服务的人员，就是我国农业现代化进程中不同形态的新型职业农民群体。

3. 要加快实现城乡基本公共服务均等化。取消农业户口与非农业户口区分，统一登记为居民户口，不是只在农民的户口登记簿上做些文字上的更改就万事大吉，而是要补齐农民社会保障等基本公共服务的短板，实现城乡基本公共服务的一体化和均等化。

党的十六大以来，我国农村基本公共服务体系逐步建立起来，农民告别了没有社会保障的历史。但与城镇居民相比，农民享有的基本公共服务水平还比较低，城乡基本公共服务的差距还比较大。2015年北京市城乡居民低保标准实现了并轨，这是朝着城乡基本公共服务均等化方向迈出了重要的一步。与建立城乡统一的居民户口制度相适应，各级政府需要加快建立城乡统一的社会保障等基本公共服务制度，尽快实现城乡居民公平享有均等的基本公共服务的目标。当前，重点是要完善公共财政制度和社会保障制度，要将提高农村居民享有社会保障等基本公共服务水平作为优化财政支出结构的重要内容。特别是要结合中央"反四风"的积极成果，将各级各部门节省下来的"三公"经费更多地用于农村民生支出，大幅度提高农村居民享有医疗保障、养老保障、社会福利等基本公共服务的水平。要大力加强基本公共服务方面的立法建设，将城乡居民平等享有基本公共服务纳入法治的轨道。

4. 要全面深化农村集体产权制度改革。土地承包经营权和宅基地使用权是法律赋予农户的用益物权，集体收益分配权是农民作为集体经济组织成员应当享有的合法财产权利。现阶段，不得将退出土地承包经营权、宅基地使用权、集体收益分配权作为农民进城落户的条件。要推进农村集体经济产权制度改革，加强农村集体资产监督管理，维护集体经济组织和成员的合法权益。建立城乡统一的居民户口制度，只是在户籍身份上实现了城乡居民的平等，至于农民原来享有的农村集体财产权利如土地承包经营权、宅基地使用权、集体收益分配权、林权等不因户籍制度改革而受到影响。一句话，户籍制度改革只是取消了农民的户籍身份，并未取消农民的财产权利。但各级政府要适应城乡统一居民户口制度建立的新形势，全面推进和深化农村集体产权制度改革。农村集体产权制度改革的核心要义是，确定农村集体经济组织的成员身份，明确集体经济组织的成员权利，保障集体经济组织成员的财产权利。在户籍改革中，既要防止一些地方借统一城乡户口之名，剥夺农民应当享有的土地承包经营权、宅基地使用权、集体收益分配权等财产权利，也要预防非集体经济组织成员借机掠夺或参与瓜分集体财产权利。应当借鉴长三角、珠三角、京津等经济发达地区探索开展农村集体产权制度改革的基本经验，从国家层面加强对全国深化农村集体产权制度改革的指导、部署和安排。当前和今后一个时期，土地承包权、宅基地使用权、集体收益分配权等财产权利，只有集体经济组织成员才能享有。建立城乡统一的居民户口制度，不应影响作为集体经济组织成员的农民所享有的各项集体财产权利，但户籍制度改革将倒逼农村集体产权制度改革全面推进。

5. 要建立新的人口统计制度和强农惠农富农政策。建立城乡统一的居民户口制度后，原来以农业户口和非农业户口为指标类别的统计制度已失去意义，应当废止。新的人口统计制度应当有三方面的重点内容：其一是坚持以常住人口的居住生活为基本依据，进行城镇人口和农村人口的统计，住在农村的人口并不一定都是农民。其二是加强对农业从业人口的统计，将农业从业人员作为支持现代农业发展的重要指标，同时要加强从事农业服务人员的统计工作。其三是创新集体经济组织成员或股东的统计工作。统计农村集体经济组织成员或股东，与统计农业从业人员同样重要。特别是随着农村集体产权制度改革的推进，广大农民作为集体经济组织的成员身份将进一步被明确和界定下来，他们作为集体经济组织的成员或股东的权利义务将日益突显。与此同时，强农惠农富农政策需要作相应调整与完善。以前以农业户口为依据实施的强农惠农富农政策已经不合时宜，在城乡统一居民户口制度后，应当以土地承包型农民、土地流转型农民、社会服务型农民为依据，完善相关强农惠农富农政策，实施对"三农"的精准扶持。

各级人大及其常委会，要按照法治中国建设的总要求，切实转变思想观念和工作方式，特别是要改变过去那种以政府工作方式开展人大工作的做法，全面实施宪法赋予的立法权、重大事项决定权、人事任免权、监督权等职权，坚持法定职责必须为，大力加强有利于维护和发展公民权利、实现城乡发展一体化方面的法制建设。在全国31个省区市全部取消农业户口和非农业户口后，1958年1月9日全国人民代表大会常务委员会第九十一次会议通过的《中华人民共和国户口登记条例》已名存实亡，全国人大常委会应当尽快予以废止，同时制定新的体现现代法治精神的户籍法，保障公民的居住和迁徙自由权。

四、实现外来常住人口市民化

北京常住人口中有1/3以上的人口是没有北京市户籍身份的外来常住人口。2016年以前，外来常住人口须办理暂住证。2016年1月1日施行的《居住证暂行条例》规定居住证持有人在居住地依法享有劳动就业、参加社会保险以及缴存、提取和使用住房公积金的权利，并要求县级以上人民政府及有关部门应当为居住证持有人提供义务教育服务、基本公共就业服务、基本公共卫生服务和计划生育服务、公共文化体育服务、法律援助和其他法律服务、国家规定的其他基本公共服务等6项基本公共服务，以及办理出入境证件、换领或补办居民身份证、机动车登记、申请机动车驾驶证、报名参加职业资格考试和申请授予职业资格、办理生育服务登记和其他计划生育证明材料、国家规定的其他便利等7项便利。

2016年10月1日起施行的《北京市实施〈居住证暂行条例〉办法》规定本市按照国家要求，根据城市综合承载能力和经济社会发展需要，以具有合法稳定就业和合法稳定住所、参加城镇社会保险年限、连续居住年限等为主要指标，建立积分落户制度。2017年1月1日起施行的《北京市积分落户管理办法（试行）》规定申请积分落户应同时符合下列条件：持有本市居住证；不超过法定退休年龄；在京连续缴纳社会保险 7 年及以上；无刑事犯罪记录。有多少外来常住人口能够落户成为正式市民，还是个未知数。

从严控制人口一直是北京市户籍管理的总基调。可以说，不管是在计划经济时期，还是市场化改革以来，北京都是全国户籍控制最严格的城市。常住外来人口不能取得所在城市的户籍身份，不能公平享有所在城市的基本公共服务，这是传统城市化的重大制度性弊端。党的十八大以来，党和国家明确提出要走以人为核心的新型城镇化道路，把推进农业转移人口市民化、常住人口市民化作为新型城镇化的首要目标。2014 年 7 月，国务院印发《关于进一步推进户籍制度改革的意见》明确提出，要促进有能力在城镇稳定就业和生活的常住人口有序实现市民化，推进城镇基本公共服务常住人口全覆盖。积分落户作为特大城市和超大城市户籍制度改革的过渡形式，在改革方向和价值定位上，应当体现以人为本的新型城镇化的总要求。

北京市积分落户政策既严于国务院印发的《关于进一步推进户籍制度改革的意见》对积分落户政策的条件规定，也严于上海、广州、深圳等特大城市的积分落户政策，被称为史上最严、门槛最高的积分落户政策。

目前尚不清楚北京市每年给予积分落户多少名额指标。从广州的积分落户实践来看，2014 年广州市常住外来人口通过积分落户的名额指标只有 3000 人。照此积分落户速度，100 年也只能解决 30 万人的外来常住人口落户问题。这种积分落户，对于促进常住人口市民化，只是杯水车薪。

不能把积分落户简单地当作城市人口控制管理的新手段，而应当将之作为特大城市促进常住人口市民化的政策创新。一方面，要处理好严格控制人口规模与切实保障公民权利的关系。北京目前正面临有序疏解非首都功能、治理"大城市病"的重大压力和战略任务。表面上看，北京的"大城市病"是因人口太多带来的，实质上是由城市规划滞后、经济发展方式粗放、产业布局和公共资源高度集中等深层次原因造成的。但传统的城市治理思维和方式就是简单地排斥外来人口，以限制外来人口公民权利来谋求城市的治理，而这恰恰是现代城市治理的陷阱。北京现有800多万的常住外来人口，即使没有获得北京户口身份，他们依然一如既往地在北京就业和生活，只是因为没有落户而未能公平享受到基本公共服务，他们的公民权利在这座城市未能得到充分实现。积分落户既可以作为控制外来人口的政策闸门，也可以作为促进外来人口市民化的政策通道。这取决于积分落户的定位，也将决定积分落户的价值所在。

另一方面，要处理好吸引高素质人才与尊重普通劳动者的关系。目前的积分落户条件明显倾向于选拔所谓高素质优秀人才，而排斥学历不高、年龄较大等普通劳动者。其实，城市不是科研院所等专业机构，只向具有高学历的专业人士开放。城市首先是人们居住和生活的地方。任何一座城市都是由各种各样的人群组成的，人群的多样性和包容性正是城市的自然特征，也是城市生活丰富多彩、有序运转的基础和保障。单一的高素质人才只集中于一些科研机构而不是一座城市——即使是高素质人才高度集中的科研机构，也离不开一定比例的普通人员为其提供相应的服务保障。如果我们以科研机构选拔高素质人才的思维和方式去选拔一座城市的外来人口，将现代社会治理中的人口登记管理功能异化为人才择优选拔功能，这不是深化户籍制度改革，而是给传统户籍制度提供还魂的新土壤。

实现外来常住人口市民化，要特别重视保护家庭，彻底改变长期以来破坏家庭的传统城市化模式，走保护家庭的新型城市化道路。在理念层面，必须高度认识和重视家庭的价值。社会学认为家庭是人类最古老、最基本的社会制度，家庭既是人最初的诞生地，也是人最后的避风港和歇息地。生活在地球上的每一个国家，不管是东方还是西方，不管是白种人、黄种人还是黑种人，不管是信仰基督教还是信仰佛教、儒教、伊斯兰教，不管是发达国家还是发展中国家，不管是说英语的人还是说中文的人，不管是所谓的资本主义国家还是社会主义国家，虽然有千差万别的不同甚至冲突，但每一个国家的人们都自然而然地组成了家庭。家庭是人类自生自发演变而来的最符合天道自然的秩序和制度。家庭是情和爱的高地，是种族的繁衍室，是生活的自然所在，是安全和文明的堡垒。保护家庭就是保护情和爱，就是保护我们的未来，就是捍卫人类的文明。

在制度层面，必须改变一切破坏家庭的政策法律，建立保护家庭的法律制度。首先，要坚决改变城乡二元体制，允许和鼓励城乡居民实现家庭式的自由迁徙。要尽快实现城乡基本公共服务的均等化以及全国范围内社保的自由转移接续，为保障农民的家庭式迁移提供制度通道和保障。各项社会制度都要体现全国统一、开放、平等与公正，这样才能确保公民的自由迁移权利，才能保障家庭不被制度割裂。其次要制定家庭保护法律法规，从法律上明确保护家庭的各项具体规定，对破坏家庭的行为要依法予以惩处。再次，要建立普惠型的家庭教育福利制度，要尽快建立家庭教育福利、生育福利、妇女福利、儿童福利、老人福利等各项家庭教育以及福利保障制度。特别是要将"反四风"取得的重大成果与优化财政支出结构结合起来，将"反四风"节省下来的公共财政资金用于加大教育投入和社会保障制度建设，全面提高家庭福利保障水平。

在行动层面，各级领导干部特别是政治领导人以实际言行重视家庭显得非常关键。中国人讲究上行下效，一级做给一级看。中国人重视修齐治平。如果政治领导人不重视家庭，甚至带头破坏家庭，那么社会的道德秩序就会很快沦陷。在西方发达国家，政治公共人物如果被发现有不重视家庭的现象，其仕途将面临中止的重大危机。有重视家庭历史传统的中国，更应当将重视和维护家庭提上重要日程。组织部门应当将维护和重视家庭作为选拔任用领导干部的重要依据。此外，我们要允许和鼓励公民依法建立各类保护家庭的社会组织，充分激发社会的活力，调动社会保护家庭的积极功能。

五、制止和消除城市化过程中的违法犯罪现象

由于过去国家治理体系和治理能力的滞后，一些地方政府在推进城市化进程中，任性地使用公共权力，暴力强征强拆，严重侵害城乡居民的财产权利和人身权利，出现了一些违法犯罪现象，这是传统城市化最让人揪心的社会政治问题。

2011年1月，国务院发布的《国有土地上房屋征收与补偿条例》第三十条规定："市、县级人民政府及房屋征收部门的工作人员……构成犯罪的，依法追究刑事责任。"第三十一条规定："采取暴力、威胁或者违反规定中断供水、供热、供气、供电和道路通行等非法方式迫使被征收人搬迁，造成损失的，依法承担赔偿责任；对直接负责的主管人员和其他直接责任人员，构成犯罪的，依法追究刑事责任。"中央纪委、监察部也曾发出通知，要求各级纪检监察机关切实加强对征地拆迁政策规定执行情况的监督检查，坚决制止和纠正违法违规强制征地拆迁行为，并明确在《中华人民共和国土地管理法》等法律法规作出修订之前，集体土地上房屋拆迁，参照《国有土地上房屋征收与补偿条例》的精神执行。

在侵犯财产罪上，《中华人民共和国刑法》第二百七十五条规定："故意毁坏公私财物，数额较大或者有其他严重情节的，处三年以下有限徒刑、拘役或者罚金；数额巨大或者有其他严重情节的，处三年以上七年以下有期徒刑。"在侵犯人身权利罪上，第二百三十三条规定："过失致人死亡的，处三年以上七年以下有期徒刑；情节较轻的，处三年以下有期徒刑。"第二百三十四条规定："故意伤害他人身体的，处三年以下有期徒刑、拘役或者管制。犯前款罪，致人重伤的，处三年以上十年以下有期徒刑；致

人死亡或者以特别残忍手段致人重伤造成严重残疾的，处十年以上有期徒刑、无期徒刑或者死刑。"

《中华人民共和国刑法》对侵犯人身权利罪和财产权利罪都作了明确规定，但长期以来各地非法强拆现象却屡禁不止，关键在于刑法失灵，就是说刑法在地方政府组织实施的非法强拆面前也畏缩了。法律的生命力在于实施，法律的权威也在于实施。如果公民基本权利在遭受严重侵犯之时，法律却不能及时公开站出来提供保障，那么，不仅是法律，甚至整个国家，在公民心中的地位就会自然坍塌。

针对城市化进程中的一些地方暴力强拆式违法犯罪，不但要依法追究直接责任人和相关责任人的党纪政纪责任，而且要依法追究其刑事责任；不但要依法追究侵权者的个人刑事责任，而且要依法追究侵权单位的刑事责任。建议修改刑法，进一步明确包括地方政府在内的任何组织和个人侵犯公民私有财产和人身权利的罪名，可以根据城市化中的普遍性问题，设立强征土地罪、强拆住宅罪。同时，要大力加强刑法的实施，使任何侵犯公民财产权利和人身权利的犯罪行为都必须受到法律的追究。习近平总书记指出："如果不努力让人民群众在每一个司法案件中都感受到公平正义，人民群众就不会相信政法机关，从而也不会相信党和政府。"[1]

古今中外，保护产权都是国家繁荣、社会安定、百姓幸福的不二法门。《孟子》云："民之为道也，有恒产者有恒心，无恒产者无恒心。"2016年11月27日，中共中央、国务院对外发布《关于完善产权保护制度依法保护产权的意见》。这是我国首次以中央名义出台产权保护的顶层设计政策，文件从11个方面对完善产权保护制度、推进产权保护法治化进行了全面部署，这是推进国家

---

[1] 中共中央文献研究室编：《习近平关于全面依法治国论述摘编》，中央文献出版社2015年版，第71页。

治理体系和治理能力现代化的重要举措。没有产权保护，就不可能有国家治理的现代化，也不可能有社会的文明进步。保护产权是各级政府的重大职责。提供完备的产权保护，是各级政府应当提供的最重要的社会公共产品。各级政府必须摆脱利益集团的干扰，切实担负起保护产权的历史使命。当务之急就是国家要下决心治理各地的暴力强拆运动，严格追究一些地方当政者侵犯老百姓私有产权的法律责任。

在法治中国的大背景下推进新型城镇化，应当让广大老百姓在城镇化进程中享有基本的权利和尊严，而不是失去家园和生命。当前，要把保护产权和人权作为法治中国建设的主线，从根本上消除一些地方以违法犯罪的方式推进城镇化的现象。

公共服务是城市化质量的重要指标 *

城市化委员会做城市化质量评估研究有相当大的挑战性，也有相当大的责任担当。中国快速城市化过程中取得了很大成绩，但城市化质量不高，这是大课题，非常有现实意义，需要很大的学术勇气。当下有很多城市发展报告、农村发展报告，相对容易一些，但是作为城市化质量评估，将城市和农村这两头打通，这很不容易。

这个成果做了很多年，8年持续做一项研究，体现出研究的专业精神。我觉得这需要有相当大的引导性，做好以后能更好地引导各级政府，尤其是地方政府在推进城市化进程中，能更好地提高城市化发展质量。这需要很大的基础性和战略性。

把城市化和农村结合起来，这个过程中会出现很多问题，现在我们的城市化质量不高，两头都有病，一是造成农村病，二是造成"城市病"。农村有空心村，人口老龄化很严重；城市中有"大城市病"，2亿多农民工问题没解决。我们是在城乡二元结构体系没被破除的情况下发展市场经济、发展城市化的，这也造成了城市化质量不高的难题。

再就是评估，对全国大量的数据进行收集整理很不容易。面向全国，这个相当有现实意义，对下一步指导、引导各个地方提高城市化质量有很大价值，是一个总体的判断，一个总体的定位。

我觉得还有一些需要完善的地方，值得进一步思考。我建议

---

* 此系 2019 年 2 月 25 日在《中国城市化质量评估报告》研讨会上的发言整理，原载《城市化》2019 年第 3—4 期。

两年或五年评估一次，一年时间太短了，来不及，至少两年、三年或五年评估一次才是很有价值的。

我提几个问题供大家探讨，这几个问题是评估城市化质量的指标，根据我个人的研究体会，有的权重大了一点，有的权重小了一点。中国城市化质量评估结果出来以后，北京城市化第一，但我觉得有的城市的例子不是很准确。比如说北京到2019年有800多万的外来人口，包括农民工，但这些人口没有充分享受到基本公共服务。我觉得公共服务这一块指标权重应该加重。国务院提出"三个1亿人"，吸纳外来人口，同时使其转变成市民，这是体现质量很重要的指标。城镇居民人均可支配收入不能很好地反映城市化的质量。北京好多方面在全国都是第一，但在吸纳外来人口方面是最严的，比上海还要严。把北京人口分为三大块：一个是北京市城镇人口，一个是北京市农村户籍人口，还有一个是北京市外来人口。三分之一以上的人口没有享受到公共服务，就算北京市的农民也没有享受到平等的公共服务。这个指标，我认为是最核心的指标。

还有几个数字我觉得可以探讨，比如说养老床位数量。外来人口跟这个没关系，因为没有把公共服务给外来人口，农民也没有很好地享受这个公共服务。我国要大发展，就必须实现全国制度的统一、开放、平等，扎扎实实实现融合发展。城市化的很多职责理念，以及思想弊端、体制观念弊端等，严重制约了我们地方政府领导者的施政理念，这些不改变的话，我觉得提高城市化质量还有很大难度。

据我所知，在北京市就业，有北京市户口的人可以解决，但没有北京户籍就不管了。北京市的市长不仅是有北京户口人口的市长，也是常住人口的市长，也应该为常住人口提供教育、医疗、就业等服务。北京市作为首都，什么是首都，首都是首善之区，但这一块做得还不够。

在体现城市化质量上，城镇基本公共服务、常住人口全覆盖情况是两个重要指标，每年吸纳多少农民工是一个重要指标，这些指标权重应该加大，而经济权重要降低一点，这是一个方面。另一个方面，我觉得评估的个别判断不是很准确。这是我个人的想法，提出来供大家思考。

第五篇

现代农民与全面发展

不断促进农民的全面发展 *

习近平总书记在庆祝改革开放 40 周年大会上的讲话中指出："我们必须始终把人民对美好生活的向往作为我们的奋斗目标，践行党的根本宗旨，贯彻党的群众路线，尊重人民主体地位""确保人民依法享有广泛充分、真实具体、有效管用的民主权利""让人民共享经济、政治、文化、社会、生态等各方面发展成果，有更多、更直接、更实在的获得感、幸福感、安全感，不断促进人的全面发展、全体人民共同富裕"。促进人的全面发展，是马克思主义的基本观点，是我国农村改革取得成功的基本经验，也是新时代全面深化农村改革的根本要求。

促进人的全面发展，是马克思主义的基本观点。在《共产党宣言》中，马克思、恩格斯明确提出取代资本主义旧社会的社会主义新社会是"自由人的联合体"。在《资本论》中，马克思又进一步指出社会主义新社会将"以每个人的全面而自由的发展为基本原则"。通过消灭剥削和束缚人的旧制度，将劳动人民解放出来，进而解放全人类，实现每个人自由而全面发展，是马克思、恩格斯追求的理想社会的崇高目标，是马克思主义的根本价值所在。促进人的全面发展，必须尊重和保护人民群众的根本利益。马克思指出："人们奋斗所争取的一切，都同他们的利益有关。"他还说："'思想'一旦离开'利益'，就一定会使自己出丑。"从根本上说，马克思主义政党就是要维护和发展人民群众根本利益的政党。正如习近平总书记在庆祝改革开放 40 周年大会上的讲话

---

* 原载《农民日报》2019 年 1 月 8 日，发表时略有删节。

中强调的:"必须以最广大人民根本利益为我们一切工作的根本出发点和落脚点,坚持把人民拥护不拥护、赞成不赞成、高兴不高兴作为制定政策的依据,顺应民心、尊重民意、关注民情、致力民生。"

促进农民的全面发展,是我国农村改革取得巨大成就的基本经验。我国农村改革的过程,实质上就是不断维护和发展农民基本权利的过程,就是持续促进农民自由而全面发展的过程。1978年12月召开的党的十一届三中全会提出,必须在经济上充分关心农民的物质利益,在政治上切实保障农民的民主权利。改革的伟大实践表明,尊重和保障农民的各项基本权利,是我国农村改革的一条红线,也是我国农村改革发展取得巨大成就的基本经验。改革开放40多年来,我国在经济上,通过实行家庭承包责任制,建立健全社会主义市场经济体制,不断赋予农民生产经营自主权、土地承包经营权、宅基地使用权、集体收益分配权等财产权利以及农民进城务工经商择业创业自主权等;在政治上,通过废除人民公社体制,实行村民自治,发展基层民主,赋予和保障农民的民主选举、民主决策、民主管理、民主监督等权利;在社会保障上,通过改革户籍制度,建立健全"新农合""新农保""农村低保"等社会保障体系,推进城乡基本公共服务均等化,保障和实现农民城乡迁徙权以及医疗、养老等社会保障权利,等等。改革的经验证明,维护和发展农民权利,促进了农民的全面发展,推动了社会的文明进步。

不断促进农民的全面发展,是新时代全面深化农村改革的根本要求。《礼记·大学》有语:民之所好好之,民之所恶恶之。改革开放是顺应民心的伟大事业。40多年改革开放的伟大实践充分证明,凡是尊重和维护农民权利的公共政策,就能得到农民群众的热情欢迎和衷心拥护;凡是忽视和侵害农民权利的公共政策,就会遭到农民群众的强烈反对和坚决抵制。是否有利于维护和发展农民权利、促进农民的全面发展,是检验和判断农村改革成败得失的基本标准。

中国特色社会主义已进入新时代，解决新时代的"三农"问题、做好新时代的"三农"工作、实施新时代的乡村振兴战略，推动农业全面升级、农村全面进步、农民全面发展，必须坚持以人民为中心的发展思想，不断实现农民对美好生活的向往，全面深化农村改革开放，推进以宪法为核心的民主法治建设，建立健全党组织领导的自治、法治、德治相结合的乡村治理体系，打造充满活力、和谐有序的善治乡村。为此，我们必须认识和对待农民的三重身份，维护和实现农民的三重权利，加快构建城乡整合发展的体制机制和政策体系。第一，农民作为国家公民，拥有公民身份，享有公民权。保障和实现农民的公民权利，必须坚持全面依法治国，进一步树立宪法权威，强化宪法实施，确保农民充分享有和行使宪法赋予公民的基本权利和自由。第二，农民作为集体经济组织成员，拥有社员身份，享有成员权。保障和实现农民集体经济组织的成员权利，必须全面深化集体产权制度改革，加强集体经济组织的立法建设，合理界定集体经济组织成员身份，发展壮大集体经济，维护和保障集体经济组织成员的财产权利和民主参与权利。第三，农民作为村庄社区居民，拥有村民身份，享有村民权。保障和实现农民的村庄社区自治权利，必须坚持党的领导、人民当家作主、依法治国有机统一，深入发展基层民主，健全村民自治制度，创新村民自治方式，依法保障村民对村庄社区公共生活的民主选举、民主决策、民主管理、民主监督的权利。农民应当享有的这三重权利是交织在一起的，具体体现为人的权利、财产的产权、公共治理的权利三大类。维护和发展农民权利的过程，就是不断实现农民对美好生活向往的过程，就是不断促进农民自由而全面发展的过程，也就是不断实现中华民族伟大复兴的过程。

加快构建农民全面发展的制度环境*

实现人的自由而全面发展是马克思主义的一个基本观点。"十四五"农业农村现代化规划编制将农民现代化与农业现代化、农村现代化并列，着力推动农业全面升级、农村全面进步、农民全面发展，充分体现了坚持以人民为中心的发展思想，顺应了广大农民群众对美好生活需要的新期待，是农业农村规划编制史上的一个重大飞跃。"十四五"时期要促进农民全面发展，必须加快构建有利于农民自由而全面发展的制度环境。

一、深刻认识制约农民全面发展的体制弊端

改革初期，农民说："不怕累，就怕捆。"经过40多年的改革开放，束缚农民自由而全面发展的制度绳索不断得到解除，农民自主选择和发展的空间空前扩大，这是我国经济发展和社会进步的重要因素和必然结果。但是，我们也要清醒地认识到，传统的制约农民全面发展的体制弊端并未彻底革除，而新的束缚农民全面发展的体制弊端却在形成和强化。当前，制约和束缚农民全面发展的新旧体制弊端主要有四个方面。

一是城乡二元体制。城乡二元体制的本质是城乡居民身份和权利不平等、城乡要素流动不自由。要加快改变城乡二元体制，

---

* 此系2020年6月15日应邀参加农业农村部发展规划司主办的"十四五"农业农村现代化规划编制农民现代化专题研讨会上发言的部分内容，删节稿刊发于《社会科学报》2020年9月10日。

健全城乡融合发展的机制,实现城乡发展一体化。重点要在户籍身份一体化、基本公共服务均等化、城乡要素市场化配置等方面实现突破。

二是集体所有制。集体所有制是一种特别的产权制度,在坚持集体所有制的基础上,必须加快对集体所有制的改革和发展。集体所有制面临的最大挑战是如何适应市场化改革和城市化发展的需要,实现集体产权的封闭性、社区性与开放性的有机统一,以及如何有效保障集体成员的民主权利和财产权利。

三是管制型社会体制。以维稳为价值导向的管制型社会体制,最大限度地限制了农民的自主选择和诉求,从而背离了让人民当家作主的初衷和愿景,消解了农民的主体地位。必须使社会管理体制从维稳导向转向维权导向,从控制型管制走向保护型善治。

四是掠夺式发展体制。在超乎寻常的发展主义驱使下片面追求经济增长的发展模式,形成了对生态环境和对农民利益进行双重掠夺的发展怪圈,从而将社会导向与人的全面发展南辕北辙的陷阱之中。必须彻底扭转掠夺式发展的体制和模式,走生态环境保护及公民权利保护的双重保护发展之路。

二、坚持和发展"多予少取放活"的重要方针

"多予少取放活"是党中央解决"三农"问题的重要方针。1998年10月,党中央正式提出这个重要方针,主要着眼于让农民得到更多实惠。在全面建成小康社会以后,应当着眼于促进农民全面发展,进一步坚持和发展"多予少取放活"的方针。

第一,在"多予"上,就是要在对农业投入的基础上加大对农村和农民的投入。一方面,要加大对农村设施和公共服务设施的财政投入,尤其要加大对农民基本公共服务的投入,加快建立城乡统一平等开放的社会保障制度体系,加快实现城乡基本公共服务均等化和便利化,使城乡居民在就业、教育、医疗、养老、

救助等方面享有完全统一、公平可及的社会保障待遇。重点是要着眼于不断提高农民享有社会保障的权利和待遇水平,全面实行平等就业,着力推行免费教育、免费医疗,缩小农民与城镇职工、城镇居民在养老待遇上的巨大差别,将城乡低收入家庭全面纳入社会保障体系,实行低收入家庭生活补助制度。另一方面,要对农村和农民在公平正义的制度供给上多予。要适应市场化、法治化发展需要,加大造福于农村和农民的制度建设和制度供给,重点加大立法工作,废除一切限制农民、束缚农民、歧视农民的政策法律和做法,将对农村的投入、建设、保护以及对农民权利的保护全面纳入法治的轨道。

第二,在"少取"上,就是要在减轻农民负担的基础上重在农民土地财产权益上少取。首先,要制止地方政府对农民承包地、宅基地、住房、集体建设用地等农民集体和农民个人财产权利的大规模侵占与过度索取。其次,要在农民市民化成本上少取,改变一些地方在城市化进程中强制农民和农民集体承担农民市民化成本而推卸政府公共服务职责的不公正现象,尤其要彻底改变一些地方政府利用农民市民化之机掠夺农民和农民集体财产权益的做法。最后,要在农民生育等收费方面少取。要正视长期推行强制性计划生育对我国人口老龄化、少子化的严重影响,调整计划生育政策和法律法规,将生育自主权还给农民家庭,建立鼓励生育以及保护家庭的政策法律体系,全面停止针对农民生育的各种罚款和收费,实现中华民族的永续发展。

第三,在"放活"上,就是要尊重农民的主体地位,解除束缚农民自由选择和自主发展的体制之绳,赋予和保障农民当家作主的自主权。首先,要在农民户籍身份上放活和保护。彻底废除城乡二元户籍制度,建立城乡统一、身份平等的现代户口登记制度。应当从国家层面立法,尽快废止1958年颁布的《中华人民共和国户口登记条例》,取消特大城市的积分落户政策,制定旨在实现全体国民户口身份平等、居住和迁徙自由的户口登记法及其政策制度体系，实现特大城市常住人口市民化。其次，要在农民生产经营自主和生活自主上放活与保护。要通过相关立法，将尊重和保障农民生产经营自主权与生活自主选择权纳入法治保障轨道。要改变一些地方随意干涉农民生产经营自主权的行政模式，特别是要纠正一些地方禁止农民种养的长官意志和土政策。要从立法上将自主择业、自主生育的权利还给农民，实现农民工及其家庭的市民化。最后，要进一步处理好政府与市场、社会的关系，处理好公共领域与私人领域的界限。将"法不授权政府不可为、法无禁止公民皆可为"的现代法治原则贯彻到"三农"工作之中，全面保障农民在现代法治轨道上的自由选择和全面发展。

三、准确把握农民的三重身份，保障其权利

本来意义上的农民是指从事农业这个职业的人群和社会阶层。但在当代中国，因为户籍制度以及集体所有制的特殊制度构建，农民具有了农业职业、户籍身份、集体社员等多种身份印记和群体标识。在市场化、法治化、城市化进程中，我们需要把握农民的三重身份，相应保障和发展农民的三重权利。

一是农民作为共和国公民，拥有公民身份，要充分尊重、保障和实现其公民权利。凡是宪法规定的中华人民共和国公民的基本权利和自由，农民都应当充分享有。现代法治的核心是尊重和保障公民的基本权利和自由。各级各部门领导干部必须增强现代法治观念和公民权利意识，真正贯彻落实依法治国基本方略，切实保障农民作为共和国公民应当享有的每一项公民权利和自由尊严。

二是农民作为集体经济组织成员，拥有社员身份，要充分尊重、保障和实现其成员权利。农民作为集体经济组织成员的权利主要体现在紧密联系的两个重要方面：一个是民主权利，一个是财产权利。在民主权利上，要充分保障和实现集体经济组织成员

对集体经济组织经营管理以及内部治理的知情权、参与权、监督权、表达权、决策权。在财产权利上，要充分保障和实现集体经济组织成员的集体财产所有权、集体收益分配权。必须加快集体经济组织立法工作，推进集体经济组织的经营市场化、治理法治化、建设规范化，实现集体经济发展成果由集体成员共享。

三是农民作为农村社区居民，拥有村民身份或居民身份，要充分尊重、保障和实现其自治权利。充分尊重、保障和实现农民作为农村社区居民对社区公共事务的自治权利，是保障农民当家作主的具体体现，是实现农民对美好生活需要的生动实践。一方面，要正确处理政府公共管理权与村民自治权的关系。进一步明确和规范政府公共管理权与村民自治权的边界和领域，重点是防止公共管理权对村民自治权的侵蚀和干预。另一方面，要进一步完善村民自治法律法规体系建设，真正保障和实现村民在社区公共事务中的民主选举、民主决策、民主管理、民主监督、民主协商的权利和自由。

农民基于公民身份、社员身份、村民身份（居民身份）而应当享有公民权利、成员权利、村民权利（居民权利），其权利内容也可以归之为普遍的人权、产权、治权。在法治中国建设中，要切实坚持依法治国，贯彻落实民法典，真正保障农民的人权、产权、治权。

当前，促进农民全面发展，必须坚决制止严重损害农民权益的突出现象。一是坚决制止一些地方强拆村庄和强拆农民住宅的现象，二是坚持制止一些地方粗暴禁止农民种粮、不准农民养猪养鸡等现象，三是坚决制止一些城市歧视包括农民工在内的外来人口的现象。

促进农民全面发展，必须加强组织建设和制度建设。一是要加强农民组织建设，赋予农民更多的组织资源，特别是要加强集体经济组织、农民合作组织建设。二是加强民生保障制度建设，让农民共享改革发展成果。通过全面深化改革，加强民主法治建设，降低行政管理成本，节制对外援助，将更多的公共财政资金用于保障和改善民生，全面提高农民在就业、教育、医疗、养老、扶贫等民生保障领域的待遇水平。三是加强"三农"方面的法治建设，少出文件，多立法，立良法。

"十四五"时期要促进农民全面发展，必须在继承和弘扬中华优秀传统文化的基础上，加快建设现代文明，将权力关进制度的笼子里，对政府来说，法不授权不可为；对农民来说，法不禁止皆可为。为此，要加快实现从官本位向民本位的转变，从人治社会向法治社会的转变，从追求经济发展向实现人的全面发展转变。

农民丰收、文化传承与民族复兴 *

——关于中国农民丰收节的思考与建议

经党中央批准、国务院批复，自2018年起，每年的农历秋分被设立为中国农民丰收节。设立和举办农民丰收节，是传承发展中华优秀传统文化的重大举措，是实施乡村振兴战略推动农业全面升级、农村全面进步、农民全面发展的有效途径，是推进国家治理体系和治理能力现代化、实现中华民族伟大复兴中国梦的必然要求。办好农民丰收节活动，需要进一步深化对农民丰收节文化内涵的认识，着力彰显农民丰收节的时代价值，不断丰富农民丰收节的内容和形式。

一、深刻认识农民丰收节的丰富内涵

深刻认识农民丰收节的丰富内涵，需要对农民、丰收、节庆三个关键词以及传统小农经济时代的农耕文明与市场经济时代的现代文明这两种文明形态的交融发展进行理解和把握。

（一）深刻认识农民的含义及其变化

农民是一种古老的职业身份。《管子·小匡》云："士农工商四民者，国之石民也。"《春秋·穀梁传》云："古者有四民：有士民、有商民、有农民、有工民。"《辞海》对农民的定义是："直接

---

* 作者为张英洪、王丽红。本文收录于中国农民丰收节组织指导委员会办公室编的《2020年中国农民丰收节乡村绿色发展研讨会论文集》。

从事农业生产的劳动者。"[1]在当代中国，农民主要包括三大社会群体或阶层：一是传统职业农民。在几千年的文明发展中，农民都是中国人口中占绝大多数的社会阶层和群体。从职业划分的本来意义上说，农民是从事农业生产的劳动者。20世纪50年代以后，由于城乡二元户籍制度的建立，中国农民具有农业职业农民和户籍身份农民的二重性。据统计，2019年我国仍有77871万农业户籍人口，55162万乡村人口；在33224万乡村就业人口中有20000万人从事农业生产，占乡村就业人口的60%，占农业户籍人口的25.7%。[2]二是农民工。改革开放以来，大量农民进城务工经商，但由于户籍制度改革的滞后，这些进城务工经商的人虽然不再从事农业生产，但他们仍然保留农业户籍身份，从而形成了我国特有的农民工阶层。根据国家统计局的数据，2019年我国农民工总数达到29077万人[3]，占农业户籍人口的37.3%。三是新型职业农民。随着市场化改革的发展，我国又出现了各类城镇人员返乡入乡从事农业生产经营管理的新型职业农民队伍，他们虽然没有农业户籍身份，但他们从事农业生产经营管理活动。据人民日报社报道，到2019年3月全国新型职业农民超过1500万人[4]，占我国从事农业生产农民的7.5%。

（二）深刻把握丰收的含义及其拓展

丰收是与歉收相对的，指的是收成好。在传统农业社会，农业生产所获得的粮食丰收，既是农民的生存保障和生活喜悦，也是国家的稳定之基和发展之源，所以中国历朝历代统治者和广大农民，都虔诚地祈求风调雨顺、五谷丰登、六畜兴旺。五谷通常

---

[1]《辞海》上，上海辞书出版社1989年版，第987页。
[2] 参见《中华人民共和国2019年国民经济和社会发展统计公报》，国家统计局官网2020年2月28日。
[3] 参见《2019年农民工监测调查报告》，国家统计局官网2020年4月30日。
[4] 参见《全国新型职业农民超过1500万》，《人民日报》2019年3月5日。

指稻、黍、稷、麦、豆，泛指粮食或粮食作物；六畜指猪、牛、羊、马、鸡、狗，泛指各种家畜、家禽。传统农业社会确保粮食丰收的关键因素，一是需要风调雨顺、灌溉便利的自然环境，二是需要政治清明、社会安定的社会环境，三是需要食为政首、农为邦本的政策环境，四是需要人丁兴旺、勤劳协作的家庭环境等。

自20世纪70年代末市场化改革以来，市场经济的发展对农民传统的丰收观念和现实都产生了重大影响。简而言之，传统的粮食丰收已经远远不能使农民满意和幸福了。为此，必须与时俱进地丰富和拓展丰收的内涵。第一，要从单纯重视农产品数量丰收向更加重视农产品数量和质量的"双量"丰收转变。传统农业都是生态农业，农产品质量安全问题不突出。现代农业则是通过大量使用农药、化肥等化学品，在提高农产品产量的同时，也造成了严重的农产品质量安全问题。切实保障农产品质量，实现质量兴农，显得尤为重要。第二，要从片面重视粮食增产向更加重视粮食增产与农民增收的"双增"形态转变。在现实生活中，农民增产并不意味着农民收入的增长，相反，农民往往面临着增产不增收、增产反减收等市场难题和现实困境。实现农民在增产基础上的收入增长，既是农业供给侧结构性改革的重要任务，也是新时期农民丰收的重要内容。第三，要从简单重视满足农民的物质需求向更加重视满足农民精神需求和美好生活需求的"双需"格局转变。人们不仅需要物质的丰收，也需要精神的丰收。如果说物质的丰收只是为了满足口腹之欲的话，那么精神的丰收则是为了满足心灵归属的需求。要使人们享有更多精神层面的丰收体验和对美好生活的更高层次的需求。

（三）深刻把握节庆的含义及其升华

节庆活动是在固定或不固定的日期内，以特定主题活动方式，约定俗成、世代相传的一种社会活动。我国节庆活动种类很多，从节庆性质上，可分为单一性节庆和综合性节庆；从节庆内容上，可分为祭祀节庆、纪念节庆、庆贺节庆、社交游乐节庆等；从节庆时代性上，可分为传统节庆和现代节庆。节庆活动不仅是为广大人民群众所接受的生活方式和生活理念，同时也包括了文人墨客、知识分子的文学成就与精神追求。节庆活动具有广泛而深刻的社会意义和文化价值，它体现了人们对所庆祝对象的关注与重视，在喜庆和欢乐的氛围下，参与者的民族精神和性格被有效塑造，文化得以传承和进一步深化，治理秩序得到整合，民族凝聚力也得以加强。[1]

世界各地人民为庆祝丰收设立了各种各样的丰收节庆。我国传统的丰收节设在每年农历十月初十，已有上千年的历史，民间认为这是十全十美的吉日，借此庆祝一年的丰收，祭祀丰收神炎帝神农氏。在当代中国，举办农民丰收节具有新的时代内涵和价值承载，可以也应当在农业节庆活动中实现文明的再传承与价值的再升华。首先，要从传统的区域性节庆活动向新时代全国性节庆活动升华。要更加彰显在传统民间地域性庆祝丰收节活动的基础上，形成全国性庆祝丰收节活动的最具特色的中华乡村文化符号；要更加突出国家层面的主场节庆活动与全国各地丰富多彩节庆活动的交相辉映。主场节庆活动就像中秋节的月亮团圆而明亮，而各地举办的丰收节庆活动如同满天繁星璀璨耀眼。其次，要从传统的喜庆性庆祝活动向现代的多功能性庆祝活动升华。特别是要更加突出文化传承功能、社会教化功能、城乡融合功能、市场经济功能、法治规范功能、科技支撑功能等。最后，要从传统农耕文明的重要结晶向现代文明的重要载体升华。举办农民丰收节庆活动，要体现连接传统农耕文明与现代人类文明的桥梁和纽带作用，搭建打通农耕文明与现代文明的通道与平台，推动我国在弘扬传承农耕文明基础上建设更加灿烂的现代文明。

---

[1] 参见《北京文化论坛文集》编委会编：《节日与市民生活——2013北京文化论坛文集》，首都师范大学出版社2014年版，第150—153页。

二、着力彰显农民丰收节的时代价值

在中华民族实现伟大复兴征程上设立和举办农民丰收节，承载着中华儿女建设富强、民主、文明、和谐、美丽的社会主义现代化国家的崇高使命和责任担当，迫切需要着力彰显新时代农民丰收节的时代价值。

（一）增进农民与市民的相互交流

农民与市民原本就是相互依存、合作共赢的生活共同体和命运共同体。农民为市民源源不断地提供每日生活必需的农副产品，市民也为农民提供了广阔的消费市场和各类服务。在城市化进程中，农民也是市民的主要来源，绝大多数市民的前身或前前身就是农民。随着逆城市化的发展，一些市民也下乡转变身份和职业，成为新型的职业农民。由于城乡二元体制的长期影响，被贴上农业户籍身份的农民和非农业户籍身份的市民被人为的政策制度割裂了，农民与市民之间天然的紧密联系和自然的相互交流受到了严重影响。新时代举办农民丰收节，就是要消除农民与市民之间的政策制度障碍，搭建有利于农民与市民不断增进交流和联系的新平台，形成农民与市民和谐共存、团结互助的新纽带，实现农民与市民平等交流、优势互补、合作共赢的新型和谐阶层关系，使农民与市民既有物质上的互补互助，又有精神上的相互交流，更有制度上的平等互通与角色转换。

（二）促进乡村与城市的深度融合

乡村与城市虽然存在功能上的不同和差异，但城乡之间始终是一个共生共荣的有机整体，谁也离不开谁。但长期的城乡二元体制却造成了城乡关系的空前隔离和扭曲。当前，在我国社会主要矛盾中，最大的发展不平衡是城乡发展的不平衡，最大的发展不充分是农村发展不充分，最大的发展差距是城乡之间的发展差距。2019年我国城乡居民收入差距仍为2.64∶1。[①] 新时代举办农民丰收节，就是要坚持以人民为中心的发展思想，全面深化改革开放，加快破除城乡二元体制，促进城乡发展一体化，实现城乡融合发展，特别是要加快推进城乡居民基本权益平等化、城乡公共服务均等化、城乡居民收入均衡化、城乡要素配置合理化、城乡产业发展融合化，实现城乡要素双向自由流动和平等交换，形成平等、开放、融合的新型城乡关系。通过举办农民丰收节庆活动，让更多人重新认识乡村的价值，重新唤醒乡村的意识，重新发掘乡村的文化，重新激发乡村的活力，重新审视乡村的建设，重新增强乡村的自信，使城与乡成为各美其美、美美与共、交相辉映的美好生活家园和诗意栖居之所。

（三）推进生产与生态的协调发展

人们生活在地球上，既需要从事农业生产以维持生命和生活，也需要保护生态环境以保护生命和生活。在中华民族几千年的农耕文明中，传统的生态农业实现了人们生产与生态的有机统一与协调发展。但在发展现代农业的过程中，却因农药、化肥等化学品的大量投入以及工业废弃物的输入，使人们赖以生存的生态环境遭到了巨大的破坏。近年来有的地方因过度强化环保督查整治，使一些乡村的农民被禁止从事任何形式的农业生产，生产与生态的对立和矛盾日益突出。新时代举办农民丰收节，就是要充分认识和利用农业的生产、生活、生态、生命等多重功能，恪守中华传统优秀文化中道法自然、天人合一的核心价值，最大限度地借鉴传统生态农业的显著优势，克服现代化学农业的严重弊端，推进农业供给侧结构性改革，在传承中华农耕文明的基础上，发展具有中国特色的现代生态有机农业，让农民变成生态农业的建设

[①] 参见《2016年至2019年中国居民人均可支配收入年均实际增长6.5%》，新华网2020年10月30日。

者、生态环境的维护者、生态产品的提供者,努力建设既传承农耕文明又超越工业文明的现代生态文明,实现生产与生态的有机统一,确保中华民族的永续发展。

(四)推动物质与精神的有机结合

改革开放以来,党和国家坚持以经济建设为中心,加快改变中国特别是农村地区的贫困落后面貌,始终朝着全面建设小康社会和社会主义现代化强国的宏伟目标迈进。经过40多年的改革开放,我国稳定解决了十几亿人的温饱问题,全面建成了小康社会。党的十九大报告明确指出:"人民美好生活需要日益广泛,不仅对物质文化生活提出了更高的要求,而且在民主、法治、公平、正义、安全、环境等方面的需求日益增长。"[1]新时代举办农民丰收节,就是要体现人民对美好生活需要的新要求,推动物质与精神的有机结合,既富"口袋",又富"脑袋",还富"心灵";既要满足人们的物质需求,又要满足人们的精神需求;既要建设高度的物质文明,又要建设高度的精神文明,推动广大农民群体在神州大地上实现物质和精神的双丰收。

(五)加强传统与现代的文明对接

传统与现代就像历史长河中的一条河流,是不可分割的统一整体。传统是现代之源,现代是传统之流。传统文明为现代文明提供了源泉和滋养,现代文明实现了对传统文明的传承与超越。那种将传统与现代进行人为割裂、将传统文明与现代文明进行刻意对立的观念和做法是完全错误的、是极其有害的。新时代不是孤立的时代,是在深厚的中华传统文明基础上发展而来的,新时代也将在中华民族伟大创造、伟大复兴的进程中不断走向更加辉

---

[1]《中国共产党第十九次全国代表大会文件汇编》,人民出版社2017年版,第9页。

煌的远方。新时代举办农民丰收节,就是要传承和弘扬中华优秀传统文化,吸收和借鉴人类创造的共同文明成果,打造传统农耕文明与现代文明融通对接的有效载体和传承创新的宝贵平台,从而有效贯通传统与现代、乡村与城市、中国与世界,为传统与现代打通隧道、为乡村与城市连接纽带、为中国与世界架起金桥,推动传统文明与现代文明有效对接、农耕文明与工业文明互促互进、乡村文明与城市文明共存共荣、中华文明与世界文明同灿同辉。

(六)实现强农与强国的和谐统一

中国要强,农业必须强;中国要美,农村必须美;中国要富,农民必须富。农业是国民经济的基础产业,农村是祖国发展的辽阔空间,农民是现代化建设的生力军。党和国家始终高度重视"三农"工作,始终将"三农"工作放在重中之重的战略位置。1982年以来,中共中央、国务院已出台了22个有关"三农"工作的一号文件,经过全国人民的共同努力,我国"三农"工作取得了历史性的伟大成就。但由于历史和现实等多重因素的制约,农业还没有成为富国安邦的强势产业,农村还没有成为人民安居乐业的美丽家园,农民还没有成为有尊严有吸引力的崇高职业。在实现中华民族伟大复兴的进程中,农业农村农民的现代化仍然是我国全面建成社会主义现代化强国的突出短板。新时代举办农民丰收节,就是要抓紧补齐"三农"领域的短板,使中华民族在强农的基础上实现强国,在强国的进程中实现强农,推动强农与强国的有机统一。为此,必须围绕建设强国的目标,加强强农惠农富农建设;同时,也必须清醒认识到强国的目的,在于让人民生活得更加幸福、更有尊严。举办农民丰收节就是要进一步实施好乡村振兴战略,切实推动城乡融合发展,尽快实现让农业成为有奔头的产业,让农民成为有吸引力的职业,让农村成为安居乐业的美丽家园的目标。

三、不断创新农民丰收节的对策建议

举办农民丰收节庆活动，需要进一步丰富农民丰收节的内容和形式，推动农民丰收节庆化风成俗，实现中华优秀传统文化的创造性转换、创新性发展，为塑造和形成新的中华文明贡献力量。

（一）更加发挥农民的主体地位

农民丰收节，顾名思义，其主体是农民。农民的主体地位不仅体现在丰收节日的庆祝主体上，而且体现在丰收成果的劳动主体上。没有农民的辛勤付出和身心投入，就不可能有农业的丰收；没有农民参与的丰收节庆，就背离了农民丰收节的初衷和本意。在农民丰收节庆活动中充分发挥农民的主体地位，增强农民参与丰收节庆活动的主动性、积极性、创造性，一是要坚持政府主导与农民主体的双重功能和价值导向。政府的主导作用体现在发展引领、政策支持、制度规范、环境营造、平台提供、服务保障等方面，农民的主体作用体现在农民组织健全、农民决策民主、农民意愿自主、农民参与积极等方面，同时要激活社会力量积极参与。政府的主导作用并不是要包办，代替农民的主体作用，也不是要取代社会的积极作用。二是要构建"1+N"的丰收节庆活动新格局。"1"是国家层面组织实施的丰收节庆活动，重在体现国家对"三农"工作重视的政策导向以及对农民丰收节庆活动主题的引领作用。"N"是各级地方层面以及广大农民群众自主组织举办的丰收节庆活动，重在结合当地实际开展丰富多彩的节庆活动，特别是要体现和形成广大农民群众自主举办和欢庆丰收节日的喜庆氛围和节日习俗，像欢度春节一样欢庆丰收节。三是要建立健全农民组织和其他涉农社会组织。既需要发挥农民个人的积极性，也需要发挥农民组织的积极性。一方面要充分发挥农村党支部、村委会、集体经济组织、农民专业合作社等已有农民组织在组织农民参加丰收节庆中的重要作用；另一方面也要适应现代社会转型发展需要，允许、鼓励和规范新型综合性农民组织以及其他涉农社会组织的建立和发展，为农民的生产生活提供有效的组织载体和诉求平台。

（二）更加强化农业的基础地位

农业既是国民经济的基础，也是社会稳定的保障。在中华农耕文明形成和发展的历史长河中，农业发挥了根本性的基础作用。农业也是农民丰收文化的根本源头，农耕文明本身就建立在农业的基础之上。在农民丰收节庆活动中，一是要进一步强化全社会对农业基础地位的认识，凸显农业在国家安全和社会稳定上的基础性、战略性地位。农业稳则天下安，基础牢则国家兴，粮食丰则社会宁。在国家层面，任何时候都不能忽视农业，要切实加大对农业的支持保护力度，加快实现农业现代化。在社会层面，要通过各种形式唤起人们敬畏自然、亲近农业、爱惜粮食的认知和情感。在个体层面，要使人们认识到，如果没有工业和服务业，我们的生活可能存在极大不便；但如果没有农业，我们则可能无法生存下去。二是要切实改变以 GDP 指标来衡量和评价农业价值的观念和做法。农业作为第一产业，就是第一重要的产业。农业是母产业，其他产业都是从母产业基础上发展起来的。农业好像高楼大楼的基座，第二、第三产业好像是基座上建立起来的楼层。以 GDP 指标来衡量和评价农业的价值和地位，是以工业的价值标准来审视和评判农业的价值，这就像以鸭的水中生存能力标准来审视和评判鸡的生存能力一样，实质上是对农业基础性地位的极端漠视和歪曲。我们通过农民丰收节庆活动，要使人们重新认识和评价农业的价值，因为农业的多功能价值和极端重要性，无法简单地通过 GDP 的数据来衡量和体现，就像我们不能以奔跑的速度标准来衡量和评价乌龟的价值一样。长期以来我们以 GDP 指标来衡量和评价农业价值的做法，导致了政府、社会和农民对农业价值认识的严重扭曲，从而造成政府决策的轻农化、农民选择的去粮化、社会认知的离农化。三是要超越现代化学农业,发展现代生态农业,实现质量兴农。如果说忽视农业是对农业基础地位的背离的话,那么污染农业和农副产品,同样是对农业基础地位的破坏与背离。中华几千年的农耕文明,都是建立在生态农业的基础之上的,但在现代化进程中,传统的生态农业受到了前所未有的挑战,以农药、化肥等大量化学品投入为标志的现代化学农业,造成了前所未有的农业污染、乡村污染等生态环境问题,农产品质量安全问题凸显,人们的身心健康受到很大损害,这从根本上动摇了人们对农业基础地位的信心和信仰。我们要通过丰收文化的传播,深化农业供给侧结构性改革,推进农业高质量发展,引导人们超越现代化学农业,走现代生态农业之路,鼓励农民转变生产方式,推动更多的农民自觉从事生态、有机、绿色农业的生产,成为优质安全农产品的提供者,既保障粮食的数量安全,又保障粮食的质量安全,真正实现质量兴农。

(三)更加重视乡村的文明价值

乡村是集合中华传统农耕文明的重要文明体,既是农业的生产空间,也是农民的生活空间,更是市民的休闲旅游度假空间。乡村具有独特的生产生活节奏,是感受天、地、人之间紧密联系,回归大自然、净化心灵的生活空间、文化空间、生命空间。[1] 乡村文化是最贴近人类自然本性的文化和文明,乡村文化的密码值得现代人深思和破解,乡村农耕文明值得人类挖掘和传承。[2] 在农民丰收节活动中,要将传播和体现乡村价值作为重要内容。一是要展示和挖掘乡村的文明价值。乡村具有生产、生活、生态、生命、文化等多重价值和功能,是集乡村经济、政治、文化、社会、生

---

[1] 参见朱启臻:《挖掘乡村价值 推动乡村振兴》,《农村工作通讯》2018年第14期。
[2] 参见张英洪:《赋权富民》,社会科学文献出版社2017年版,第291—297页。

态等各种文明于一体的文明体，是中华农耕文明的主要发源地和承载空间。乡村文明孕育、产生和滋养了城市文明，乡村文明是母文明，城市文明是子文明。由于长期城乡二元体制的消极影响，我们在一段时期内形成了重工业轻农业、重城市轻农村、重市民轻农民的政策制度安排，从而导致人们对乡村价值的忽视与扭曲。随着工业化、城市化的推进，特别是随着"城市病"的暴发，乡村独特而巨大的价值开始为人们所认识、认可和认同。通过举办农民丰收节庆活动，充分展示乡村文明的魅力和价值，既使市民充满对乡村的向往，也使农民增强对乡村的自信。二是要正确实施乡村振兴战略，建设美丽健康生态宜居乡村。特别是要重点加强乡村基础设施和公共服务设施建设，推进人居环境整治，加大基本公共服务供给，实现城乡基本公共服务均等化、便利化，使乡村居民与城镇居民一样享有公平的基本公共服务。建设美丽乡村，必须防止以建设乡村之名行破坏乡村之实，决不能简单地以工业思维建设农业、以城市思维对待乡村、以市民思维要求农民，特别要认真贯彻落实《中华人民共和国民法典》《中华人民共和国刑法》等法律法规和相关政策，坚决制止违背农民意愿的强征农民土地、强拆农民住宅、逼迫农民上楼等严重损害农民权益的现象，要依法追究侵犯农民人身权利和财产权利的组织及个人的违法犯罪责任。三是要加强对传统村落的有效保护和合理利用。传统村落承载着农耕文明的遗传密码，是历史留给我们的鲜活的乡村建筑艺术博物馆，具有弥足珍贵的文化价值。我们要以乡村美学的眼光看待乡村，以乡村艺术化的心灵建设乡村，将传统村落作为乡村文化印迹、乡村文化符号加以珍视、保护和利用，作为农民的居住权利和财产权利予以尊重、敬畏和保障。必须防止对空心村、闲置农宅一拆了之的粗暴行为。对待空心村、闲置农宅的正确做法，应当是尊重农民的自主选择，打通城乡要素自由流动和平等交换的制度通道，真正放活市场和社会，发挥市场在资源配置中的决定性作用，推动实现城乡融合发展。四是要发展乡村民宿业和乡村旅游业。大力发展乡村特色产业，形成乡村观光休闲度假旅游的精品路线、精品节点和精品品牌，融合艺术家的眼光、企业家的经营，让农产品变成乡村文化产品，让乡村文化价值变为农民增收的源泉。在农民丰收节庆活动中，通过各具特色的民俗文化产品和旅游线路的推介，让市民与农民一道共同体验和感悟乡村文化的魅力和乡村文明的价值。

（四）更加彰显劳动的创造之美

威廉·配第指出"土地是财富之母，劳动是财富之父"。马克思指出"劳动是创造价值的唯一源泉"。我国的基本分配制度是按劳分配为主体，多种分配方式并存，就是以劳动的贡献作为财富分配的主要依据，多劳多得，少劳少得；再辅之以其他的诸如按照知识技术、资本、管理等生产要素的贡献对财富进行分配。但是在现实生活中，劳动在收入分配中的比例明显降低，人们对劳动的尊重明显弱化，远离劳动、轻视劳动似乎成为时尚，劳动价值论被边缘化。一个不可忽视的突出的社会问题是农民付出的艰辛劳动没有得到应有的收入和回报。在农民丰收节庆活动中，一是要通过各种形式展现劳动的价值和劳动之美。天道酬勤，丰收的果实都是人们用劳动和汗水浇灌出来的；天上不会掉馅饼，幸福都是奋斗出来的，都是劳动创造的。应大力弘扬勤劳节俭、艰苦创业、精益求精、甘于奉献的劳模精神、劳动精神和工匠精神，推动大众创业、万众创新。二是要通过各种农耕体验活动，形成全社会尊重劳动、热爱劳动、参加劳动的良好氛围。既让农民认识到农业劳动的艰辛与光荣，又让市民体验到农业劳动的不易与乐趣。特别是让人们体验到在优良的生态环境中，农业劳动是最有益于人们身心健康的劳动。三是要深入推进收入分配体制改革。加快实现居民收入增长和经济发展同步、劳动报酬增长和劳动生产率提高同步，提高居民收入在国民收入中的比重，提高劳动收入在初次分配中的比重，真正体现按劳分配的基本原则，重塑劳动最光荣、劳动最伟大的社会主流思想。

（五）更加突出乡村的地域特色

我国是一个幅员辽阔、历史悠久、文化灿烂的伟大国家，14亿人生活在960万平方公里的土地上，56个民族以及在华各个国籍的人员携手并肩在神州大地上工作生活、劳动创造，形成了丰富多彩、各具特色的乡村地域文化，这既是举办农民丰收节庆活动的宝贵源泉，又是举办农民丰收节庆活动的重要载体。应充分利用和发挥各地乡村优秀文化习俗资源的独特优势，促进丰收节庆活动与乡村地域特色有机结合。一是要彰显乡村文化习俗的特色。鼓励和支持全国各地乡村紧密结合自身的文化习俗和风土人情，举办具有地方特色、民族特色的农民丰收节活动，将各地独具特色的乡村风土人情作为重要的文化元素融入到农民的丰收节庆活动中，继承和弘扬各地区各民族庆丰收的优良传统和形式，充分展示乡村地域文化、民族文化和民俗风情的风采，形成具有乡村区域特色的庆丰收活动品牌。二是要突出乡村特色产品的特点。在长期的经济社会发展中，全国各地都有各具特色、品质优良、众口皆碑的著名农副产品。这些各具特色的农副产品，既是农民丰收节活动展示的重要依托，又是农民丰收节庆活动展销推介的品牌。三是要突出现代科技创新的特色。各地乡村的特色不仅体现在丰富多彩的传统习俗文化上，也体现在异彩纷呈的现代科技创新上。农民丰收节庆活动既要立足于历史文化名村，又要面向科技创新名村，像电商淘宝村、直播网红村等在现代化进程中崛起的科技创新乡村，不断为农民丰收节活动提供新的内容和支撑。

（六）更加体现农耕文明的传承发展

中国农民丰收节因实施中华优秀传统文化传承发展工程而生，也必将因传承发展中华优秀传统文化而壮大。农民丰收节本身蕴含着中华传统农耕文明的思想资源和人文精神，也承载着在新时代推动中华优秀传统文化不断传承和发展的时代使命和光荣职责。一是要传承发展中华核心思想理念。举办农民丰收节活动,要将讲仁爱、重民本、守诚信、崇正义、尚和合、求大同等中华传统核心思想融入其中,并且发扬光大,为中华民族的伟大复兴夯实思想理念基础。可以积极开展农民丰收节庆的历史文化研究,促进节日塑形与铸魂相统一。二是要传承发展中华传统美德。举办农民丰收节活动,要将自强不息、敬业乐群、扶危济困、见义勇为、孝老爱亲等中华优秀传统美德转化为节庆活动的重要元素,以春风化雨、以文化俗的方式荡涤污浊、净化心灵,不断提高全社会的道德水准。三是要传承发展中华人文精神。举办农民丰收节活动,要将中华民族几千年来形成的文学艺术、科学技术、人文学术等光彩夺目的中华人文精神贯彻其中,充分体现出中华人文精神的鲜活生命力和强大感染力,从而不断促进社会和谐、鼓励人们向上向善,使中华文明不断推陈出新,更加光彩夺目。

(七)更加坚定现代文明的发展方向

实现中华民族伟大复兴的战略目标就是实现现代化,即到2030年基本实现社会主义现代化,到本世纪中叶把我国建成富强民主文明和谐美丽的社会主义现代化强国。到那时,我国物质文明、政治文明、精神文明、社会文明、生态文明将全面提升,实现国家治理体系和治理能力现代化。世界潮流,浩浩荡荡,顺之则昌,逆之则亡。新时代举办农民丰收节,既要传承发展中华优秀传统文化,又要大力促进和融入现代文明的发展进程。一是要信仰和践行社会主义核心价值观,将之融入到农民丰收节庆活动中。以富强、民主、文明、和谐、自由、平等、公正、法治、爱国、敬业、诚信、友善为内容的社会主义核心价值观,既体现了中华优秀传统文化的独特价值,也体现了现代人类文明的共同价值,在农民丰收节庆活动的组织、举办过程中要充分践行和体现社会主义核心价值观。二是要充分保障和实现农民的基本权利和自由尊严。维护和发展农民权利，是举办农民丰收节庆活动的力量源泉，也是举办农民丰收节庆活动的重要任务。在当代中国，农民具有三重不同的身份角色，相应地需要保障和实现其三重权利。首先，农民作为共和国公民，拥有公民身份，享有公民权；其次，农民作为集体经济组织成员，拥有社员身份，享受成员权；最后，农民作为村庄社区居民，拥有村民身份，享受自治权。[①]保护和实现农民的公民权、成员权、自治权，要从制度建设和行动上进行落实。以农民为主体举办农民丰收节庆活动，要有利于维护和发展农民的公民权、成员权和自治权。三是要尊重市场经济发展规律，积极推进法治中国建设。《中共中央国务院关于新时代加快完善社会主义市场经济体制的意见》明确指出，要构建更加完善的要素市场化配置体制机制，进一步激发全社会的创造力和市场活力。农民丰收节庆活动应当坚定市场化改革的方向，发挥市场在资源中的基础性作用，更好地发挥政府的作用，正确处理好政府与市场、政府与社会的关系，尊重市场经济发展规律，突出市场化、社会化运作机制，充分调动农村集体经济组织、专业文化传媒机构等多元社会主体参与的积极性，充分尊重农民的自主选择。同时，在法治中国建设中，要大力加强农民丰收节庆活动的相关立法工作，推动制度建设，真正将权力关进制度的笼子里，杜绝农民丰收节庆活动中的以权谋利、损害农民利益等现象，着力将农民丰收节庆活动全面纳入法治的轨道，既确保农民丰收庆活动有法可依，又确保农民丰收节庆活动在法治的轨道上规范有序地运行，使农民丰收节庆活动成为法治中国建设中的一道亮丽的新风景。

[①] 参见张英洪：《善治乡村——乡村治理现代化研究》，中国农业出版社2019年版，第17页。